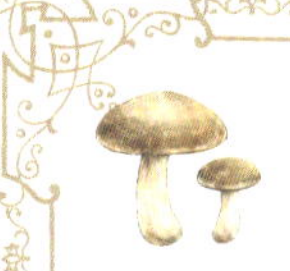

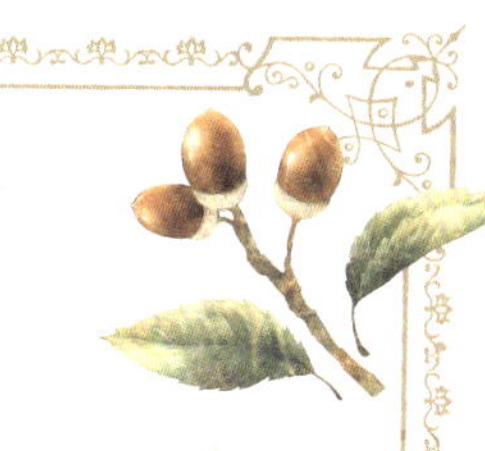

森のちいさな動物たち

いぬい さえこ

100枚レターブック

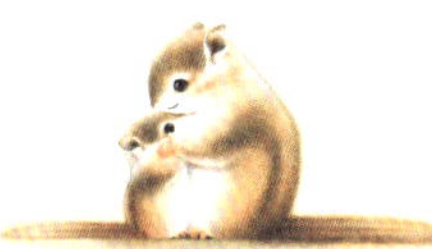

Little Animals of the Forest: 100 Writing & Crafting Papers

Saeko Inui

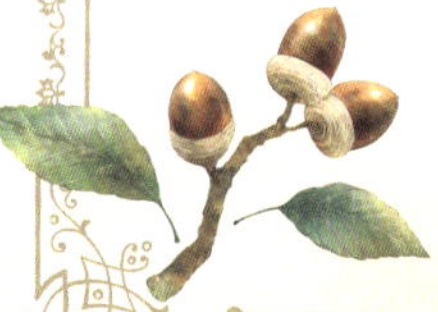
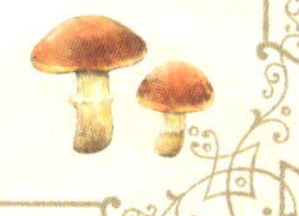

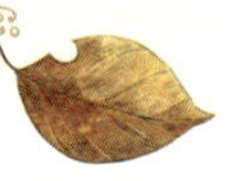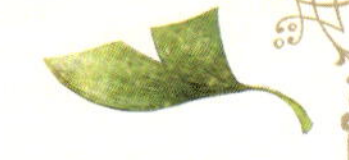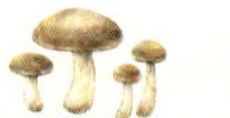

はじめに

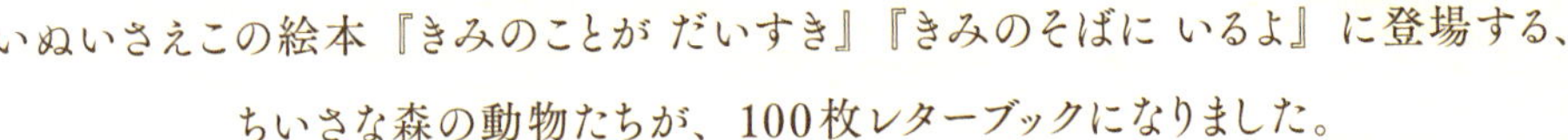

いぬいさえこの絵本『きみのことが だいすき』『きみのそばに いるよ』に登場する、
ちいさな森の動物たちが、100枚レターブックになりました。

1枚ずつ切り離して使うことができる仕様なので、
便箋としてだけでなく、ラッピングペーパーとして、額に入れて観賞用として、
いろいろな使い方で楽しんでいただければと思います。

ぜひ、あなたの大切な人へ、贈っていただけると幸いです。

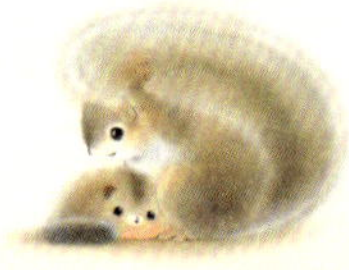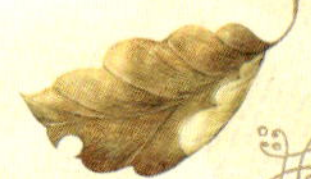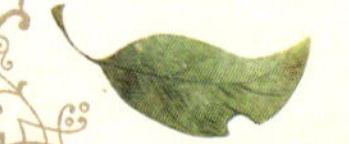

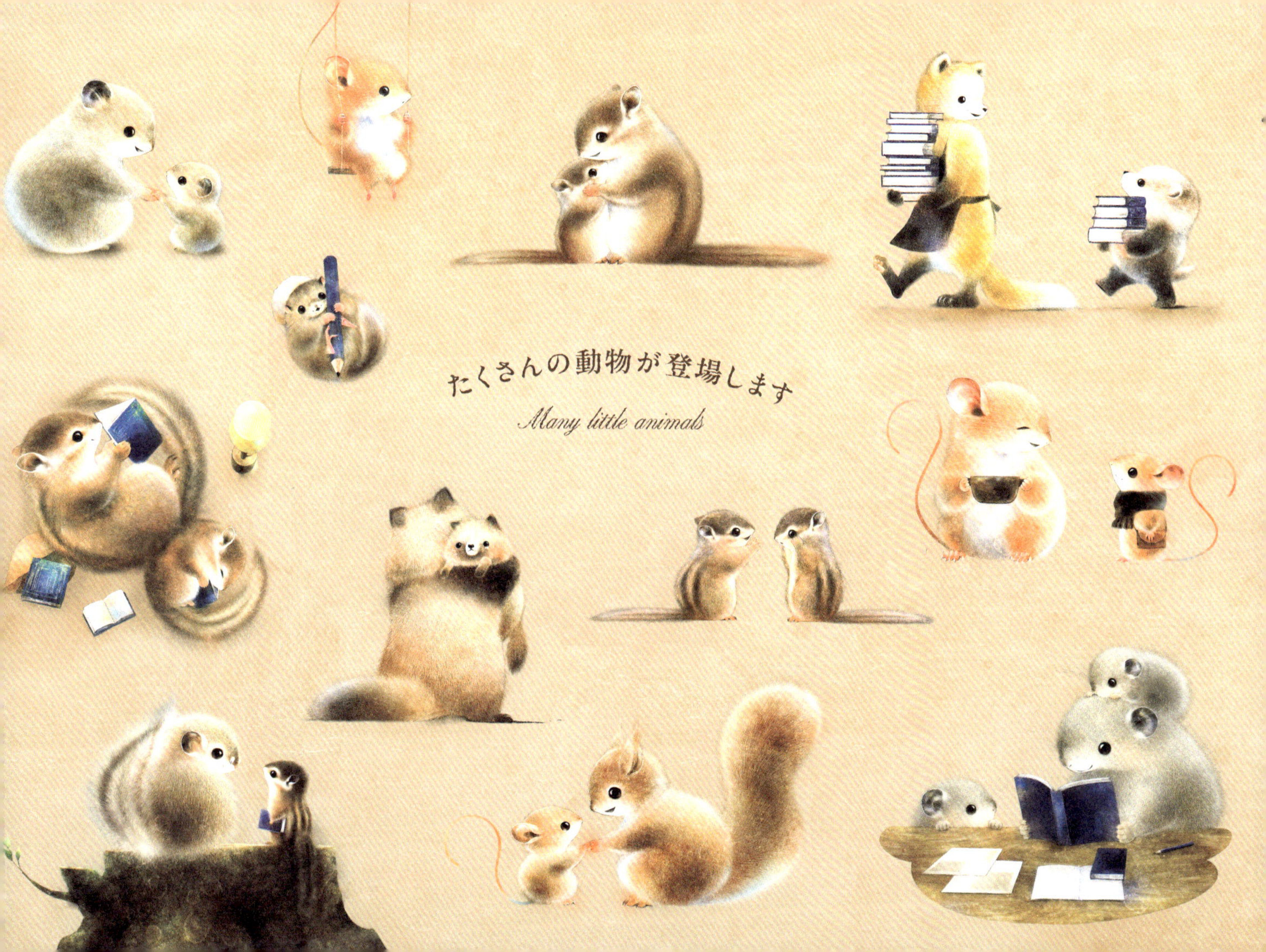
たくさんの動物が登場します
Many little animals

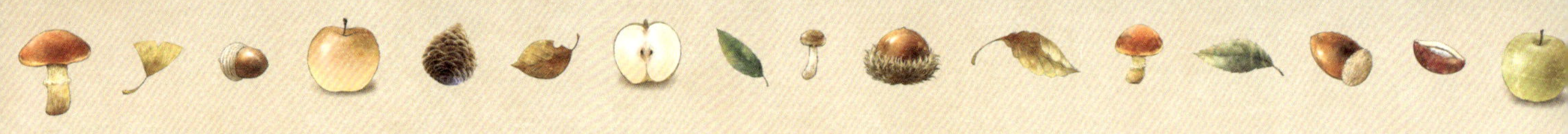

本書に収録されている動物のイラストの多くは、
この 2 冊の絵本から抜粋しています。
ぜひ、絵本も併せてお楽しみください。

大切な人と読んでほしい
たくさんの愛を伝えられる絵本

ここは、ちいさな動物たちが暮らす森。
どんなことをお話ししているのかのぞいてみたら……
そこは、やさしさであふれていました。

「かなしいきもちはね、ふたをしなくていいんだよ。」
「あなたは、よいこ。なにかをじょうずにできなくても。
みんなと同じようにできなくても。」

つらいとき、心細いとき、
いつもあなたの心にそっと寄りそってくれる、
心温まる絵と言葉がつまったメッセージ絵本です。

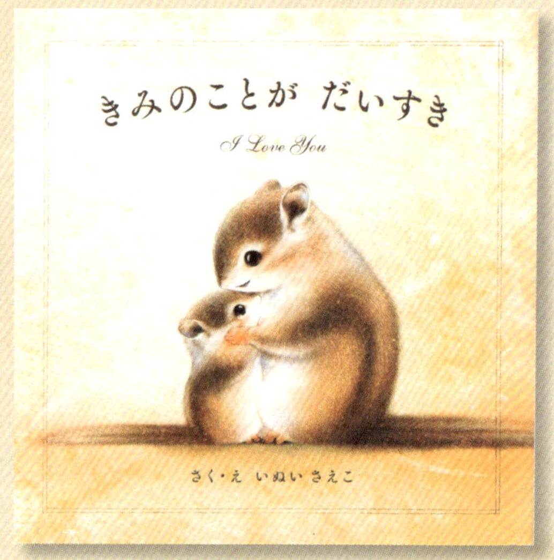

『きみのことが だいすき』定価（本体 1,200 円＋税）

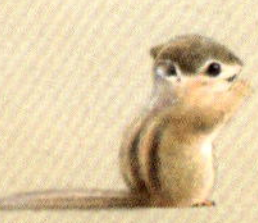
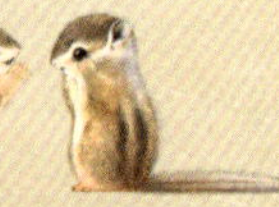
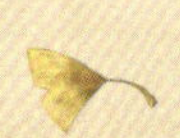
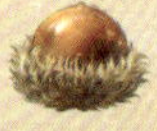
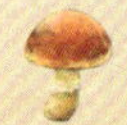
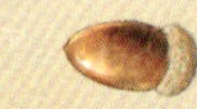
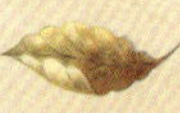
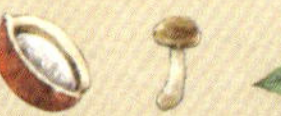
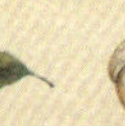
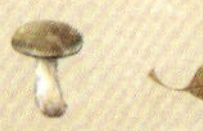
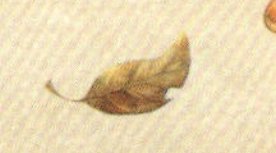

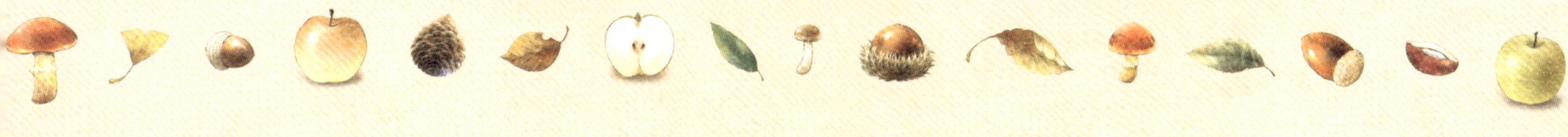

いぬい さえこ Profile

フリーのイラストレーターとして 10 年以上活動。現在は「絵でこころに寄り添うこと」を大切に、オリジナルのちいさな生きものたちの絵を発表中。

Saeko Inui has worked as a freelance illustrator for more than 10 years and is currently focused on warming hearts through illustrations of small, precious animals.

あなたの心にそっと寄り添う 温かなメッセージ絵本

ちいさな動物たちが暮らす森では、
夜になると、どこからか話し声が聞こえてきます。
だれかに会いたくなって、やさしい声が聞きたくなって……
月明かりの下でおしゃべりを始める動物たち。

「きみがいてくれたから、今日はいい日だったよ。」

心細いとき、あなたの心にそっと寄り添ってくれる、
温かい絵とメッセージがつまった絵本です。
新月から三日月、満月になり欠けていくまで、
約 30 日の月の満ち欠けの移ろいも楽しめます。

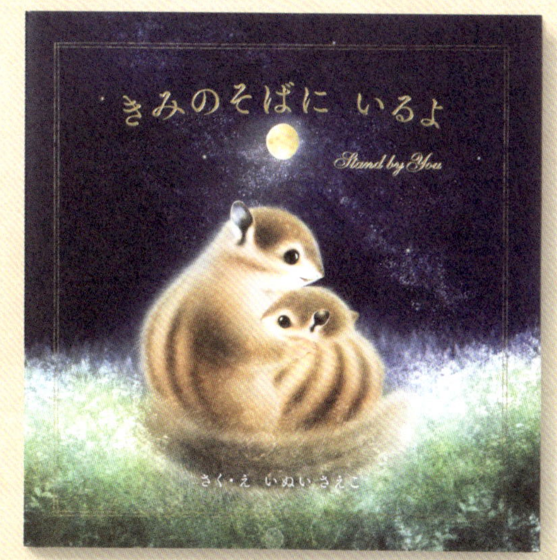

『きみのそばに いるよ』定価（本体 1,400 円＋税）

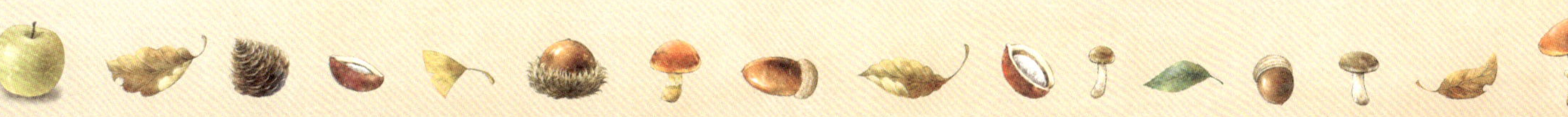

100枚レターブックの楽しみ方　Many ways to use 100 Writing & Crafting Papers!

便箋だけでなく、封筒としても使えます。

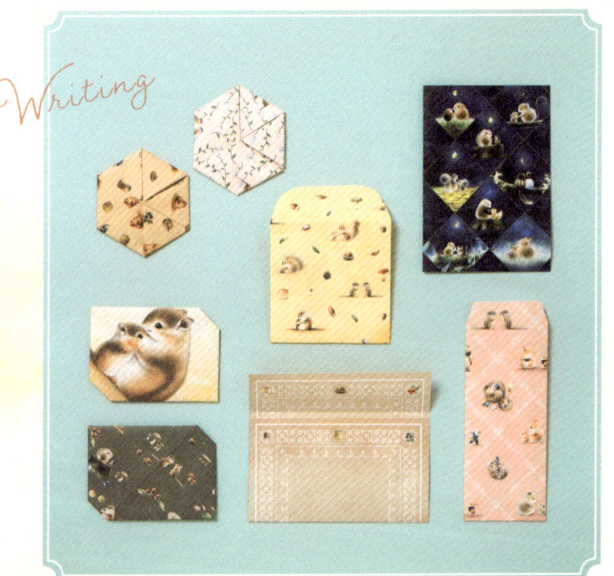

Envelopes and pouches made in different sizes.

ラッピングペーパーにもぴったり。

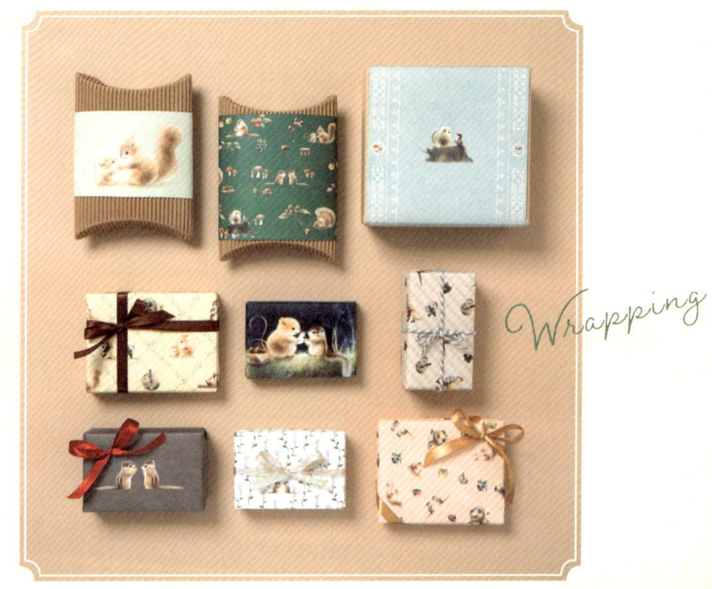

Perfect for wrapping small sweets and gifts.

その日の気分で、
好きな絵や柄を額縁に入れて、
お部屋に飾ってみませんか。

Frame your favorite papers
to make interiors more fun.

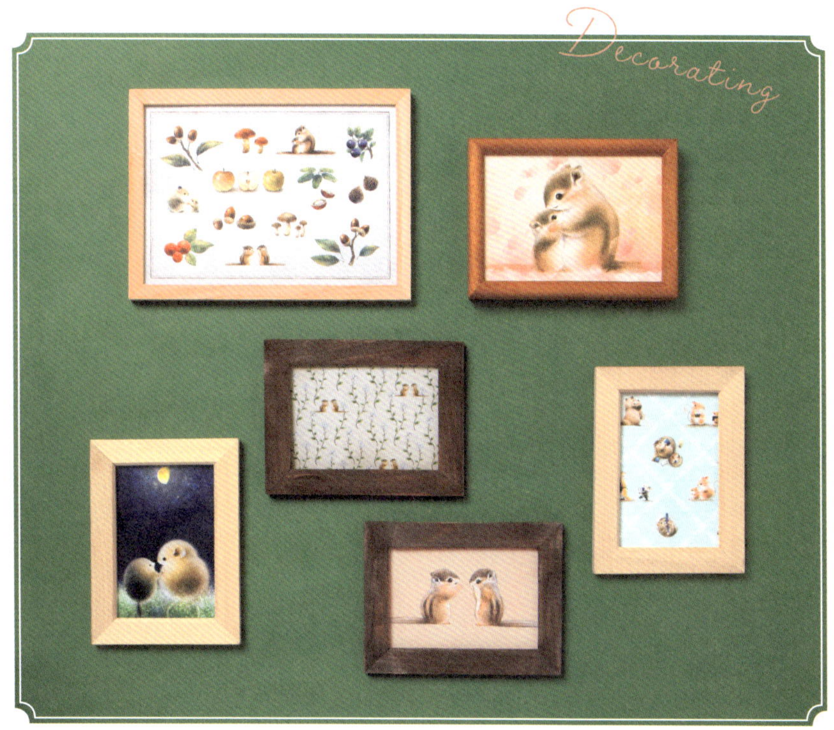

森のちいさな動物たち いぬいさえこ 100枚レターブック

2024年 8 月 8 日　初版第1刷発行

イラスト　いぬい さえこ
デザイン　佐藤美穂（PIE Graphics）
編　集　吉村真樹

発 行 人　三芳寛要
発 行 元　株式会社パイ インターナショナル
〒170-0005 東京都豊島区南大塚 2 - 32 - 4
TEL：03-3944-3981　FAX：03-5395-4830
sales@pie.co.jp

印刷・製本　TOPPANクロレ株式会社

〈使用上の注意〉
・ページをしっかり開き、紙をゆっくり引っ張るとよりきれいに剥がれます。また、製本には十分配慮しておりますが、紙を剥がしやすくする仕様上、繰り返し開閉することで、本体から紙が剥がれる場合がございます。
・ご使用の筆記用具によっては、インクがにじんだり、乾きにくい場合がございます。

© 2024 Saeko Inui / PIE International
ISBN 978-4-7562-5871-7 C0070
Printed in Japan

本書の収録内容の無断転載・複写・複製等を禁じます。
ご注文・乱丁・落丁本の交換等に関するお問い合わせは、小社までご連絡ください。
著作物の利用に関するお問い合わせはこちらをご覧ください。

https://pie.co.jp/contact

「100枚レターブック」特設サイトでレターブックの取扱店舗一覧、使い方を紹介した連載などをご覧いただけます。最新情報をお届けするメルマガもぜひご登録ください。

Little Animals of the Forest
100 Writing & Crafting Papers
Saeko Inui

© 2024 Saeko Inui / PIE International
All rights reserved.
No part of this publication may be
reproduced, stored in a retrieval system,
or transmitted in any form or by any means,
graphic, electronic or mechanical, including
photocopying and recording, or otherwise,
without prior permission in writing from the
publisher.

PIE International Inc.
2-32-4 Minami-Otsuka, Toshima-ku, Tokyo
170-0005 JAPAN
international@pie.co.jp
www.pie.co.jp/english

ISBN978-4-7562-5931-8 (Outside Japan)
Printed in Japan

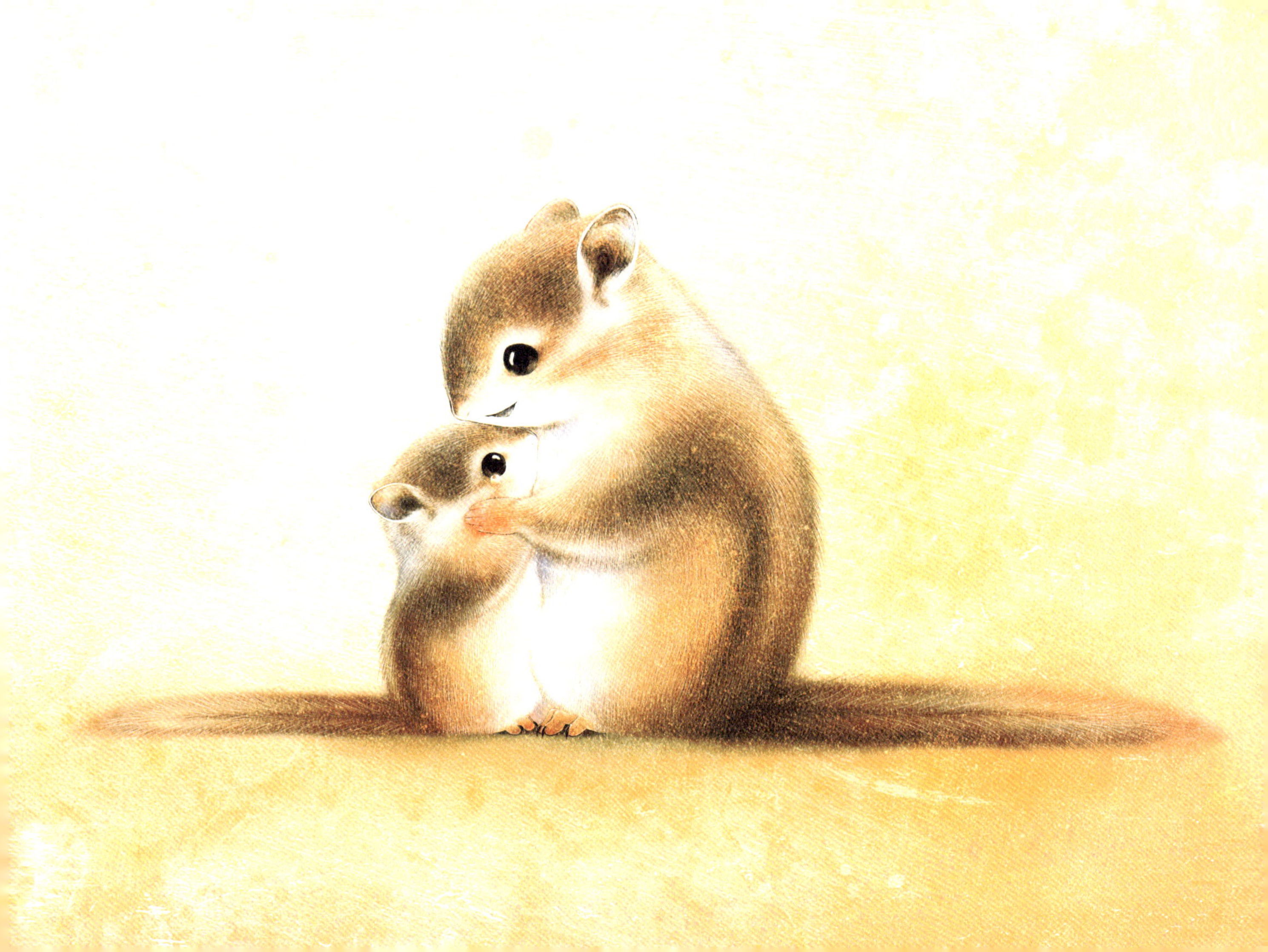

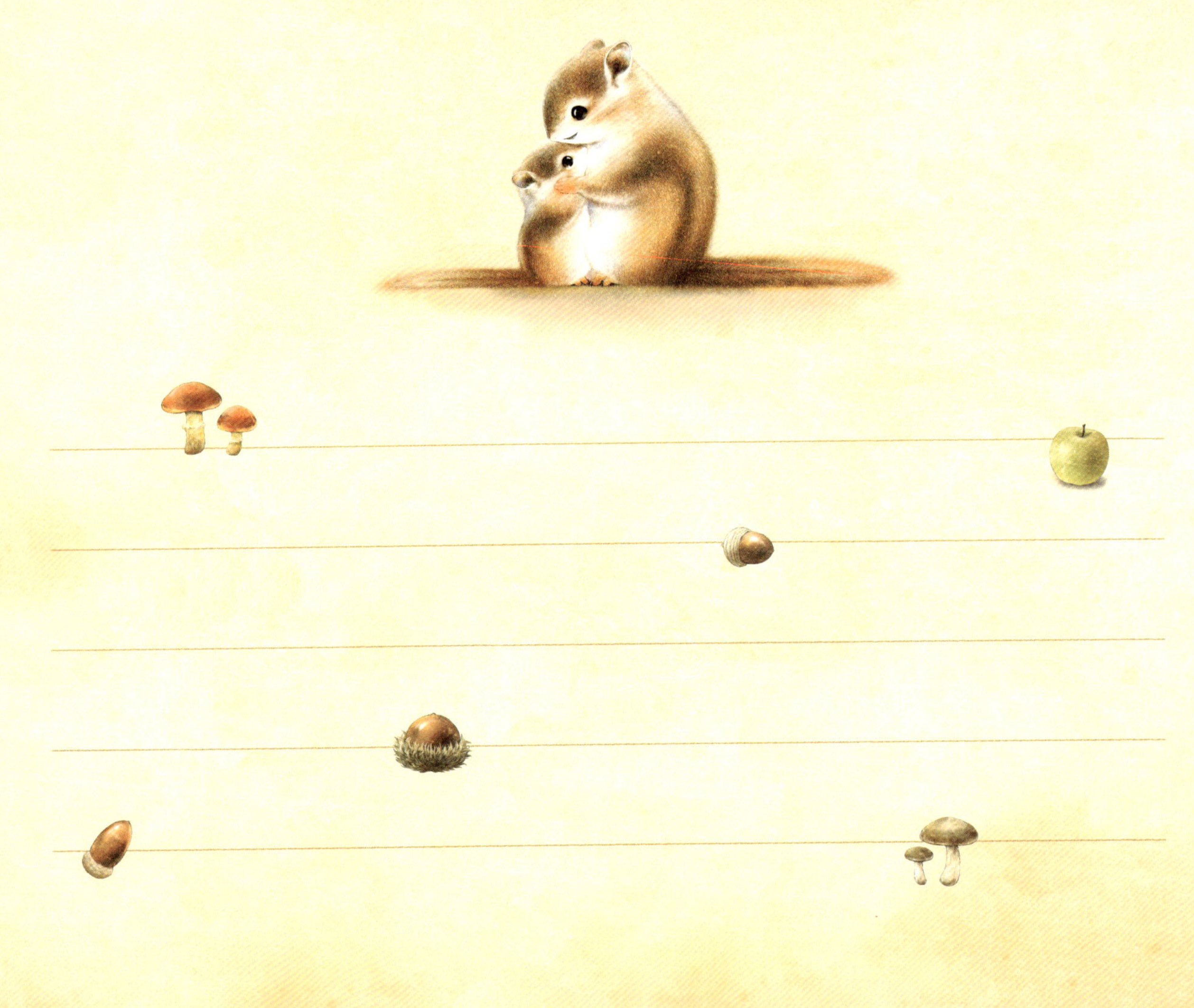

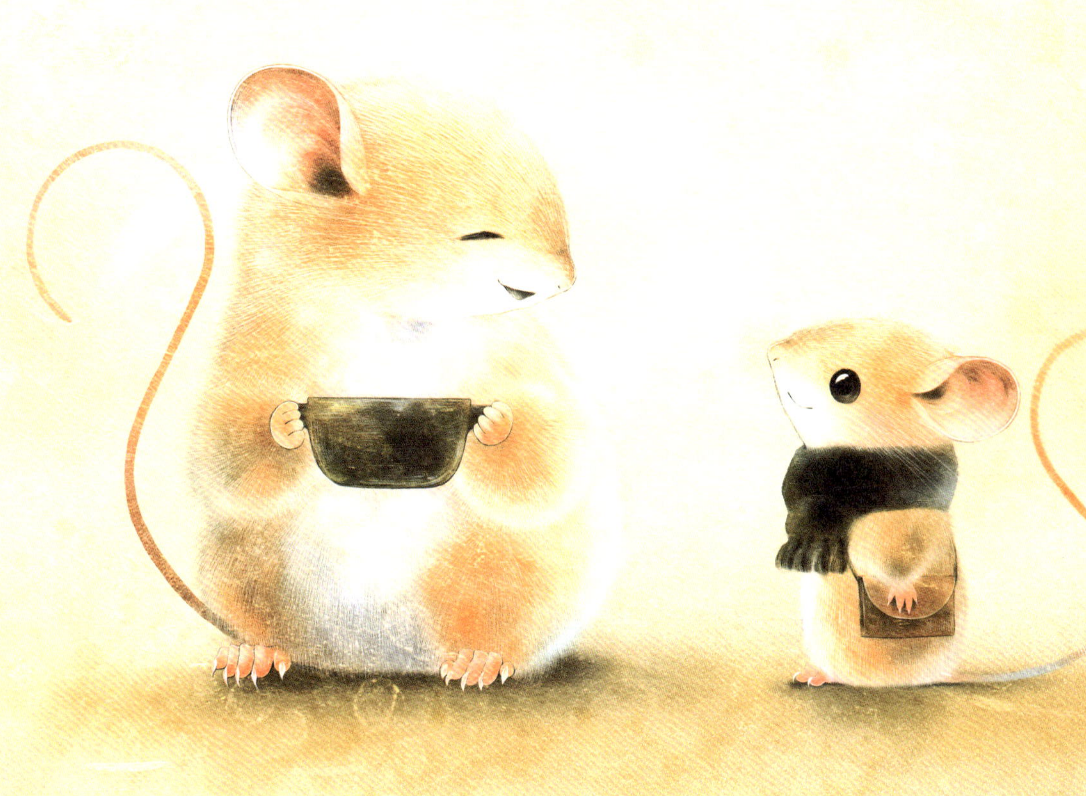

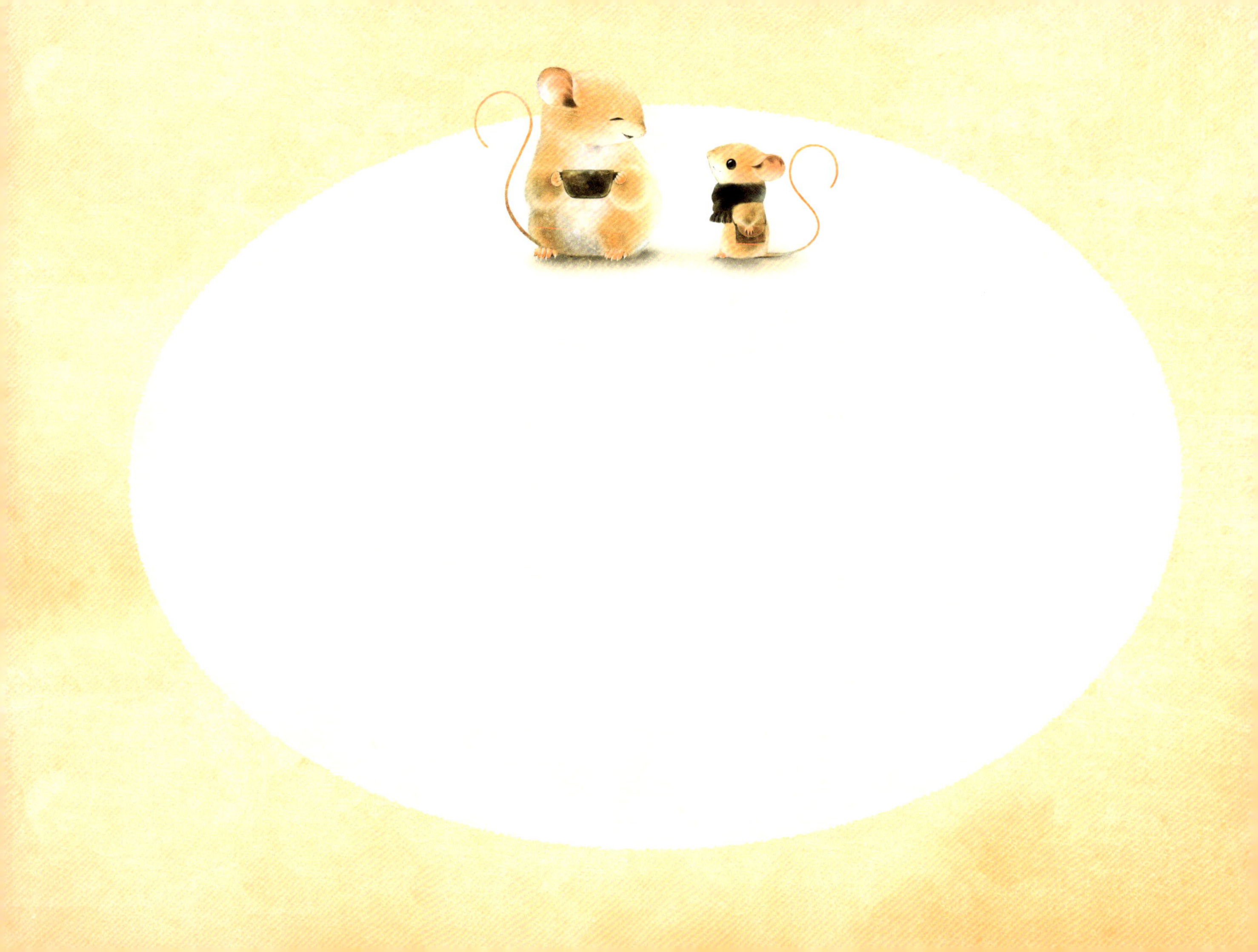

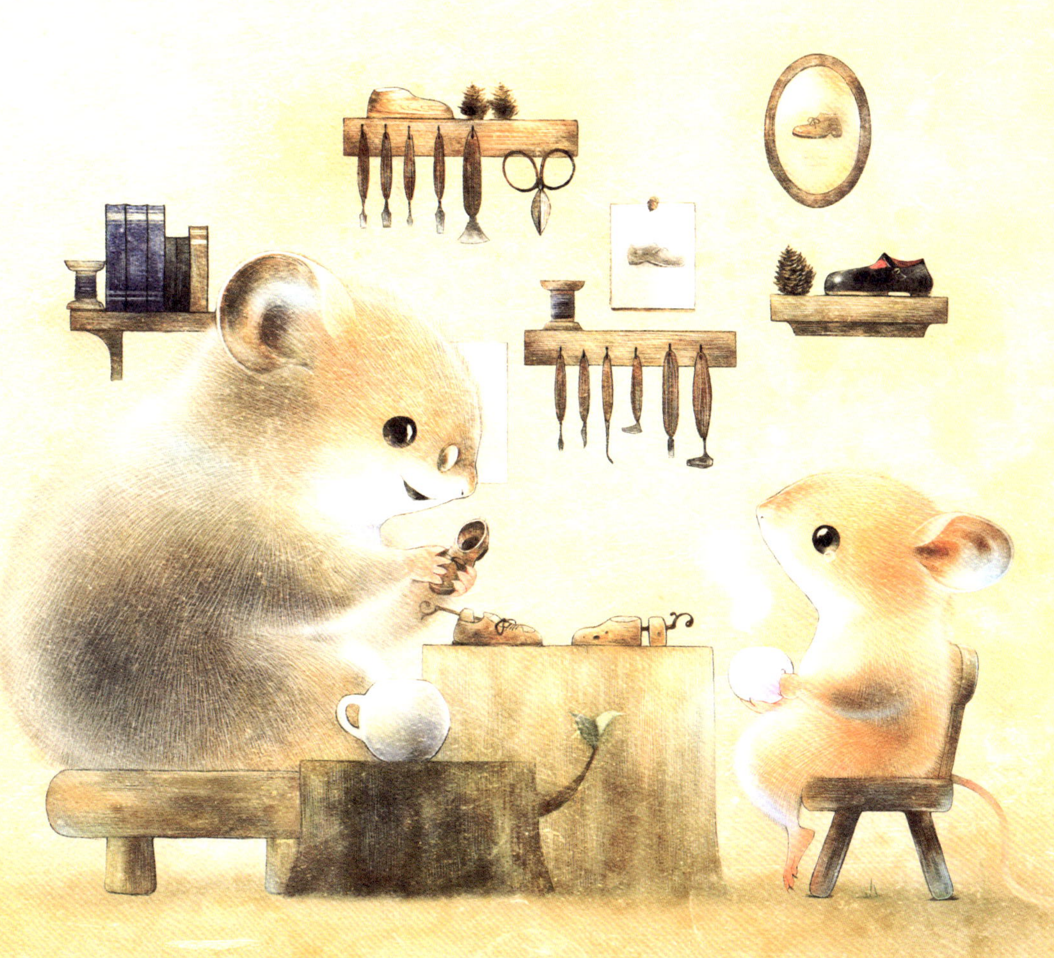

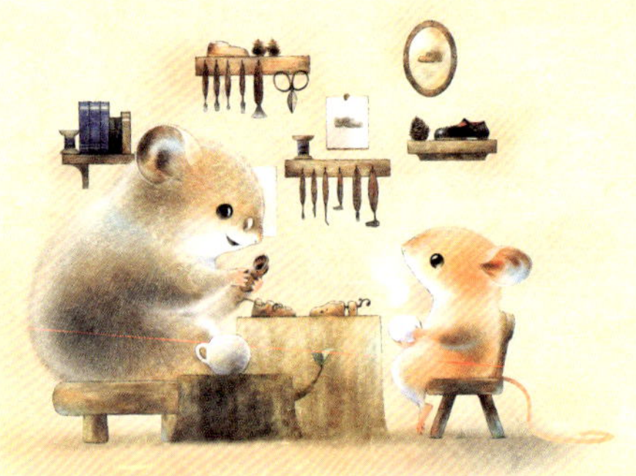

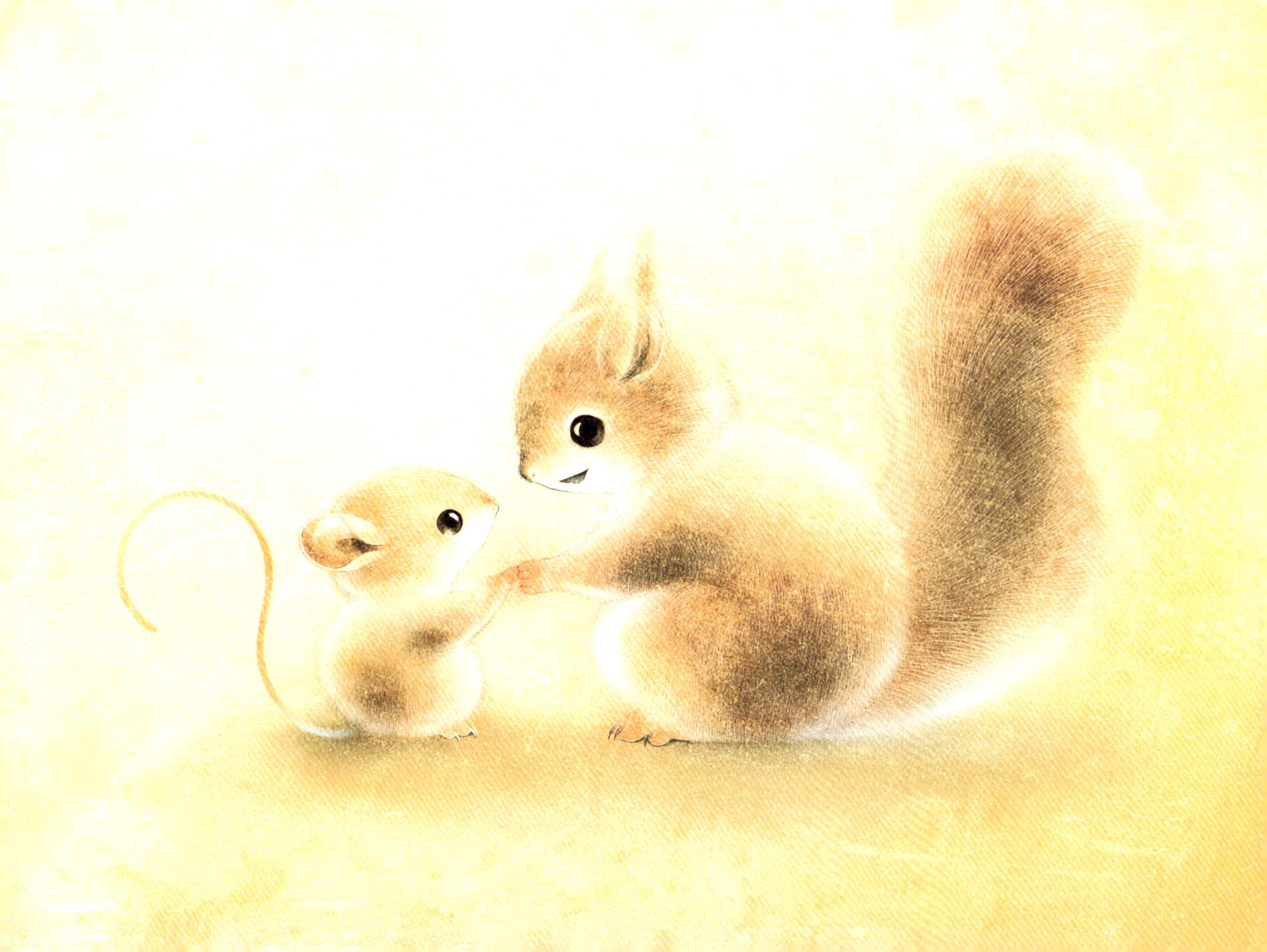

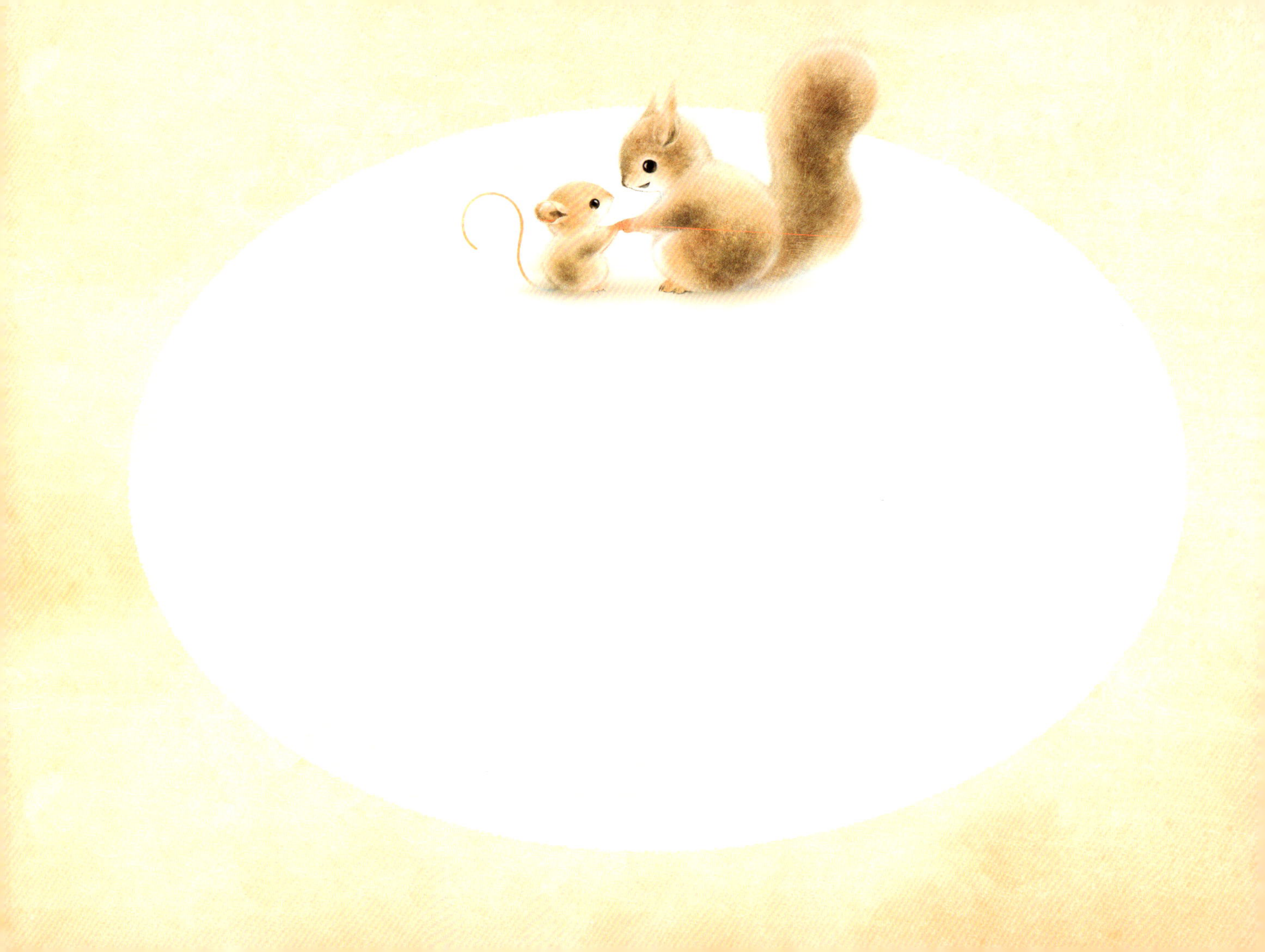

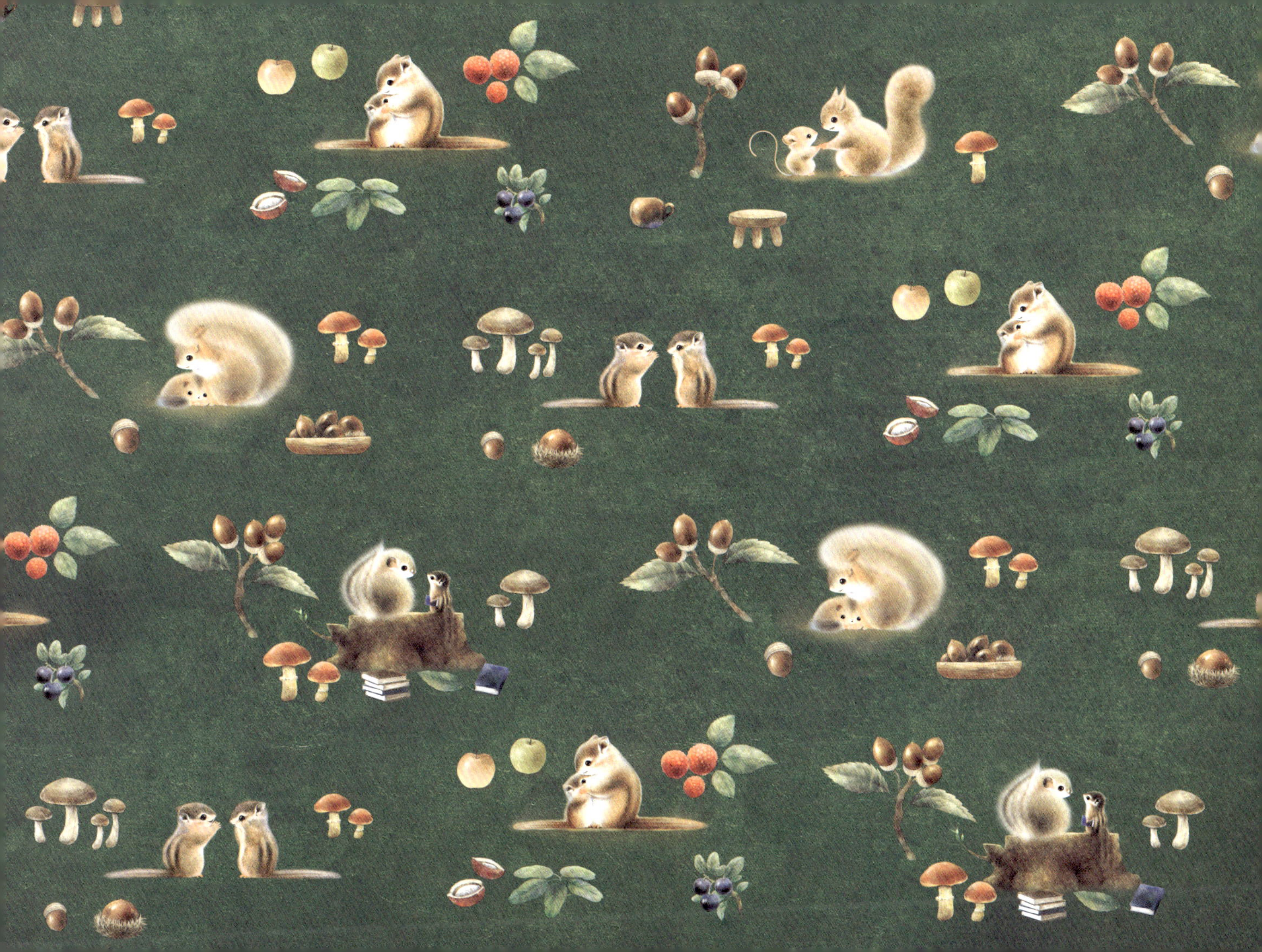

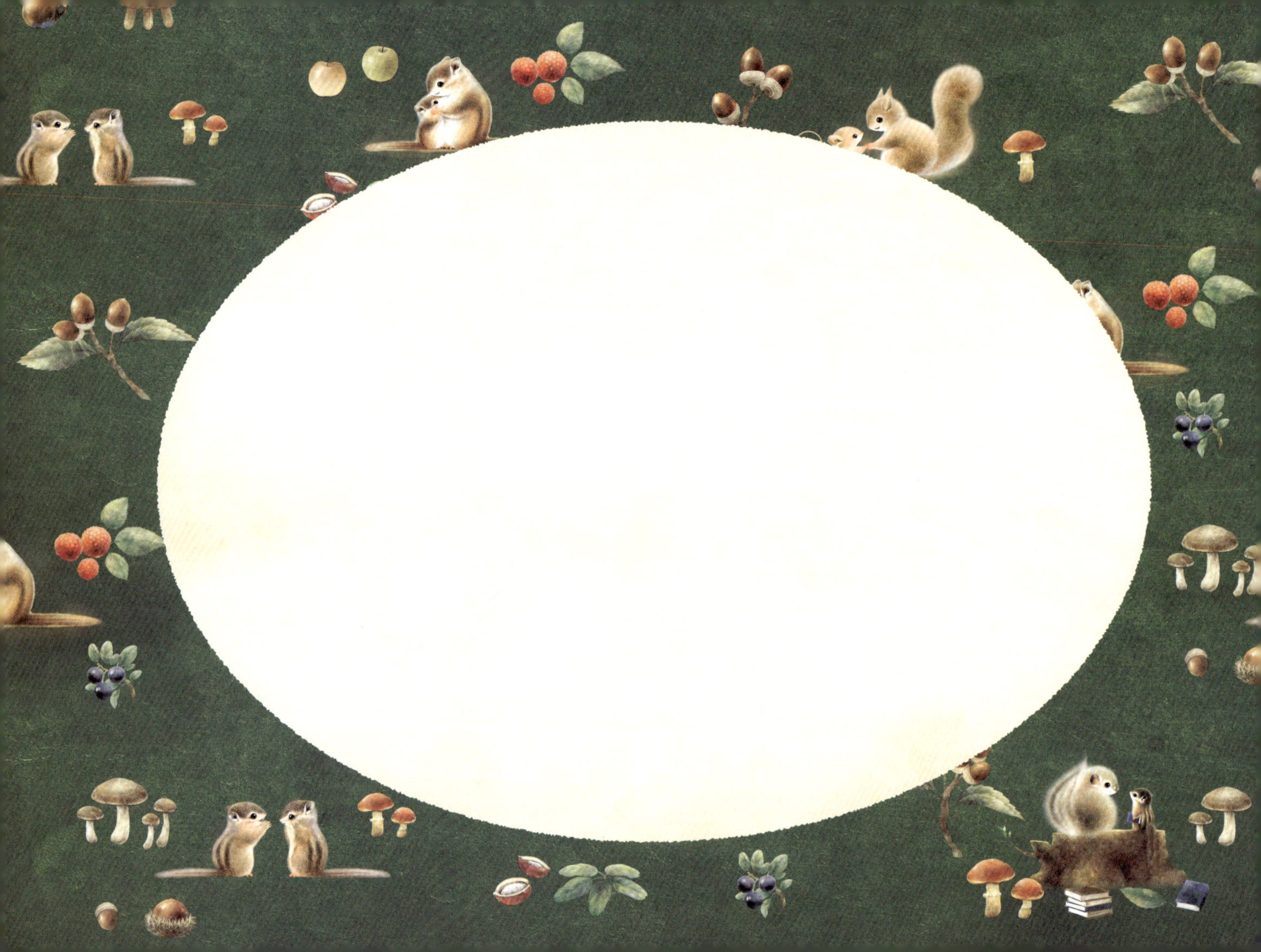

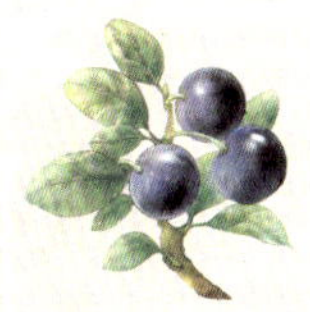

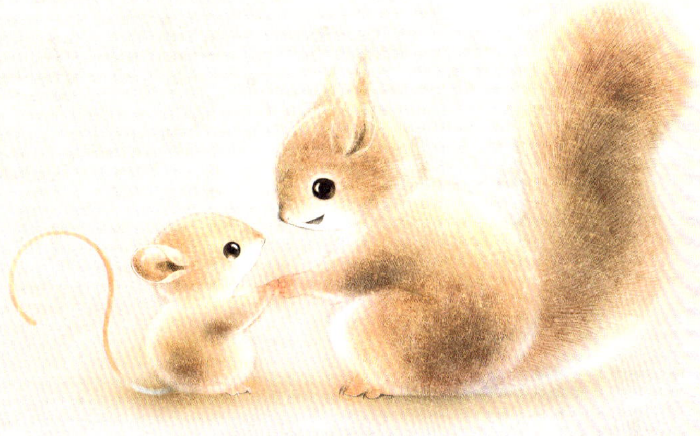
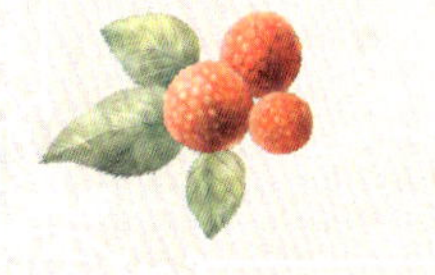
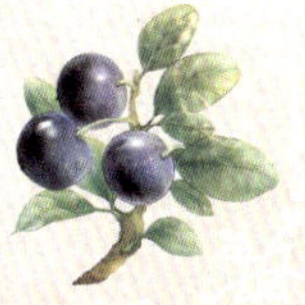

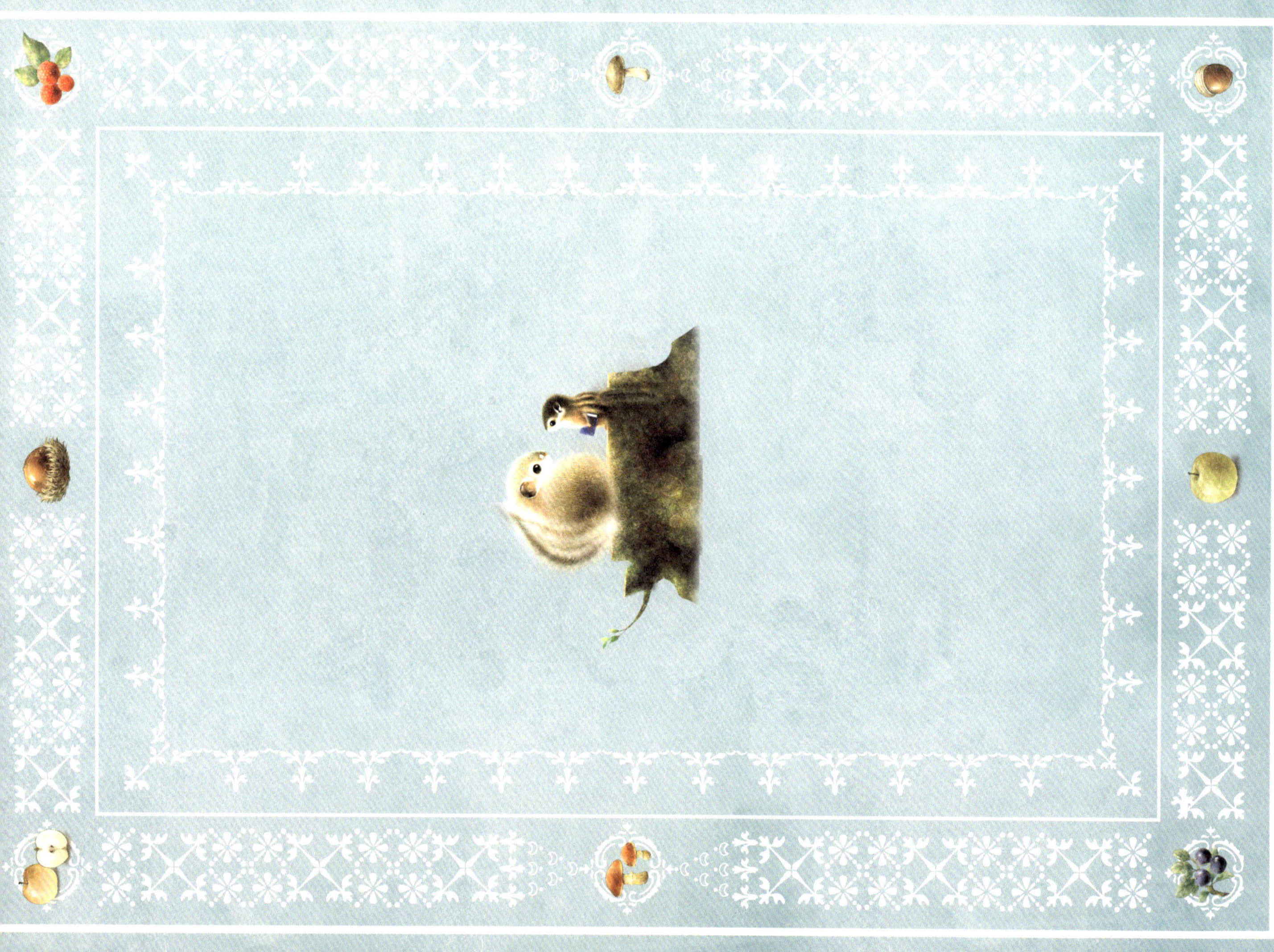

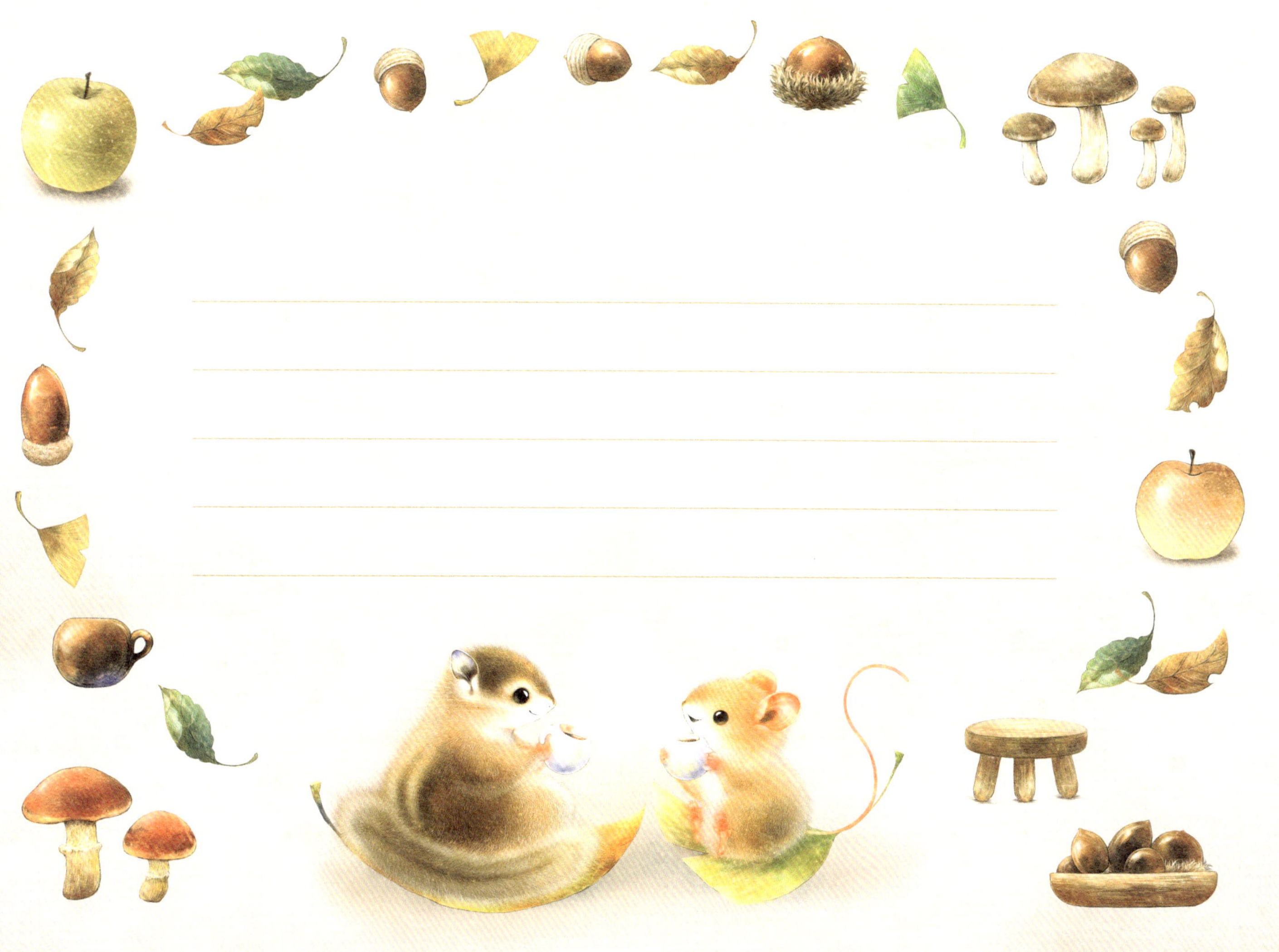

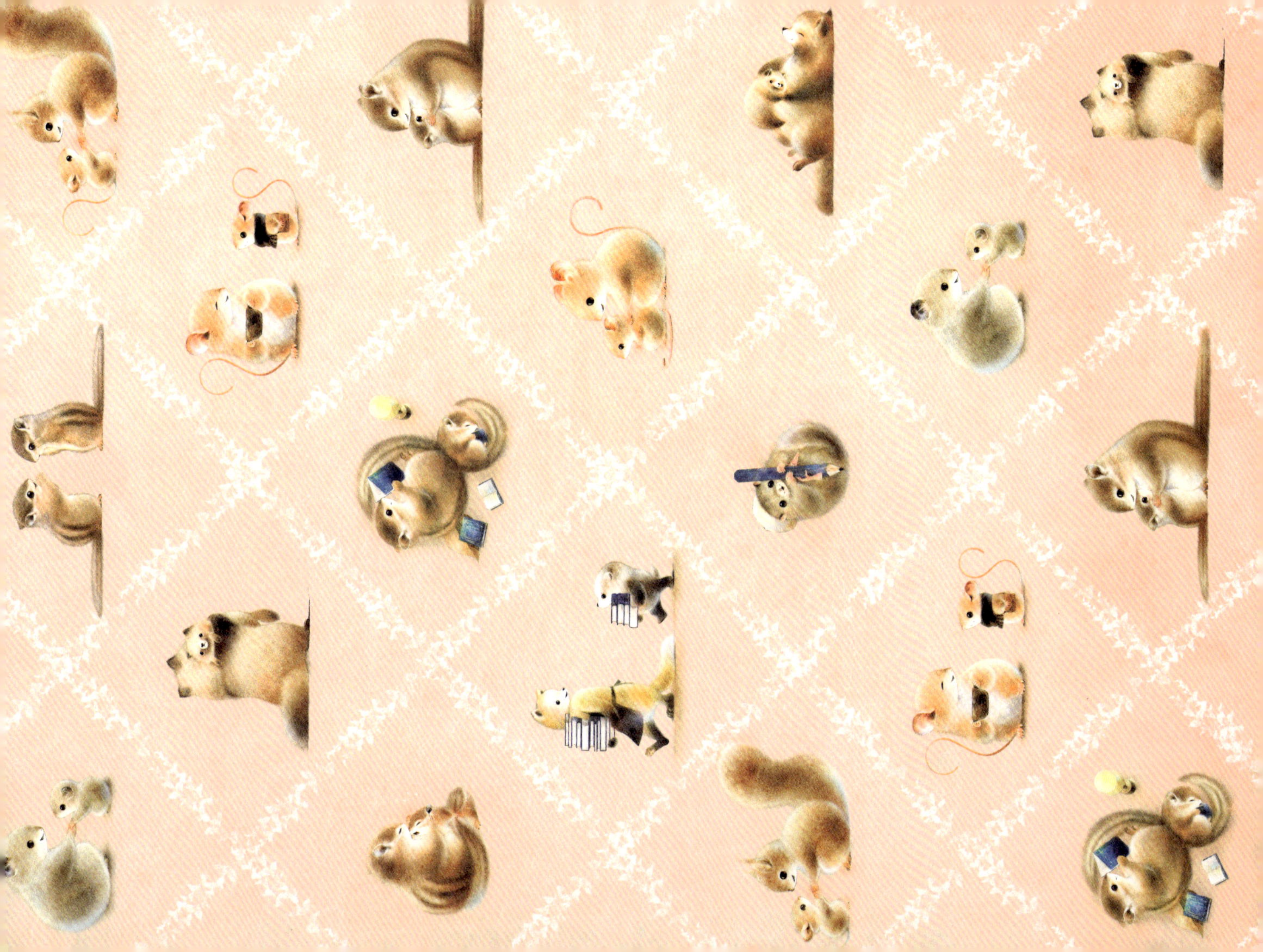

From

No.

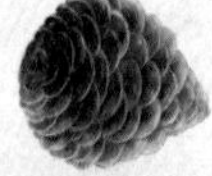

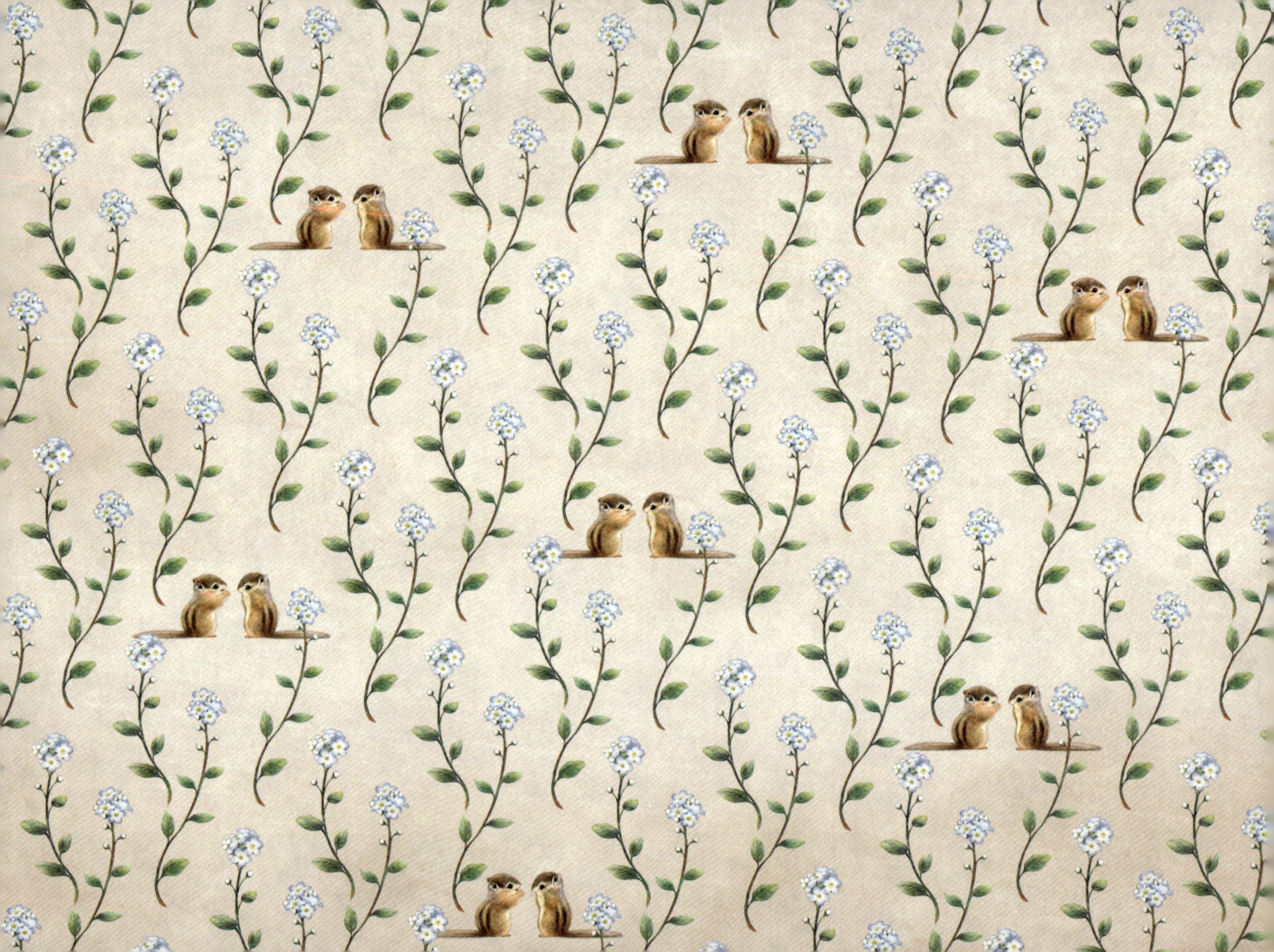

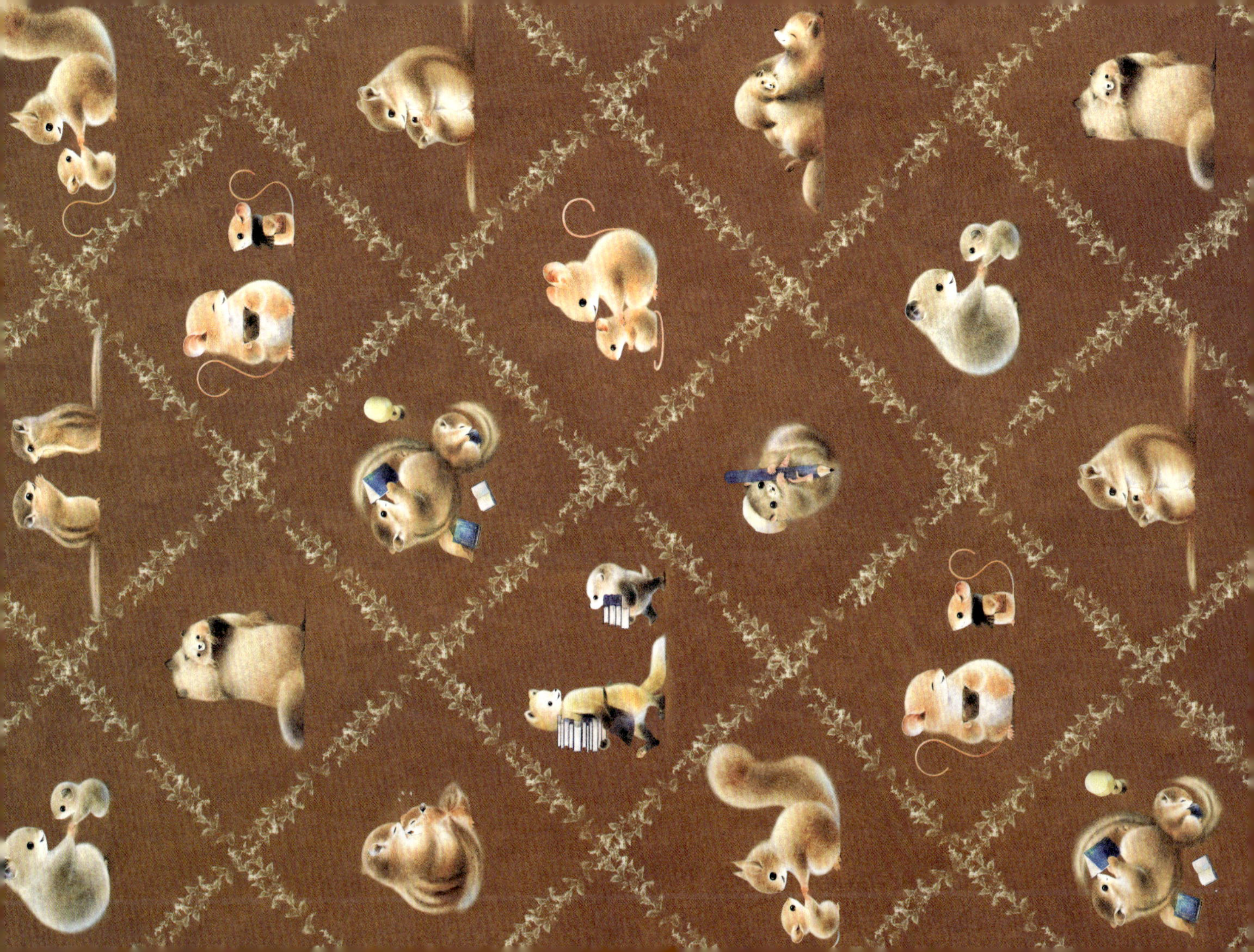

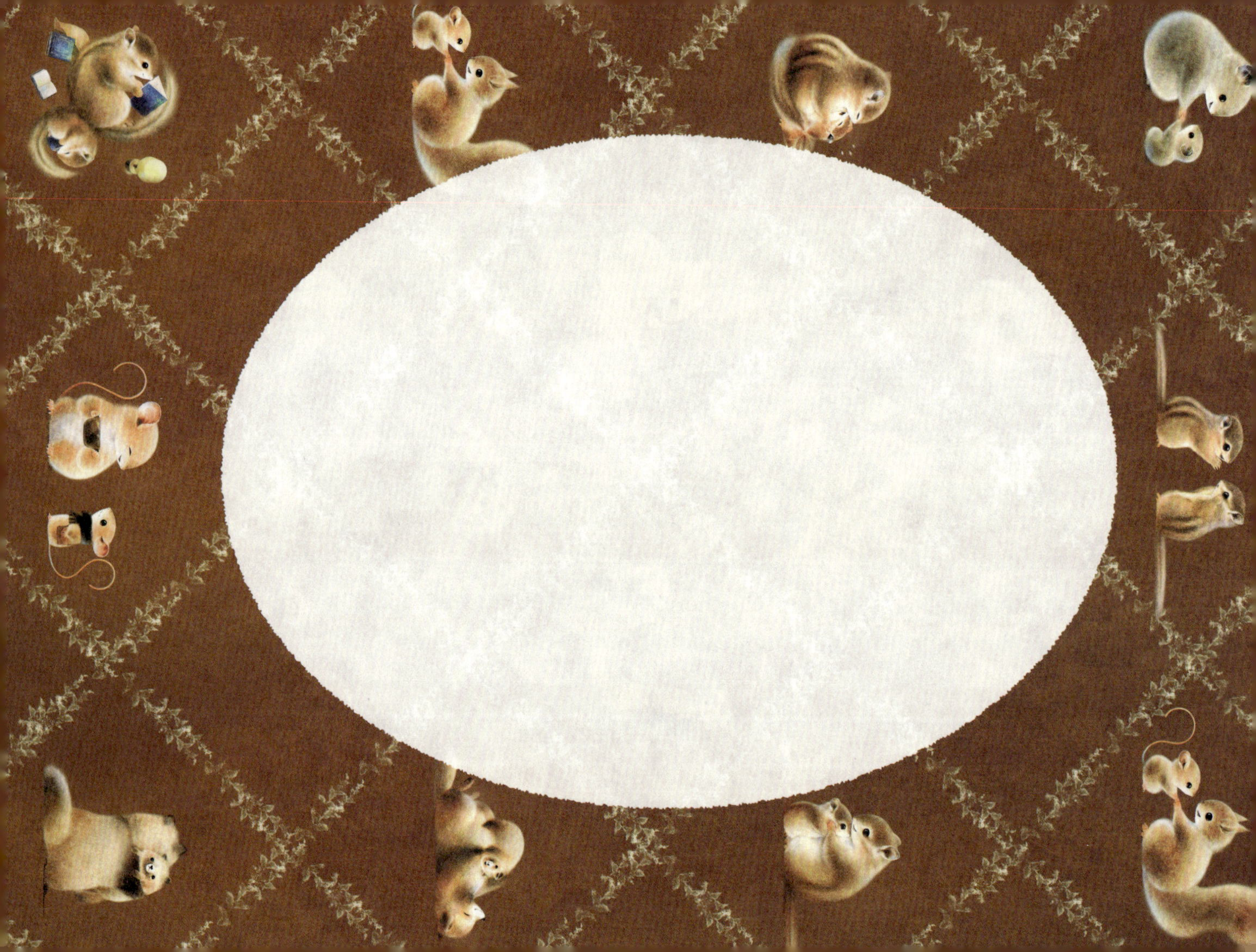

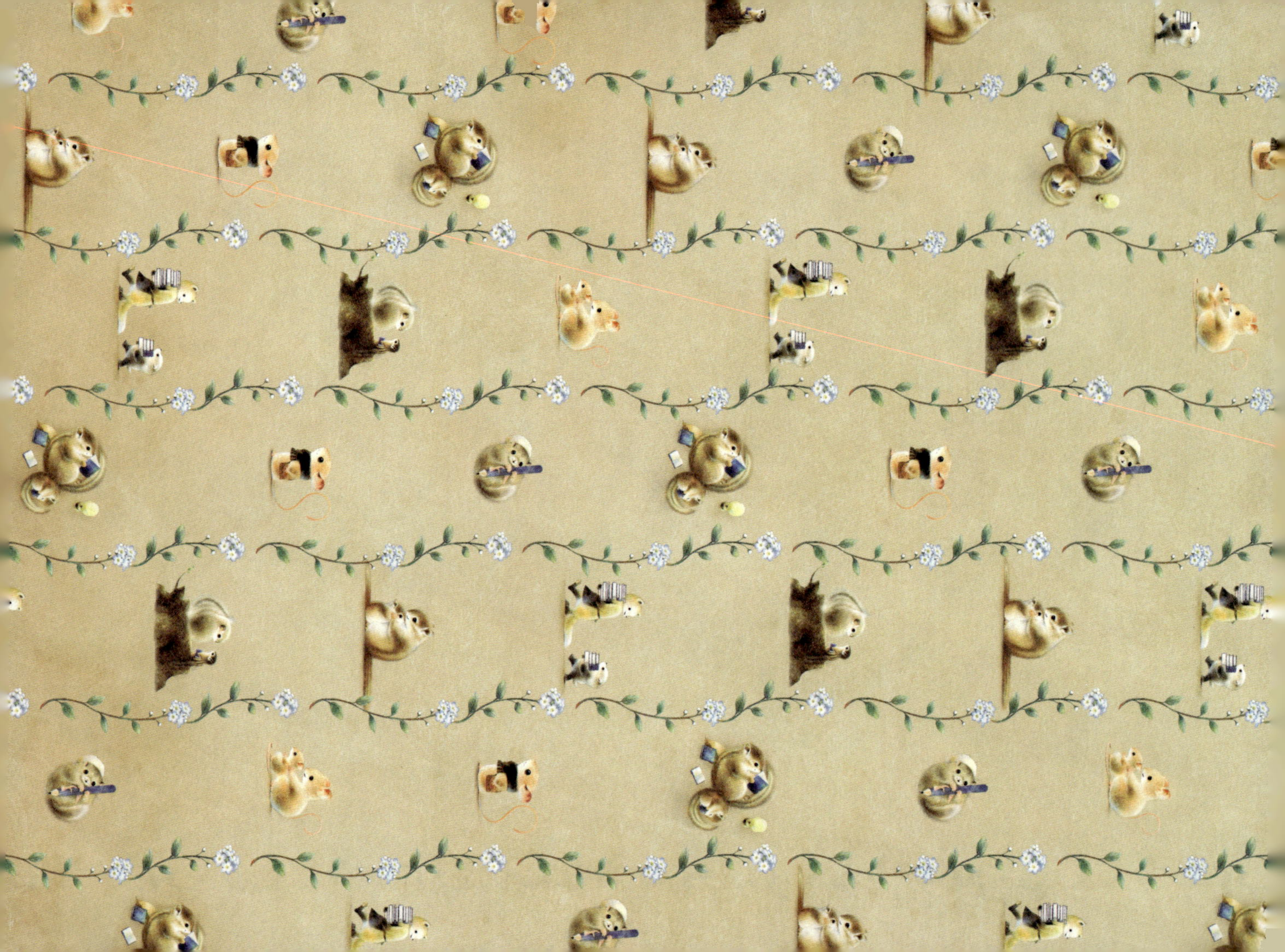

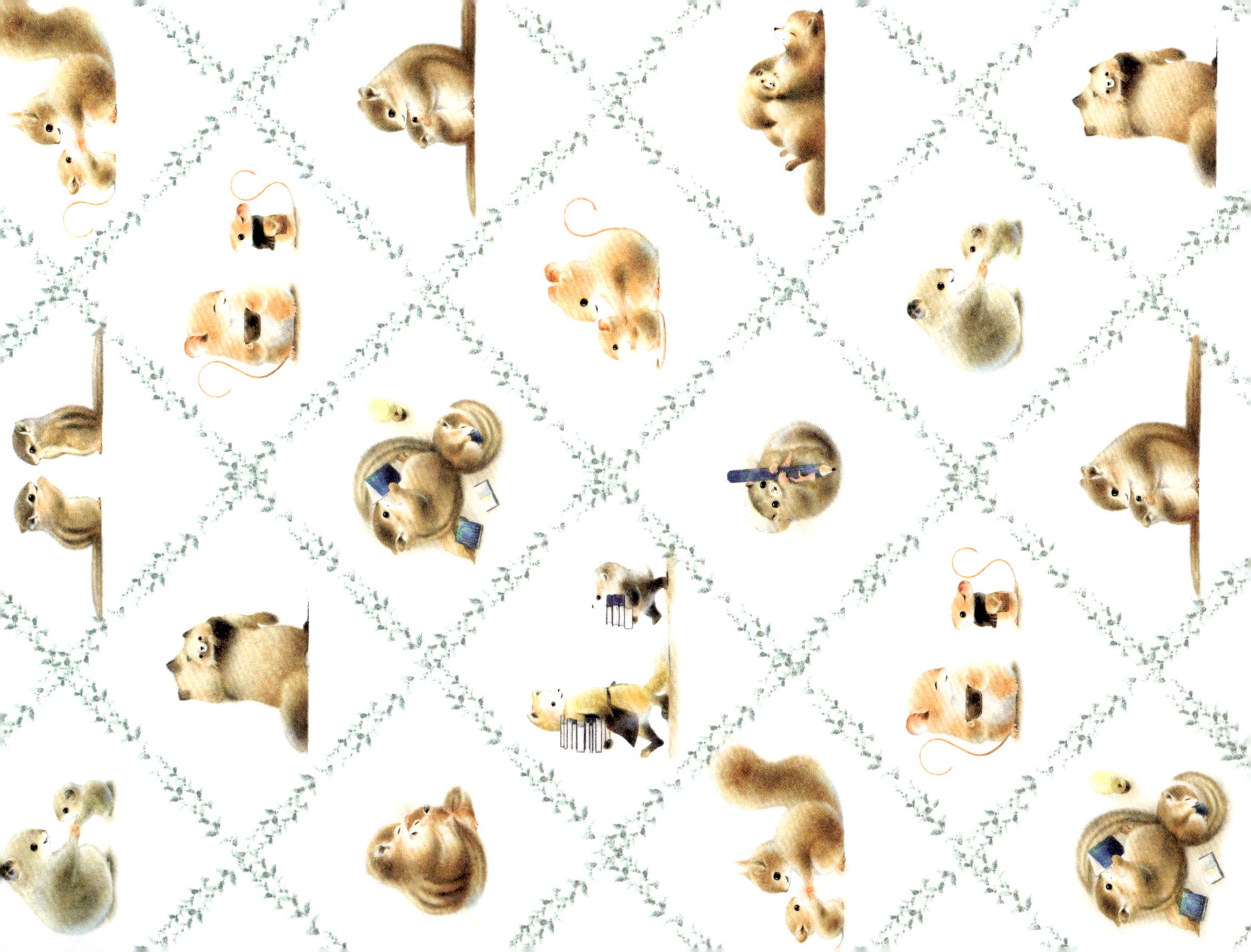

To.

From

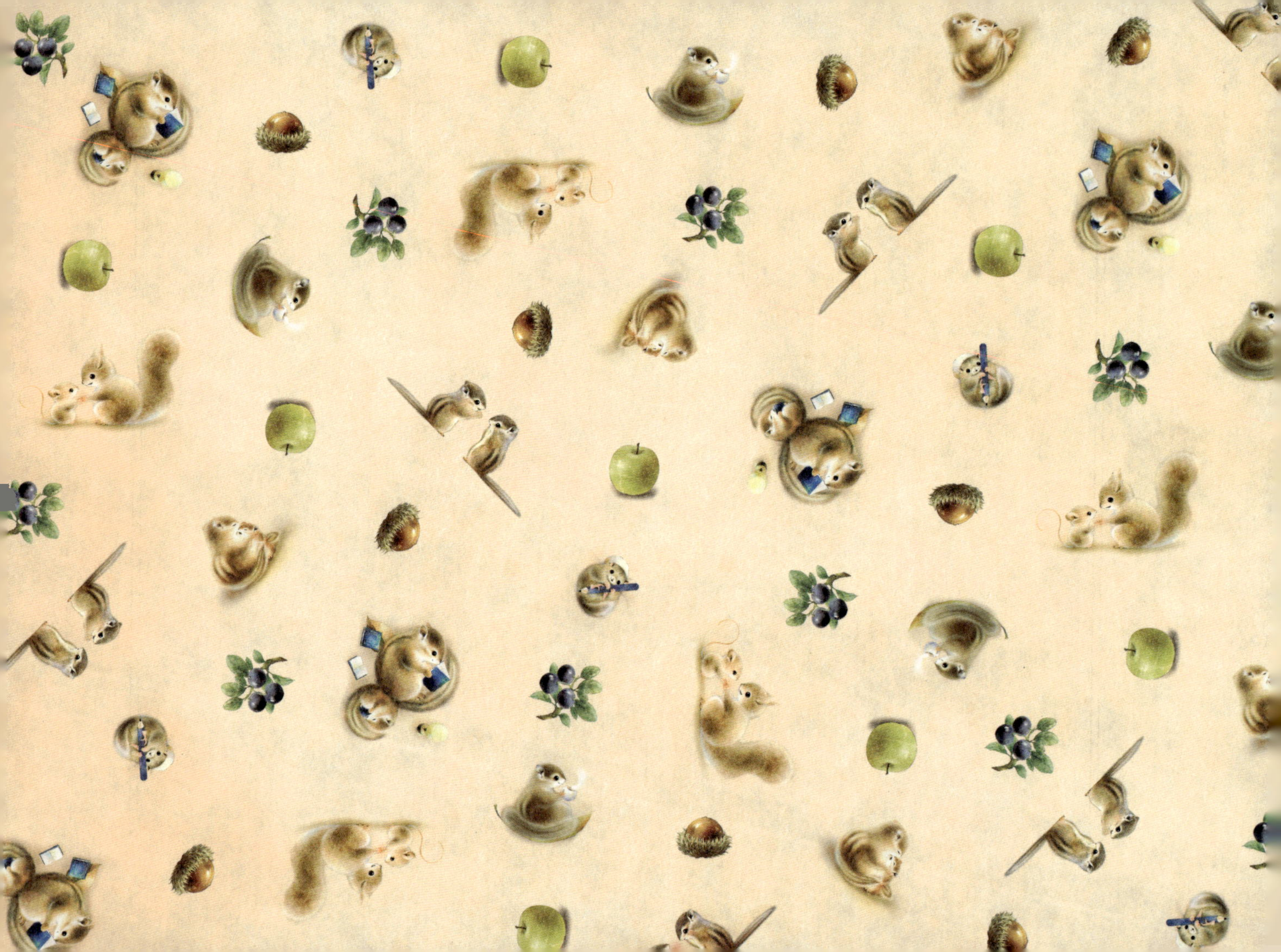

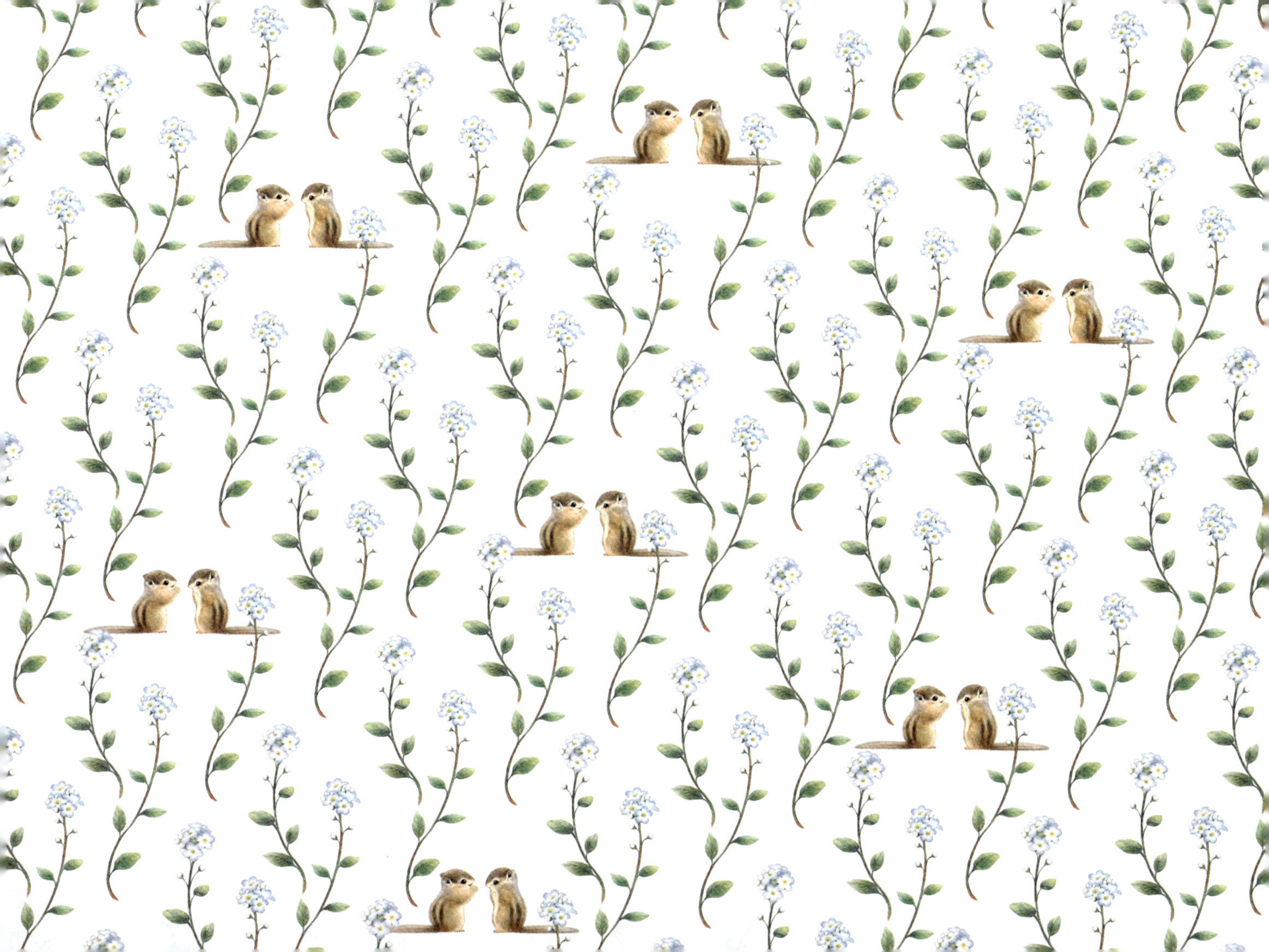

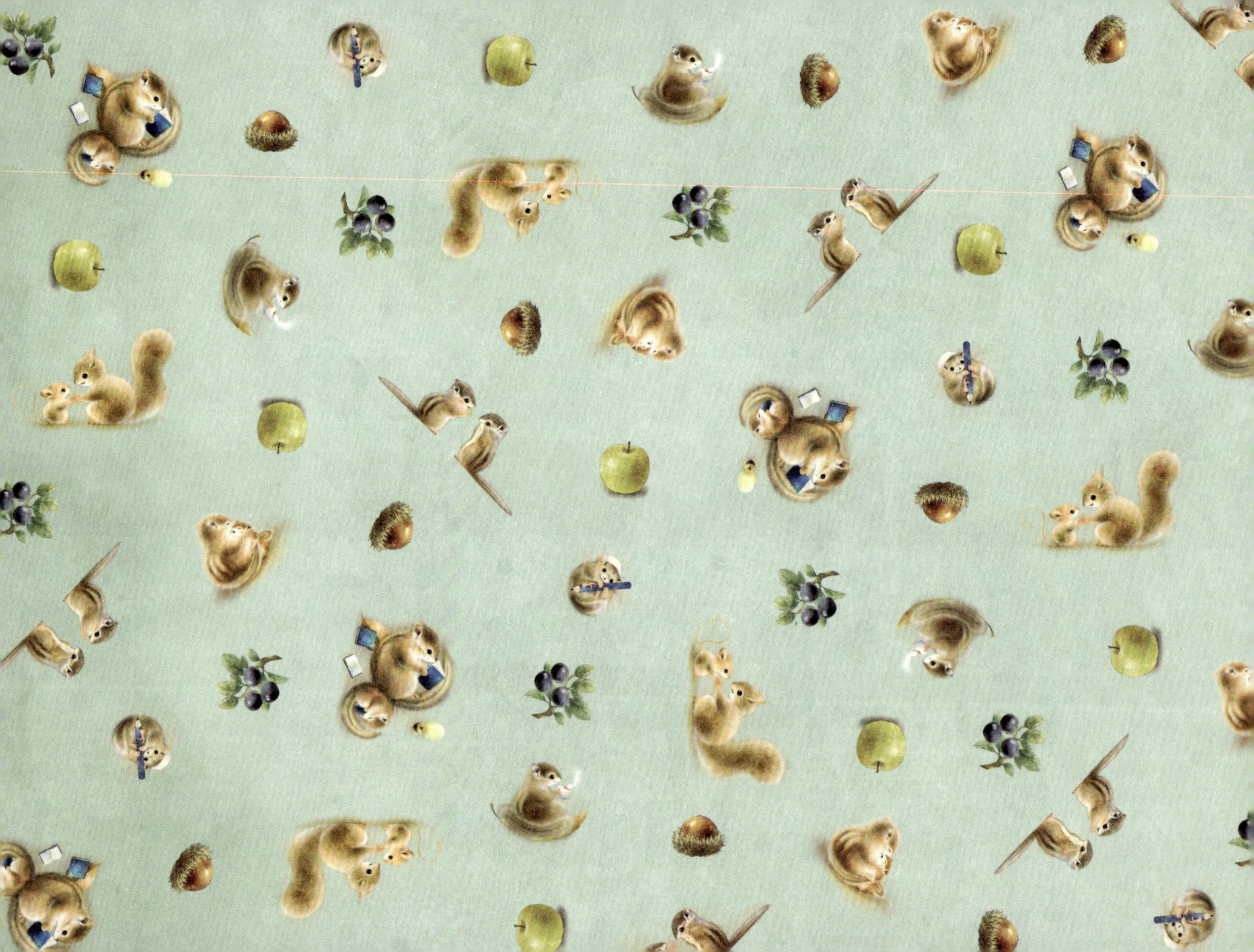

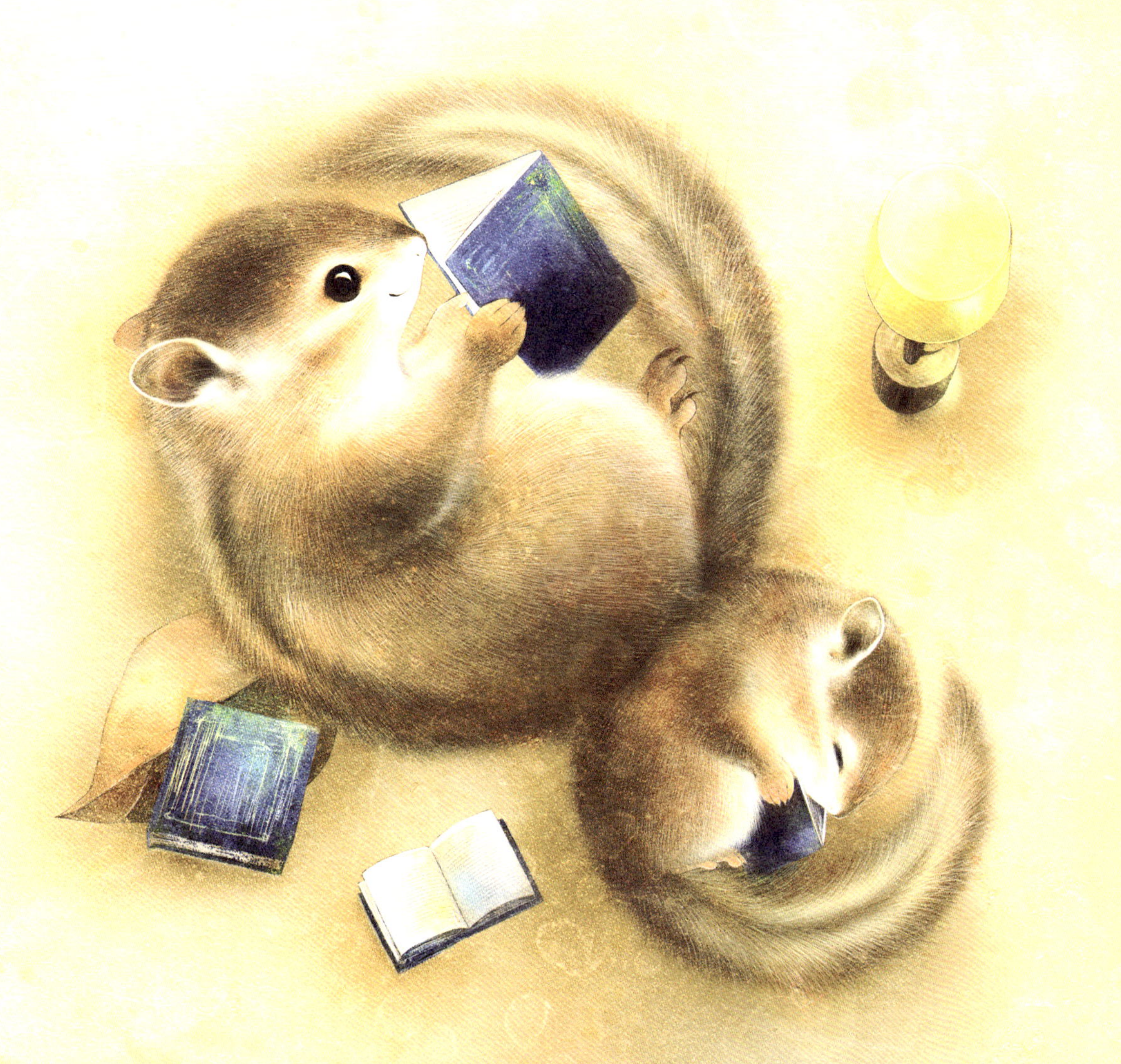

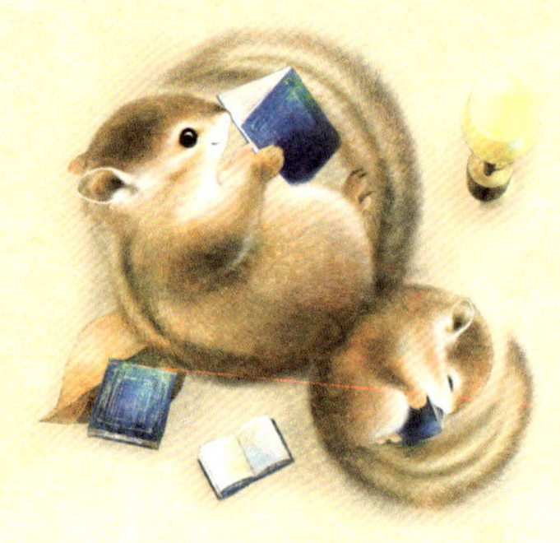

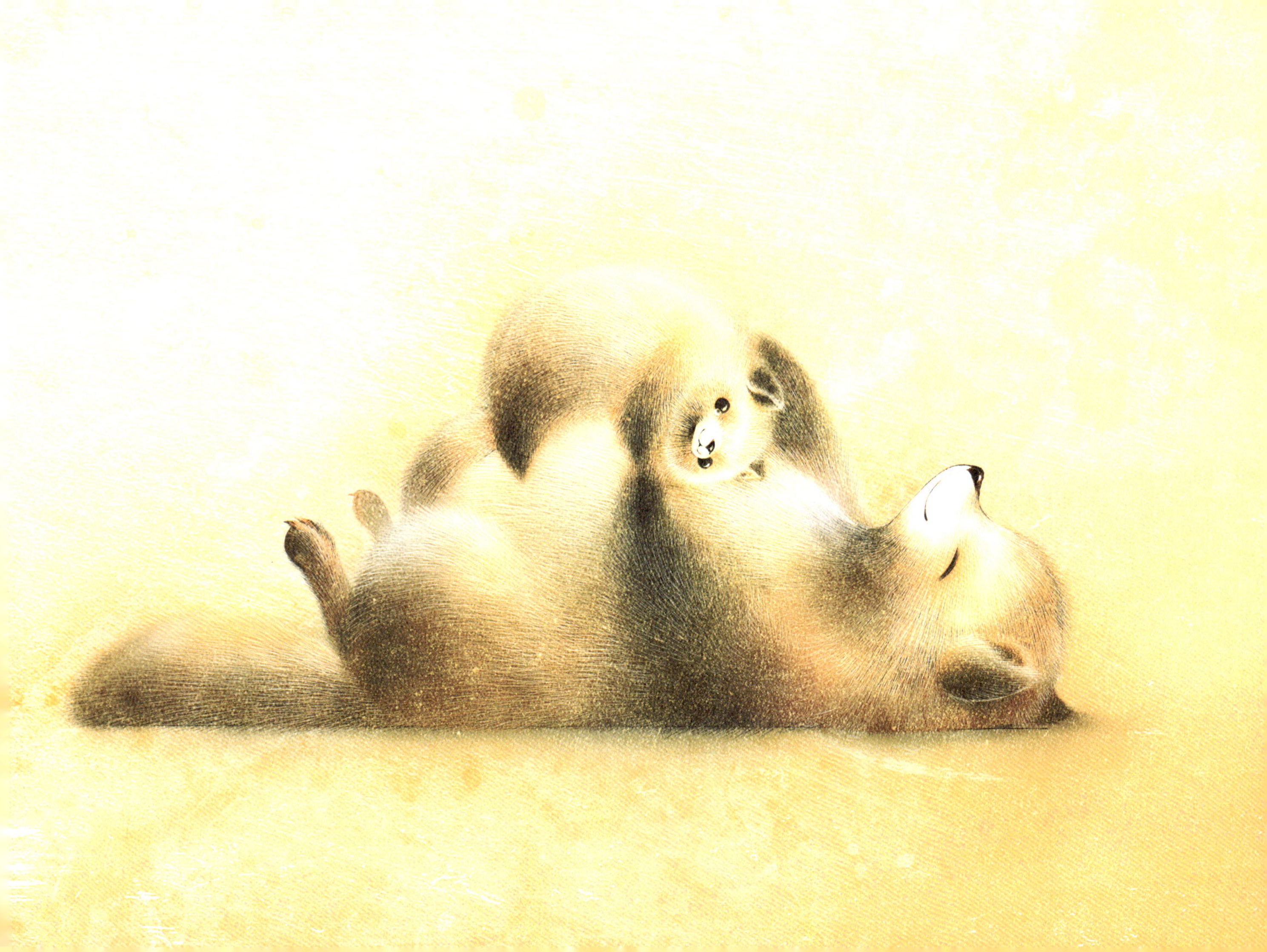

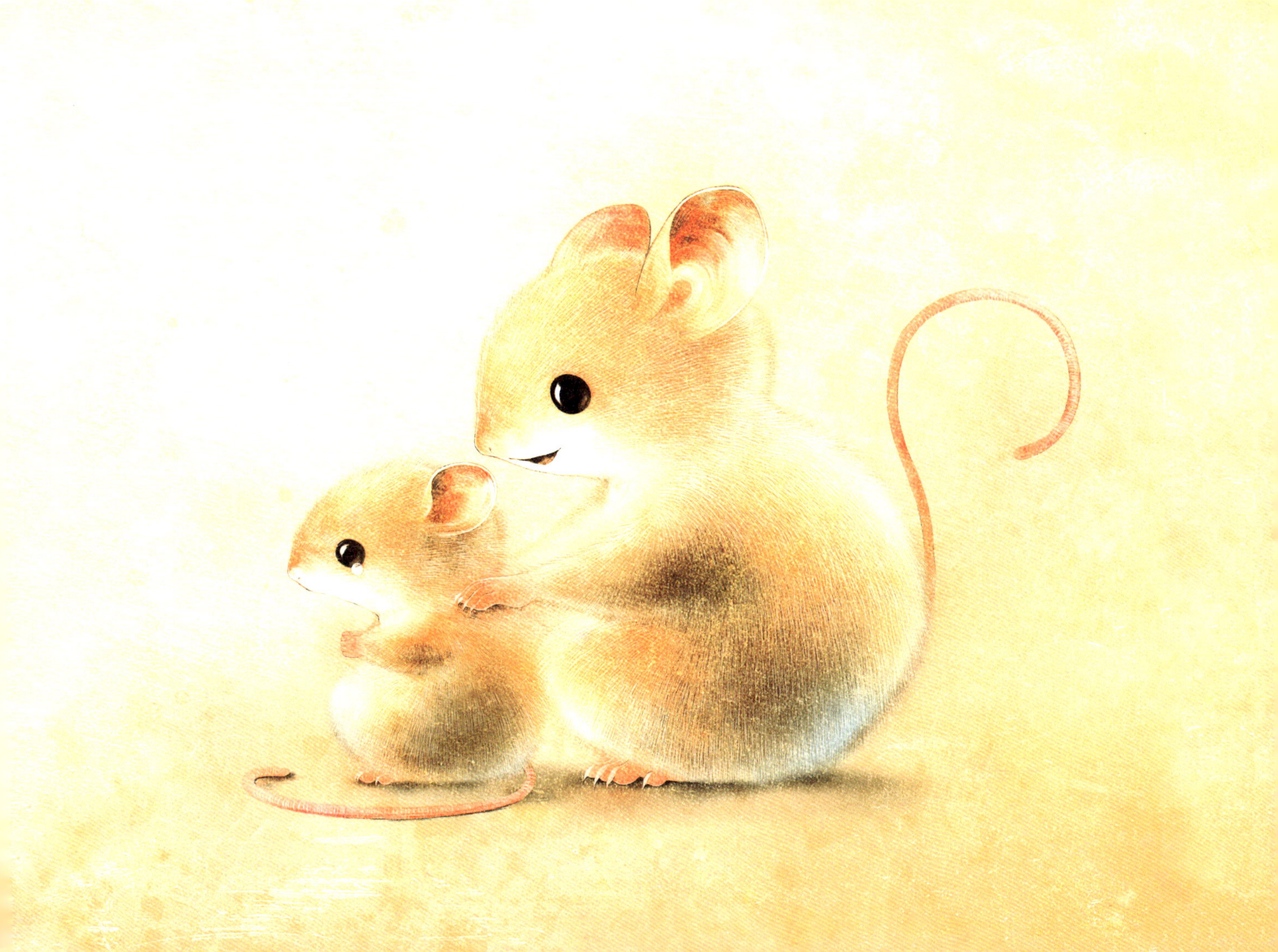

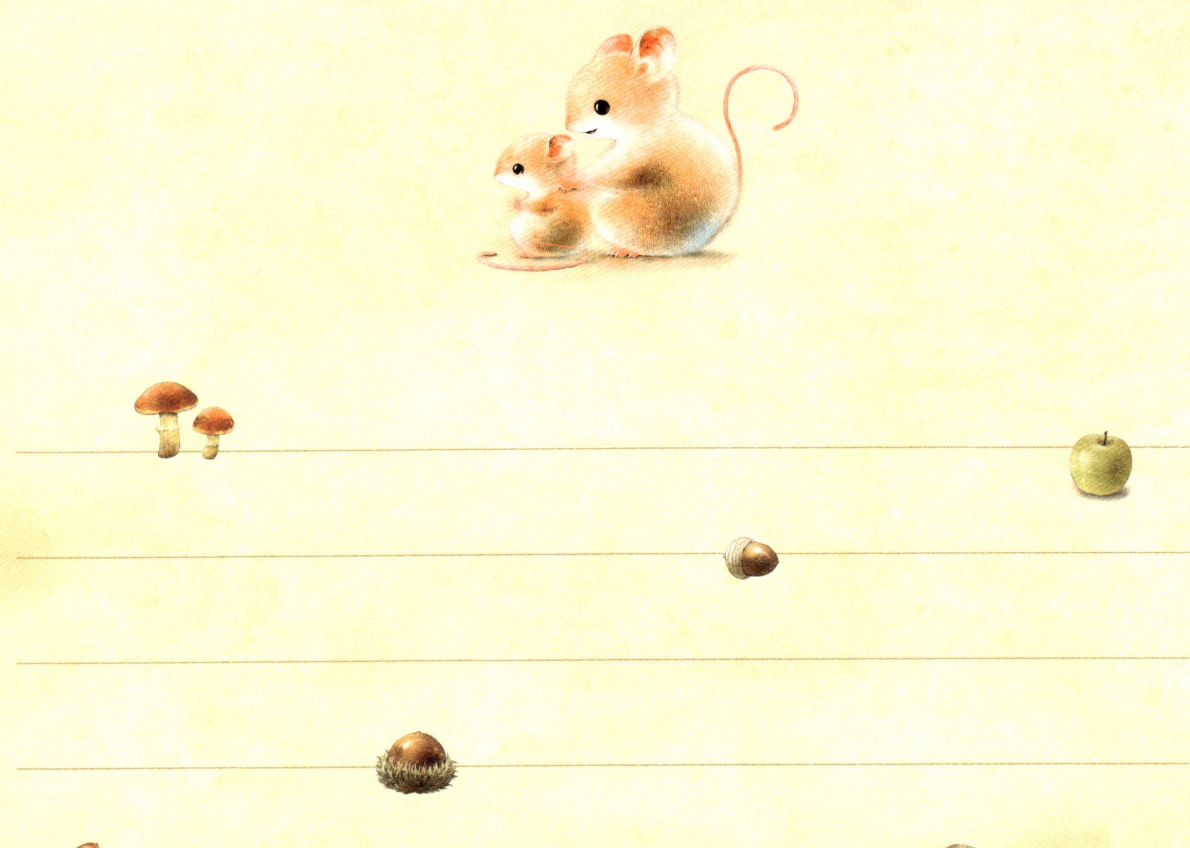

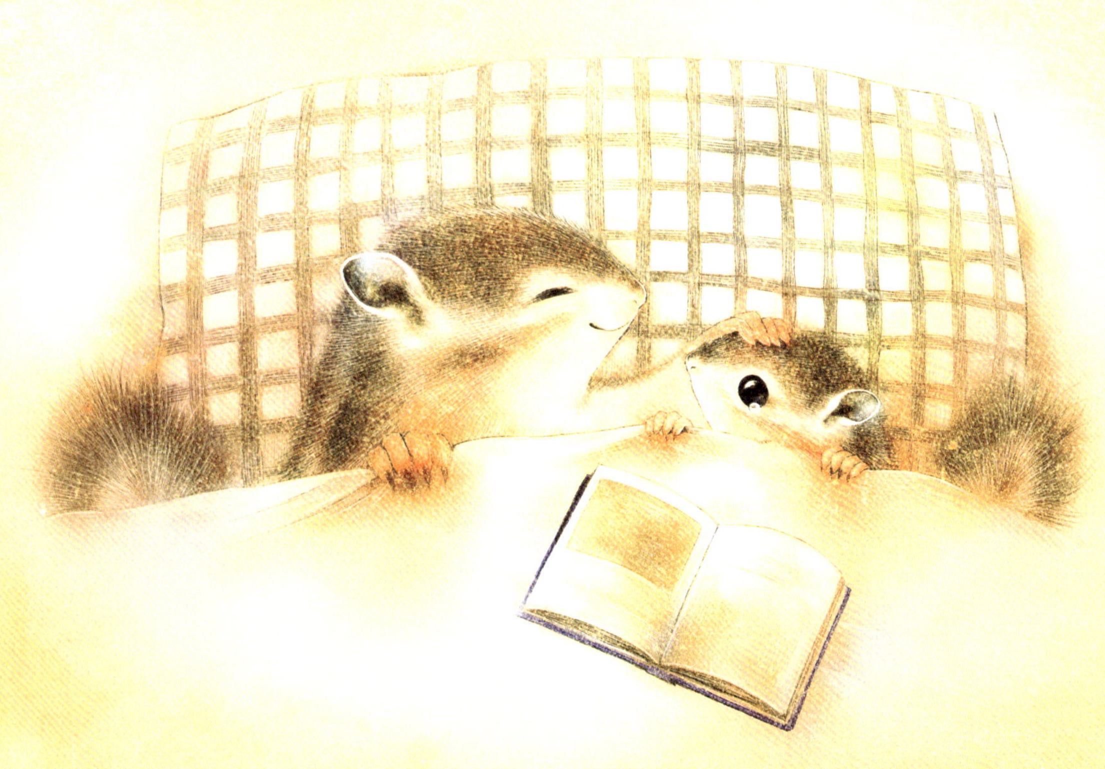

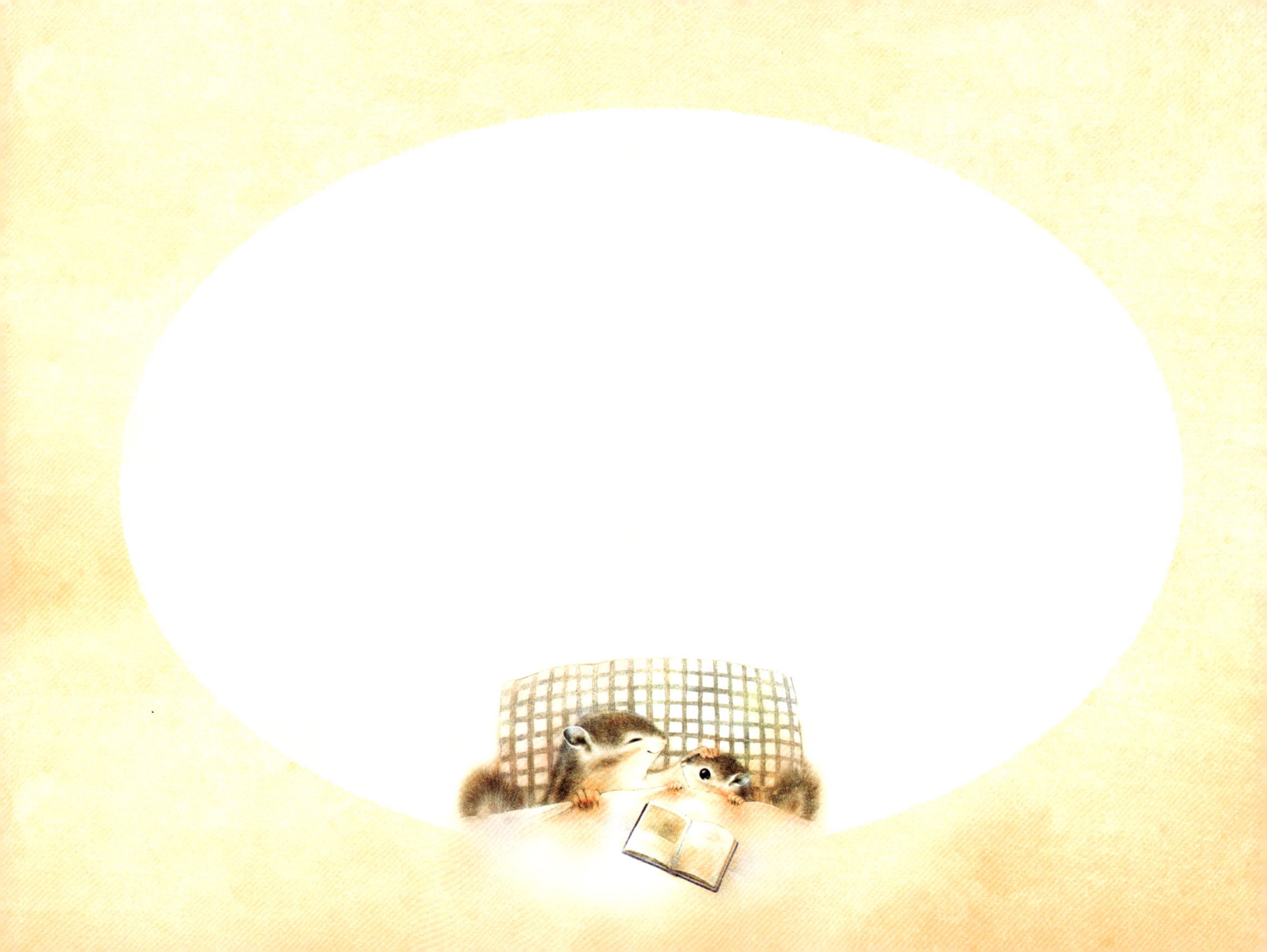

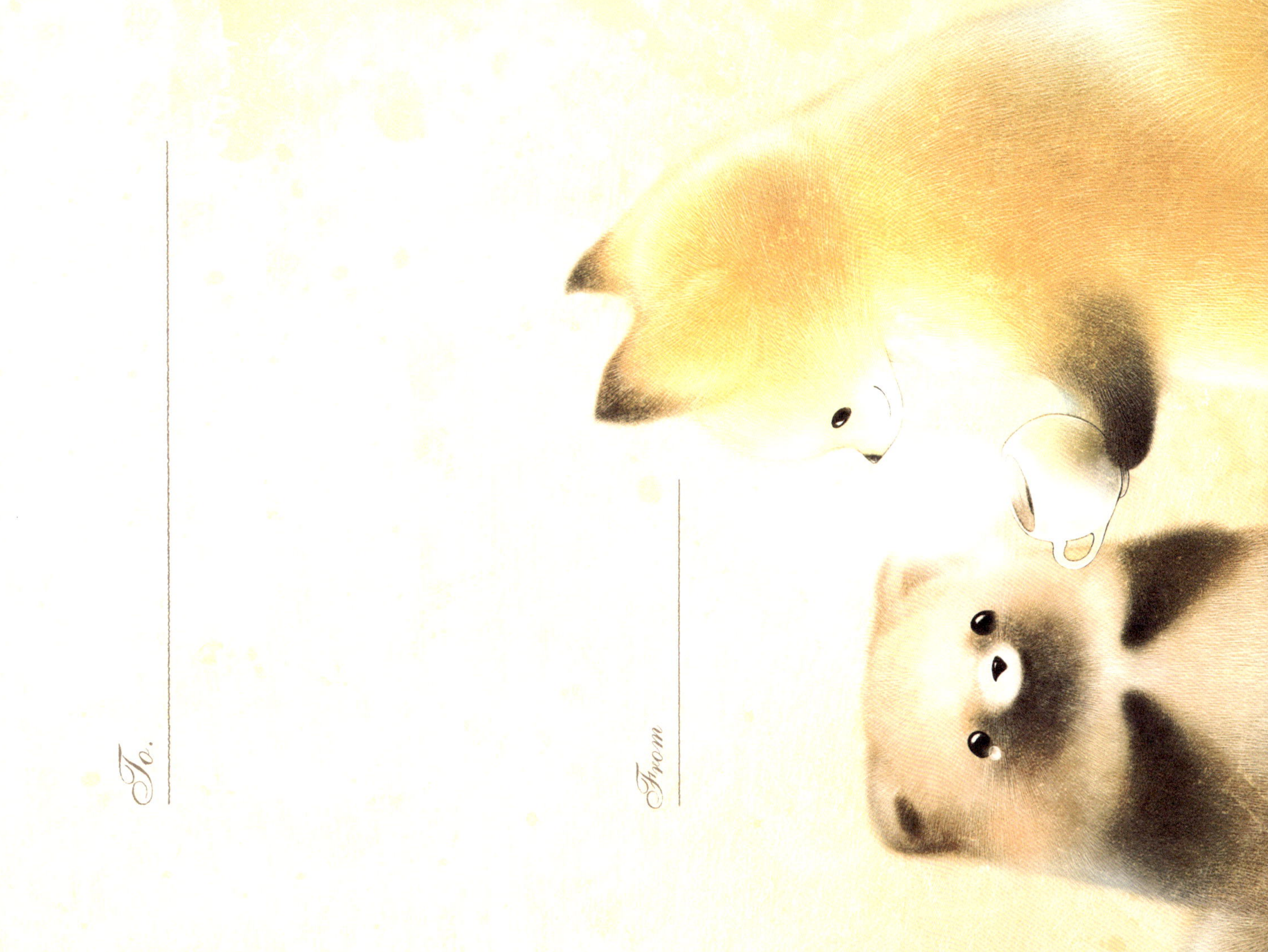
To.
From

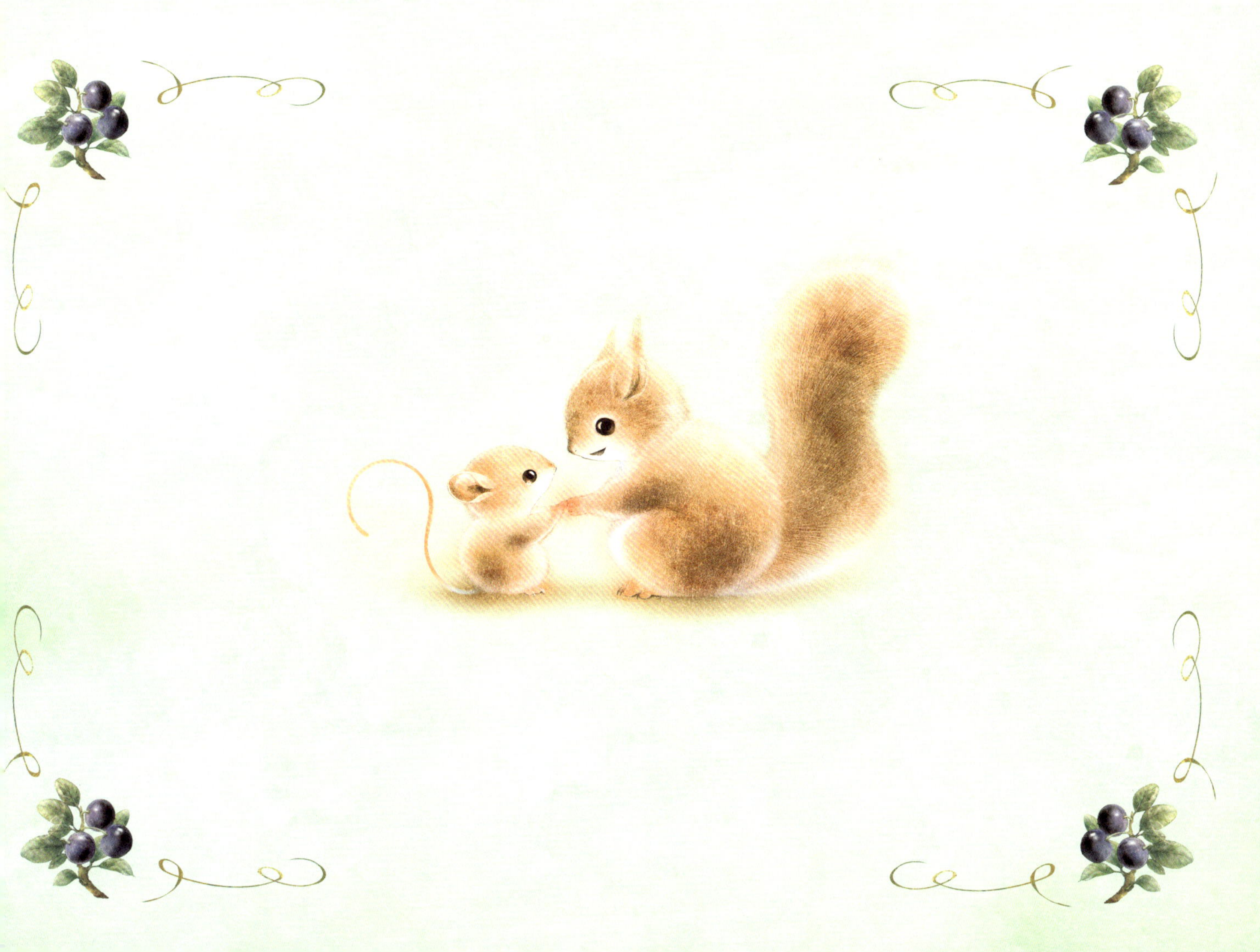

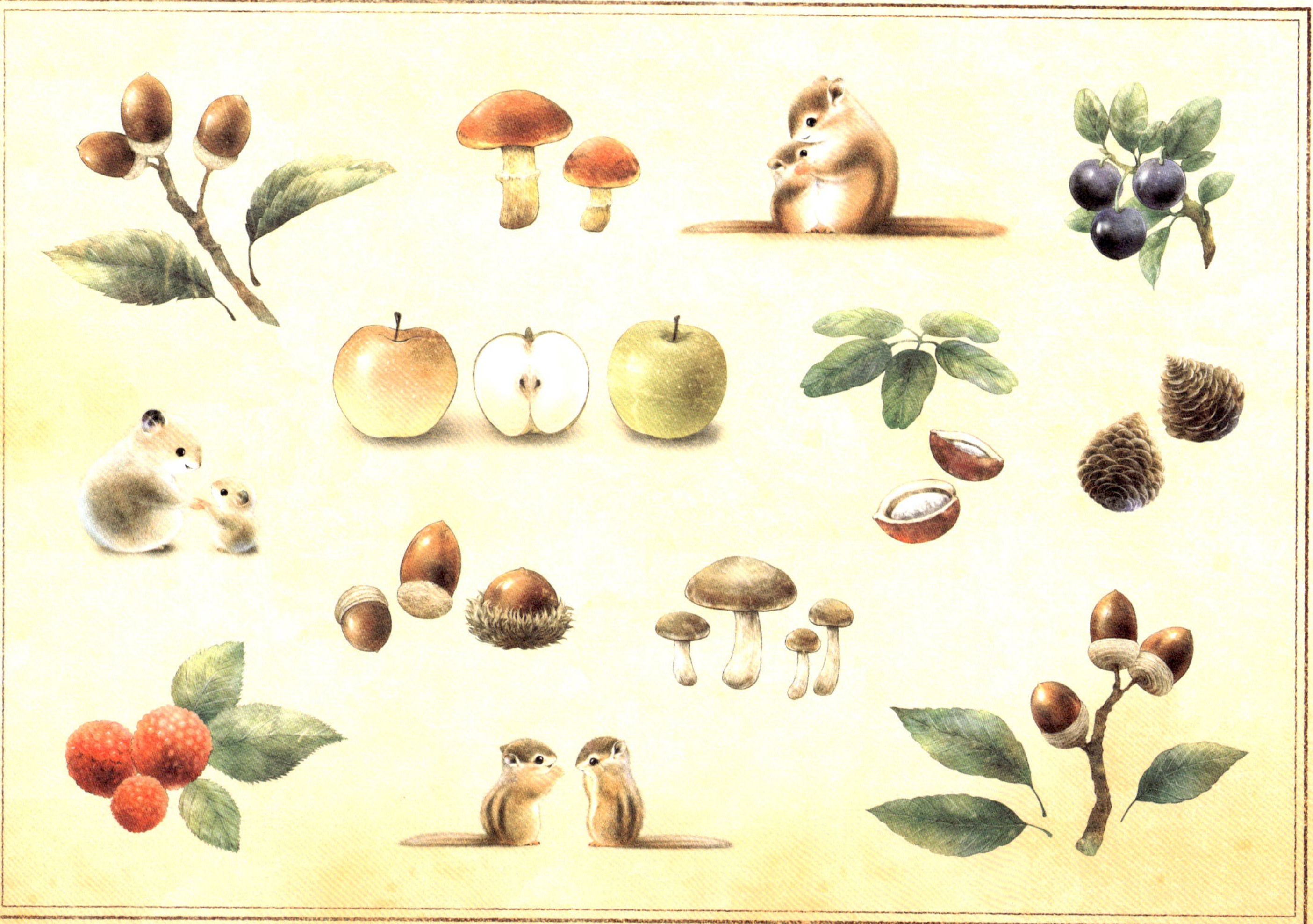

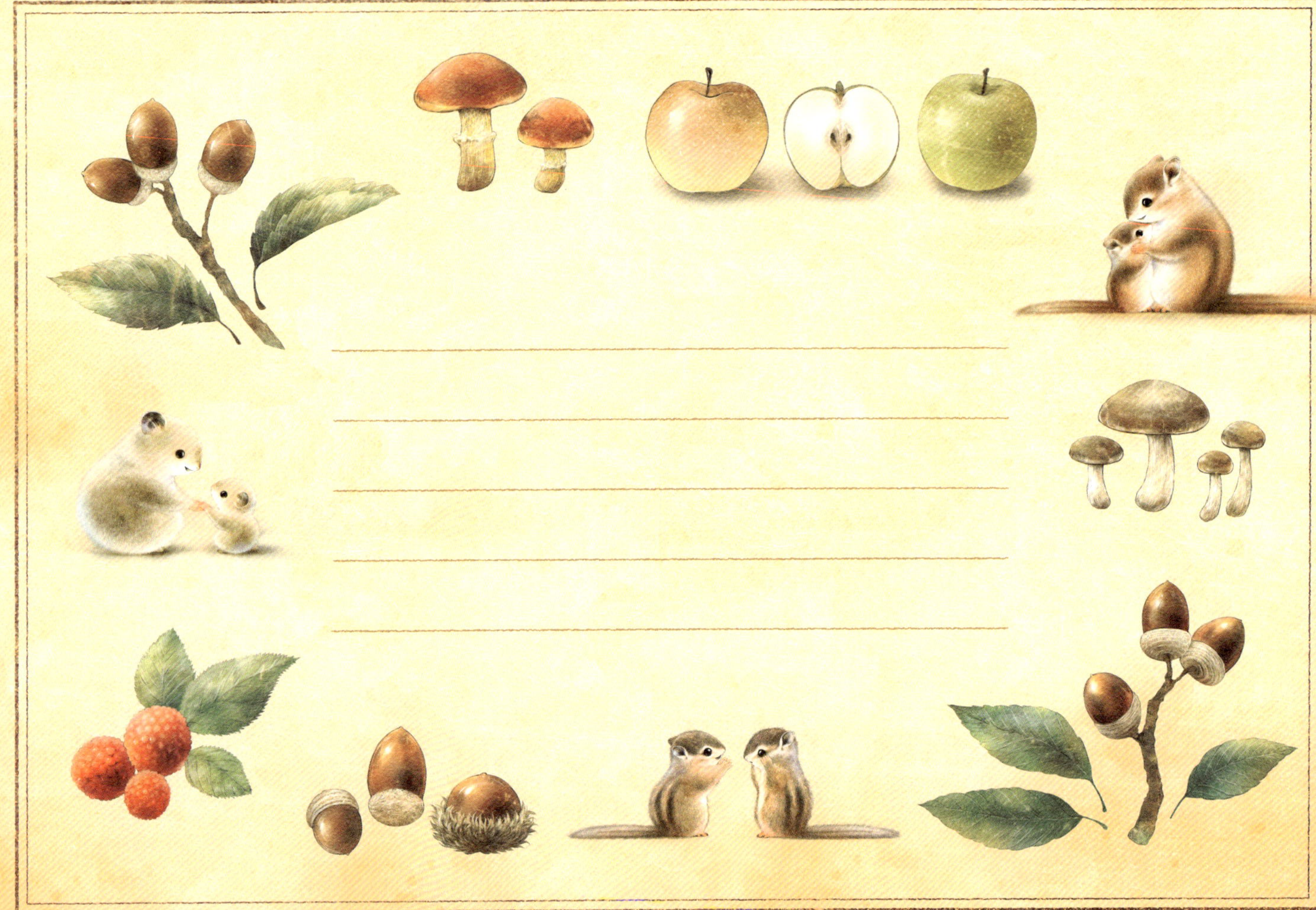

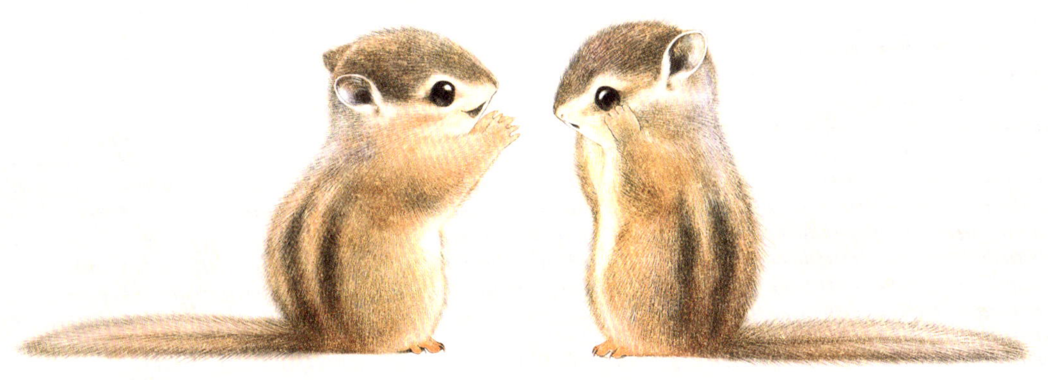

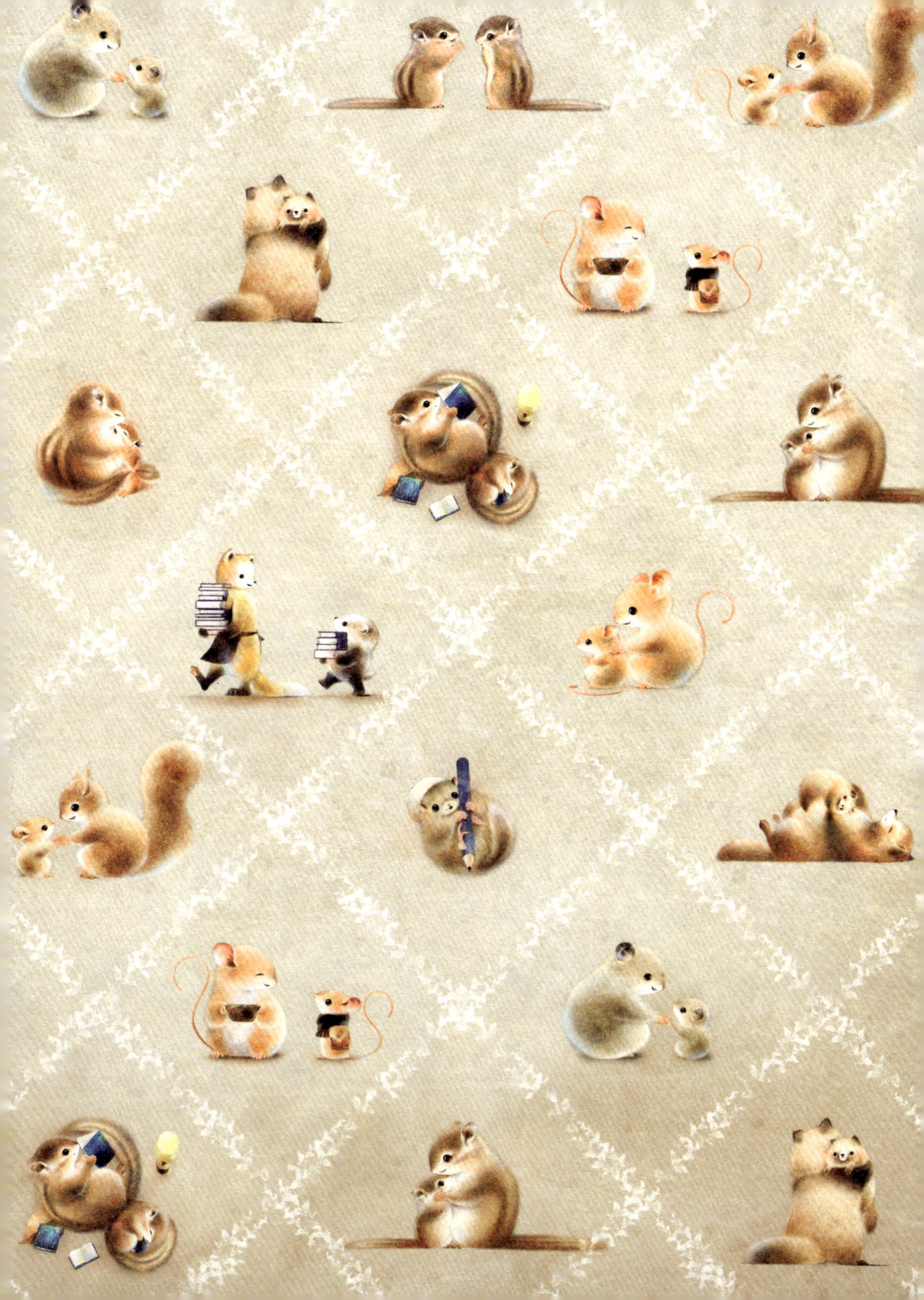

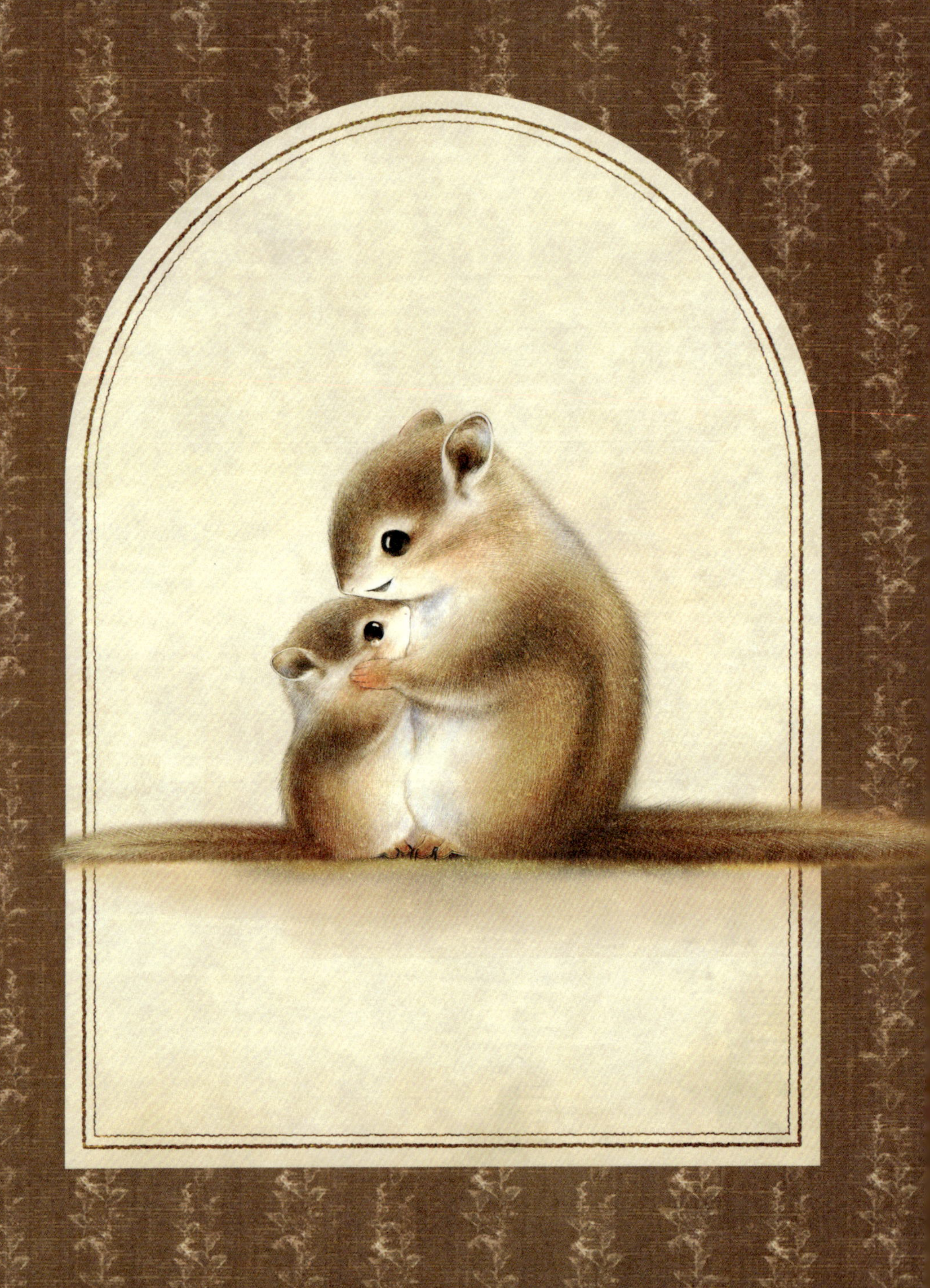

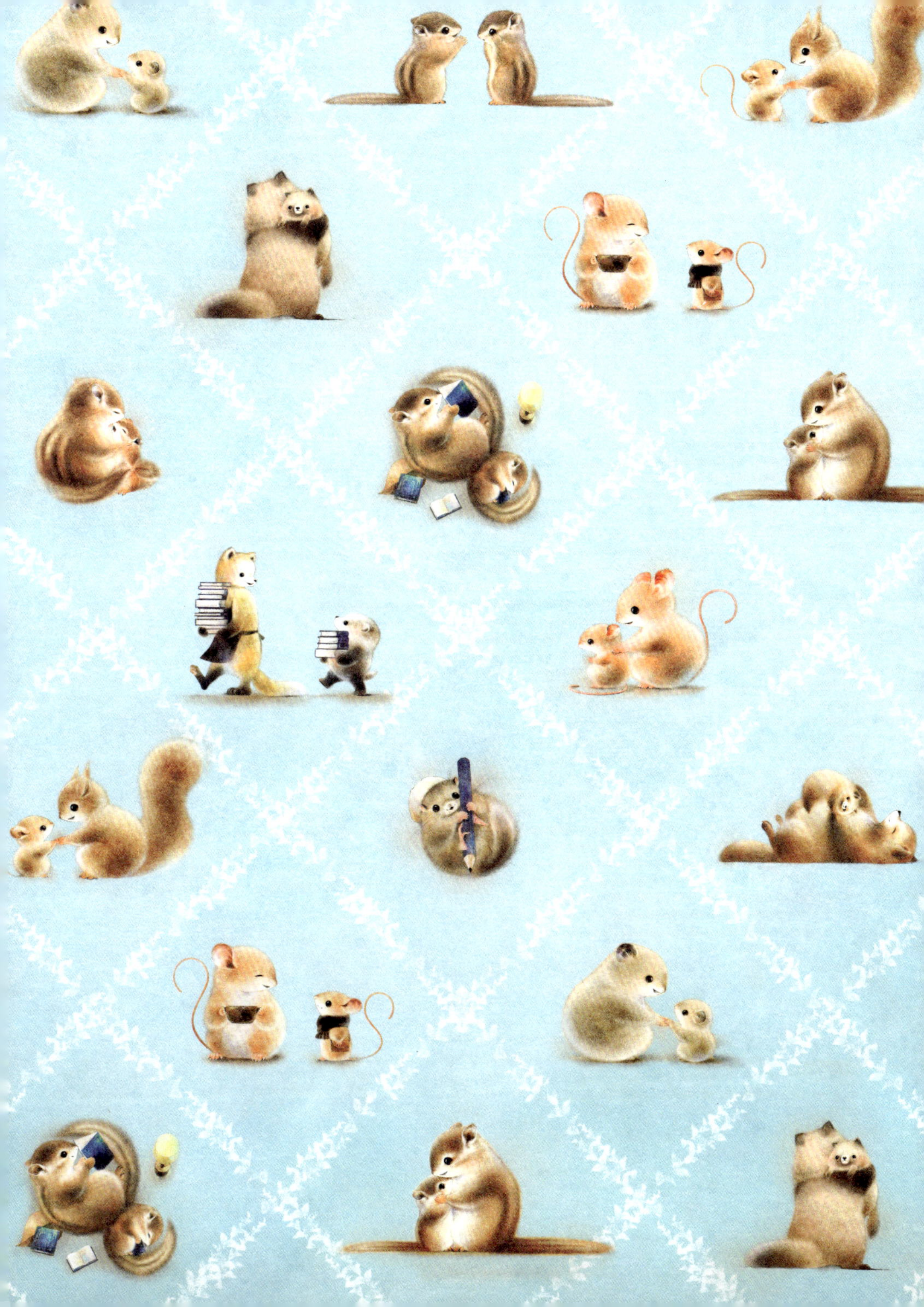

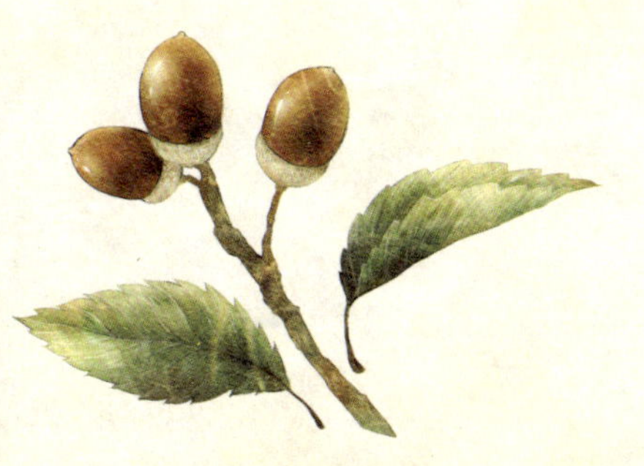

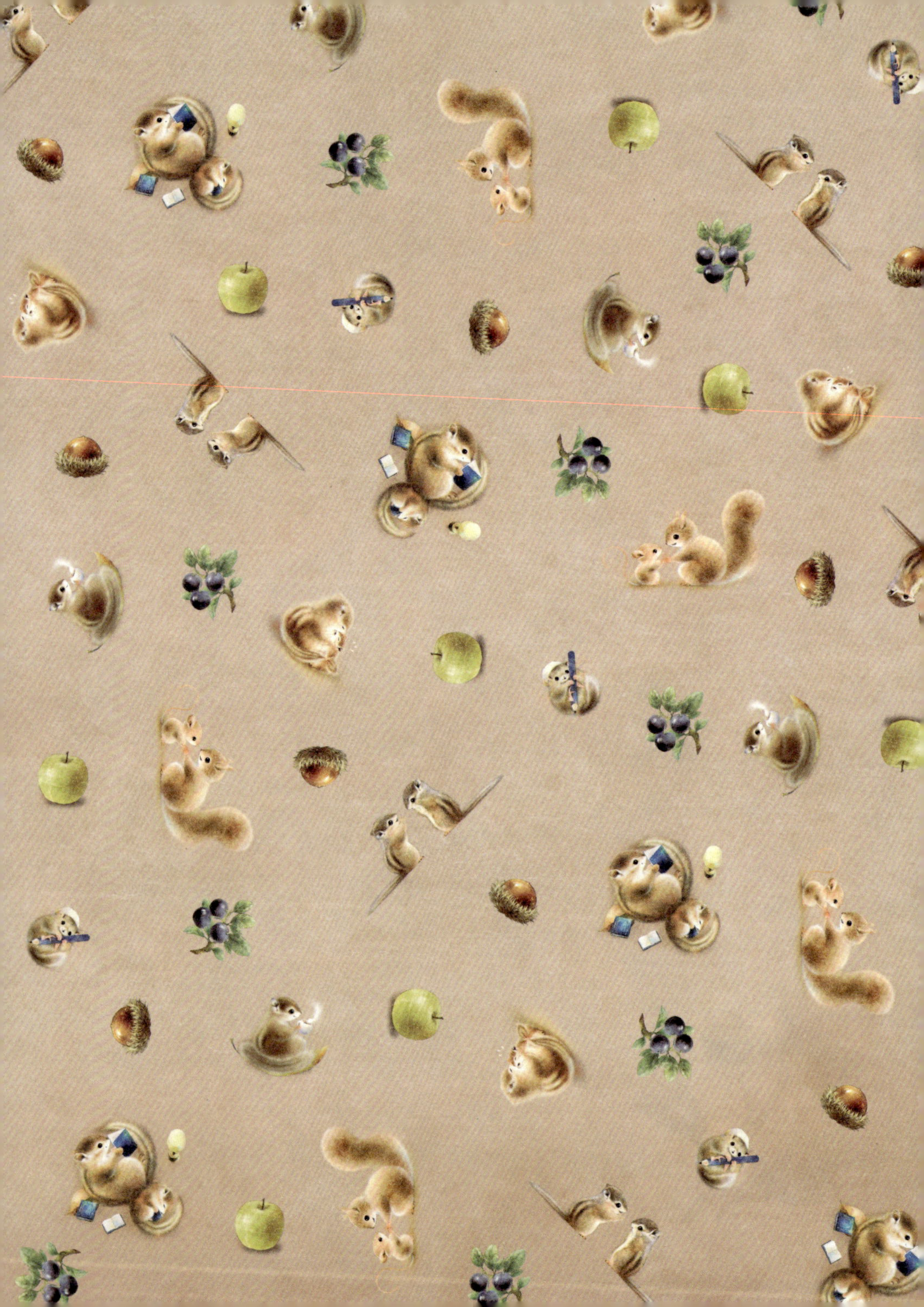

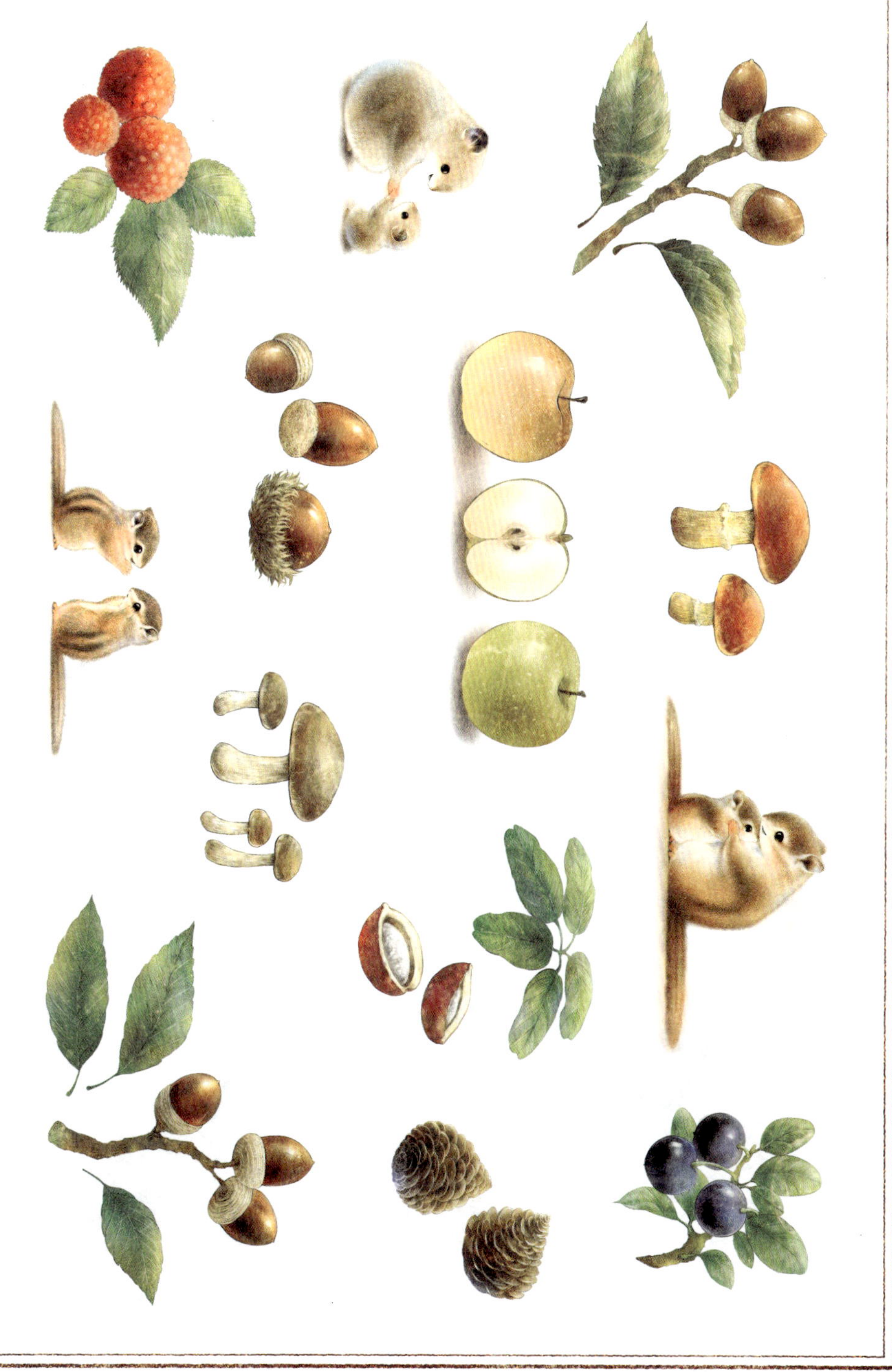

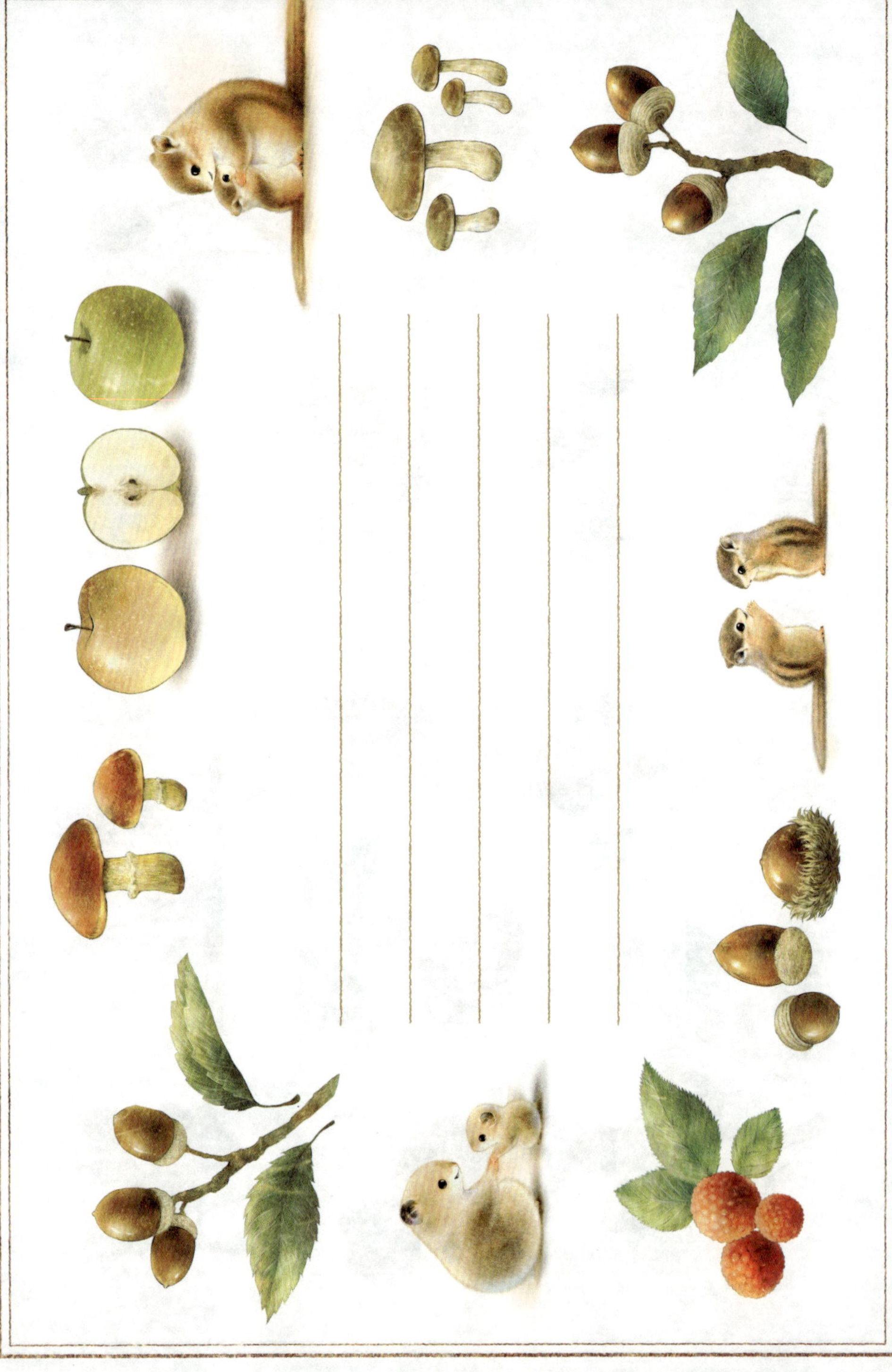

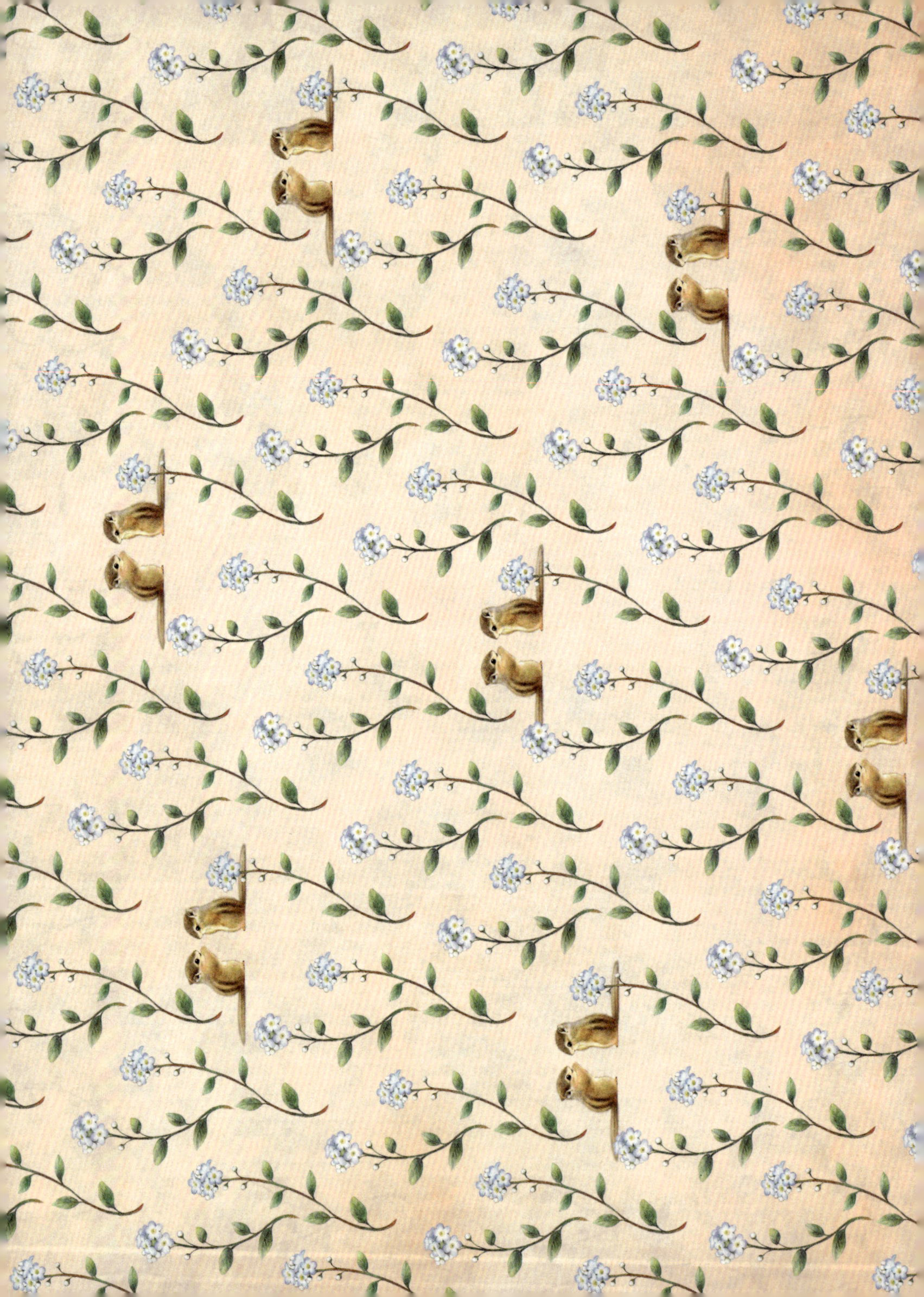

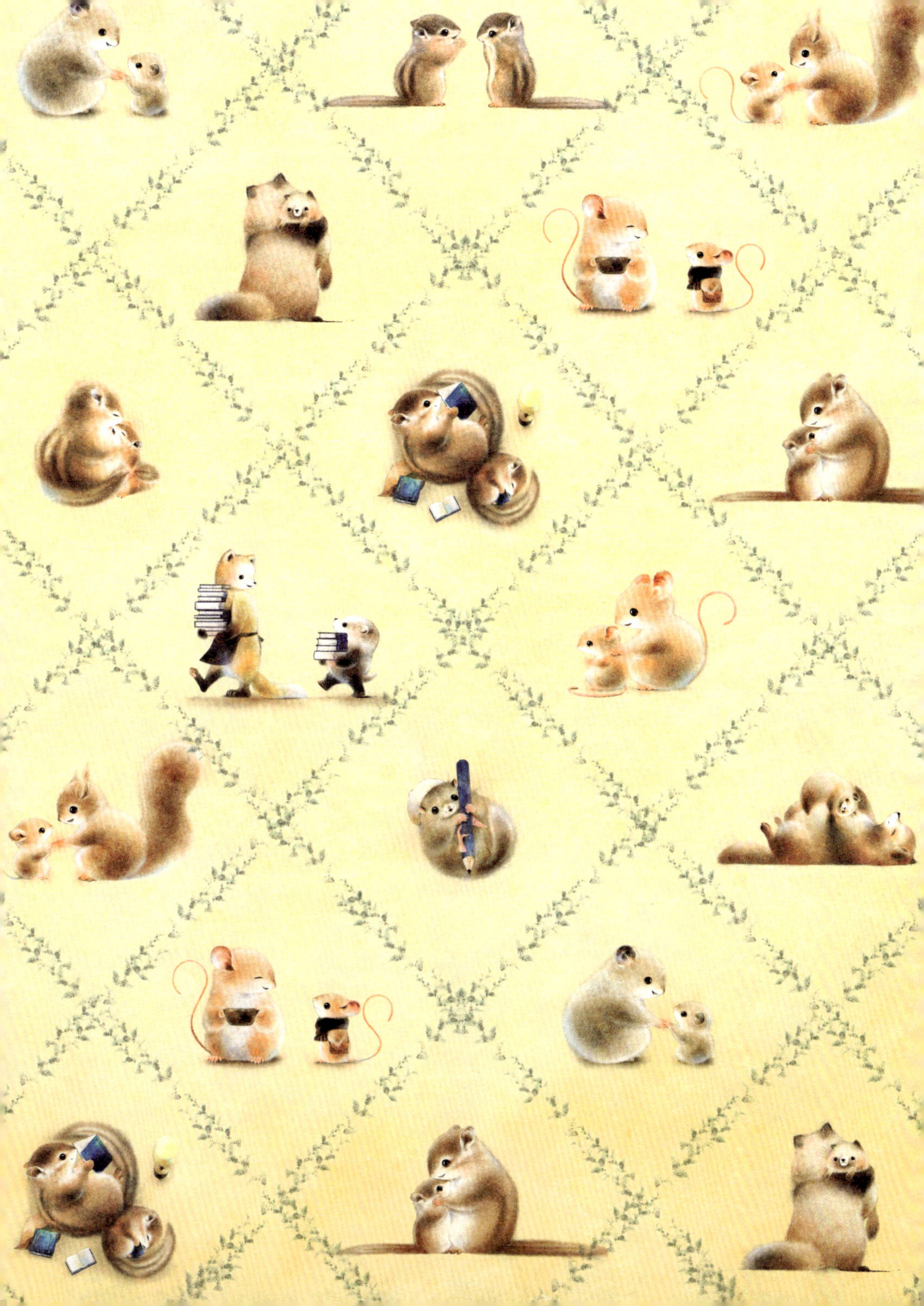

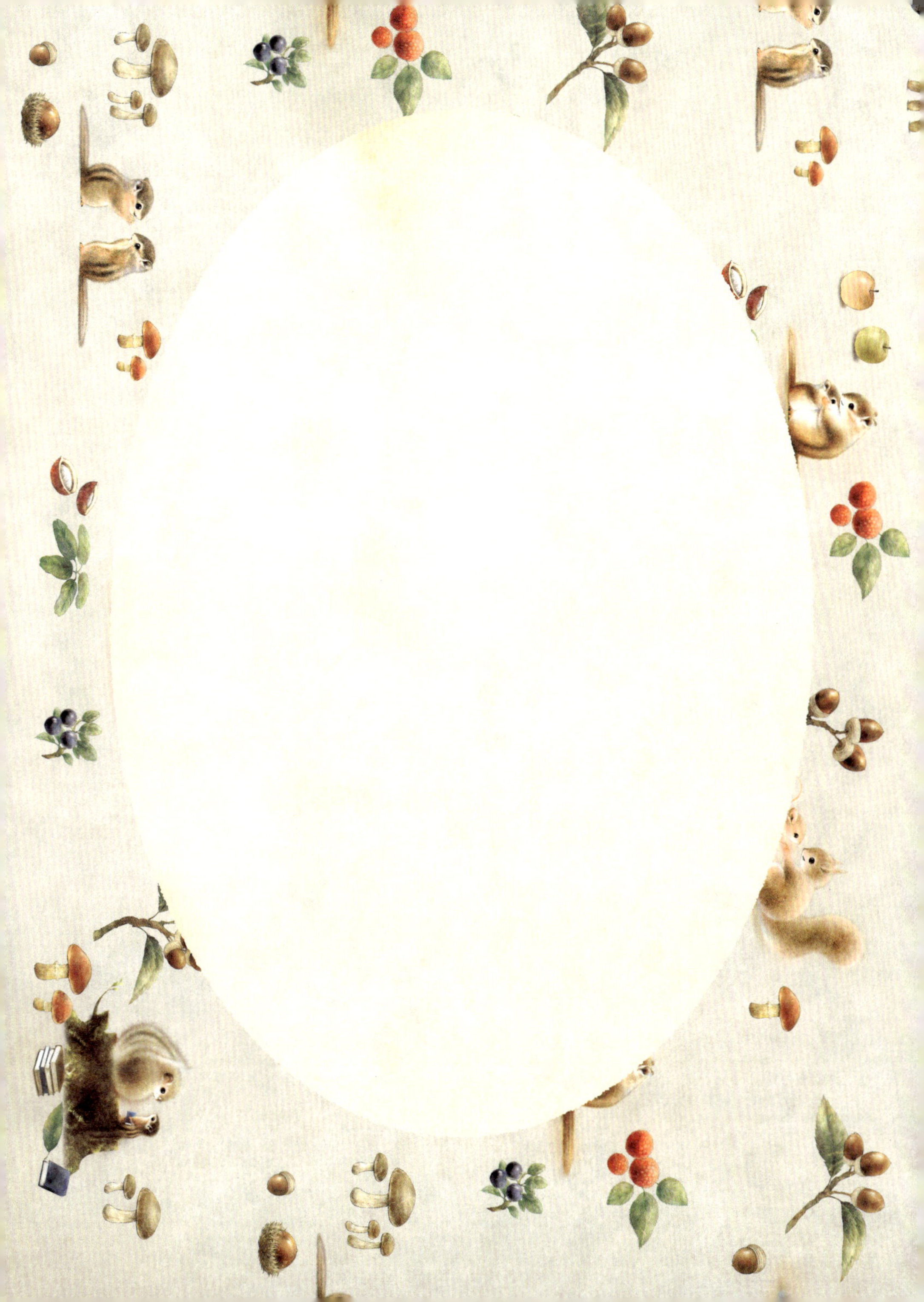

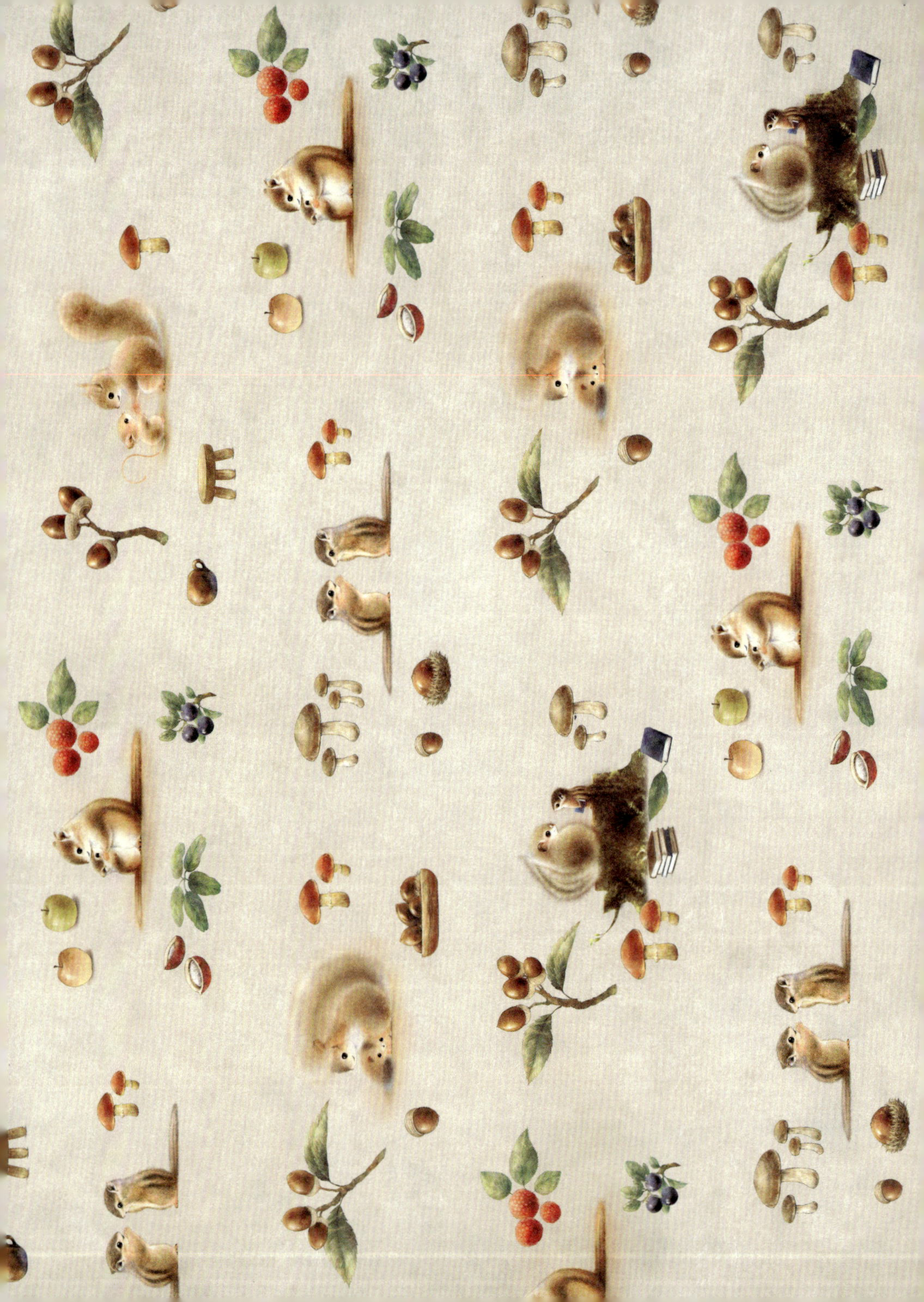

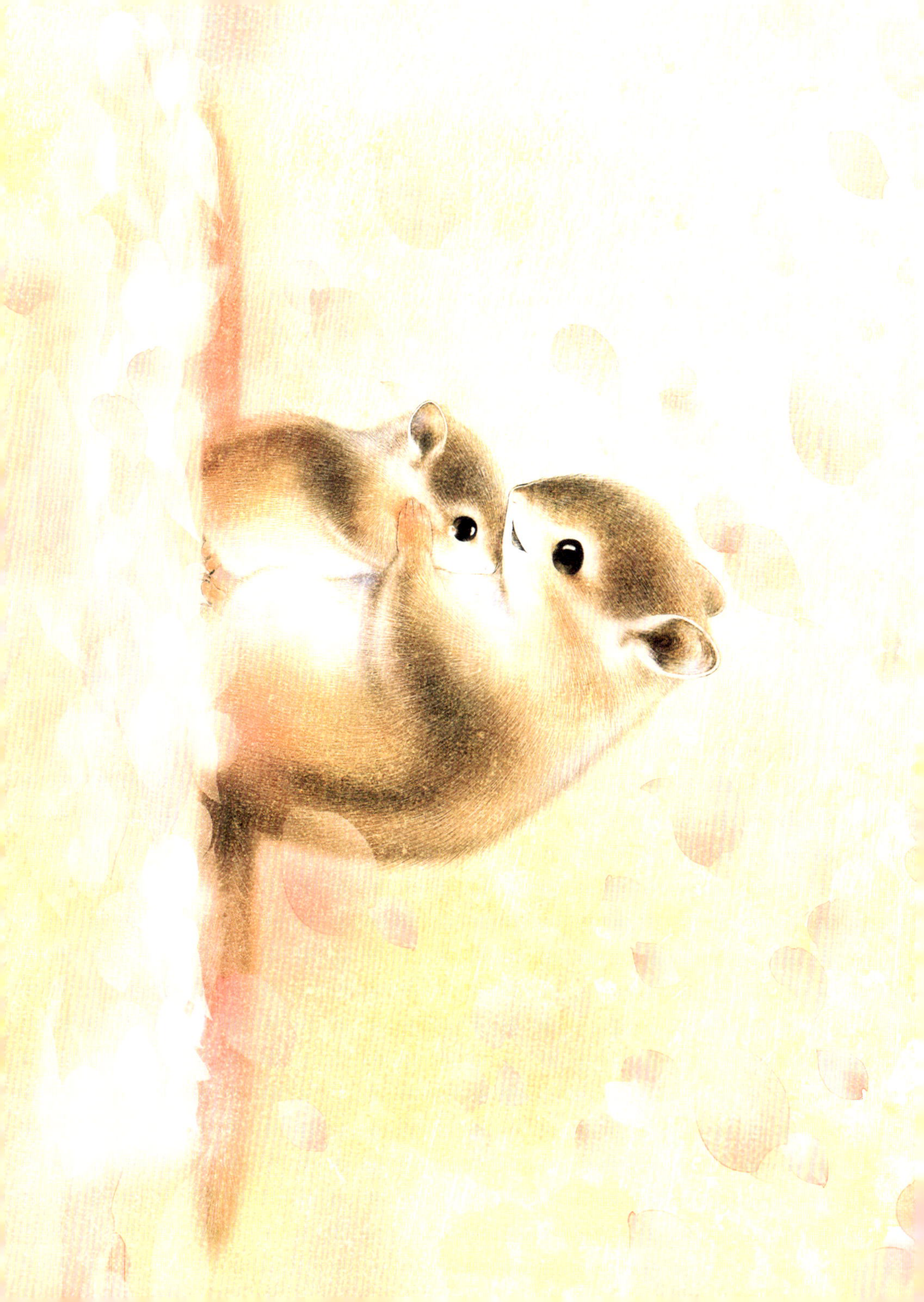

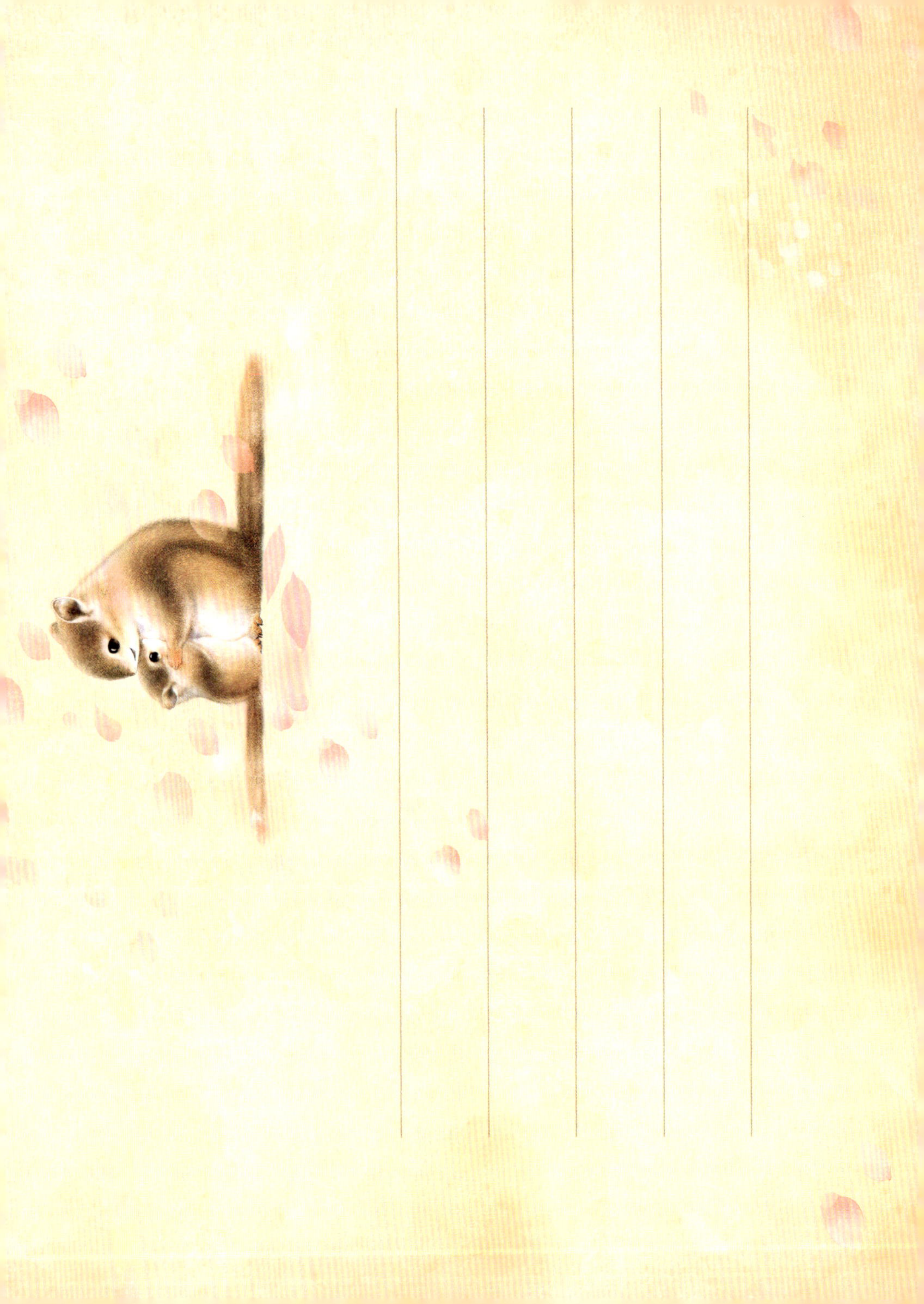

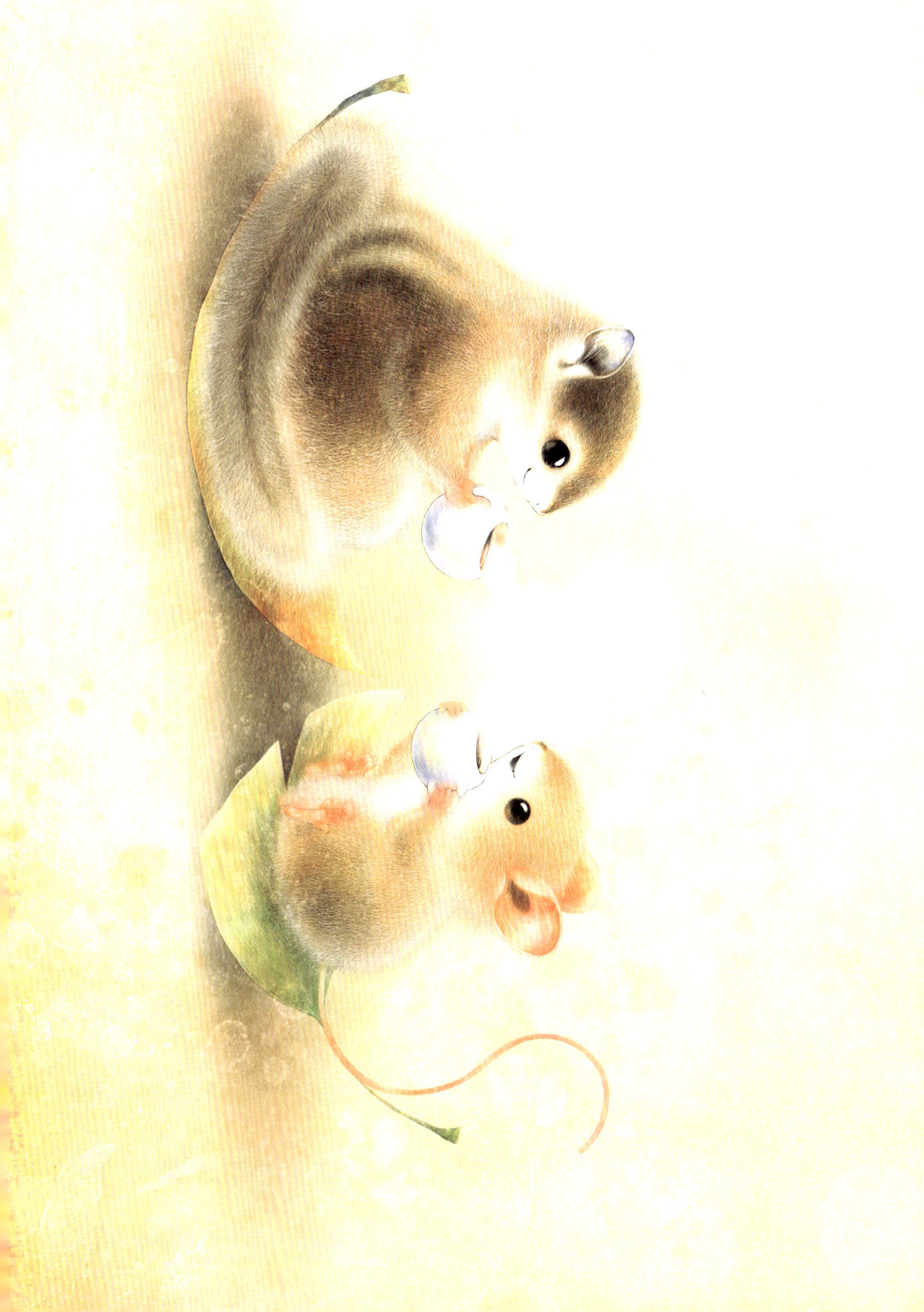

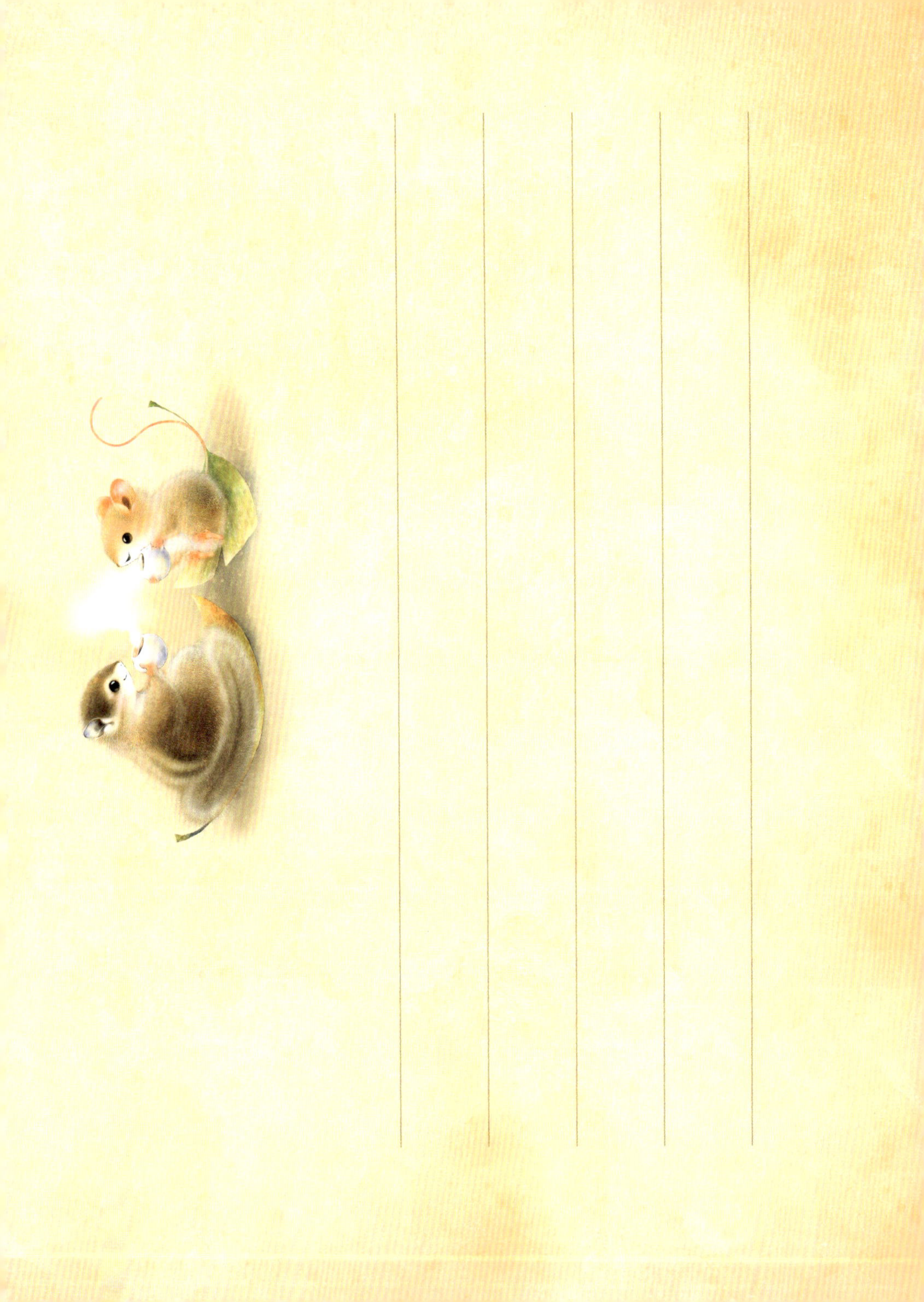

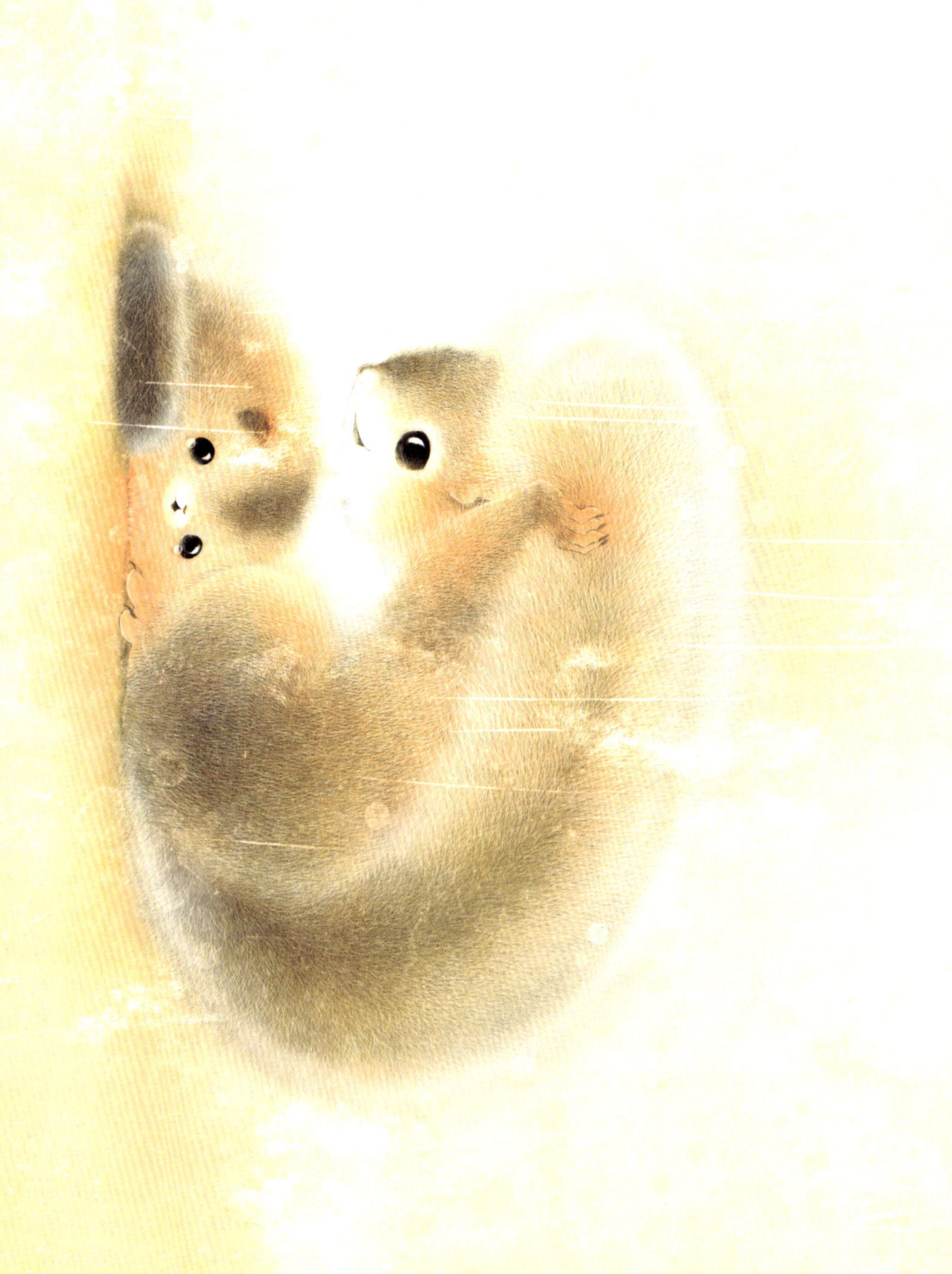

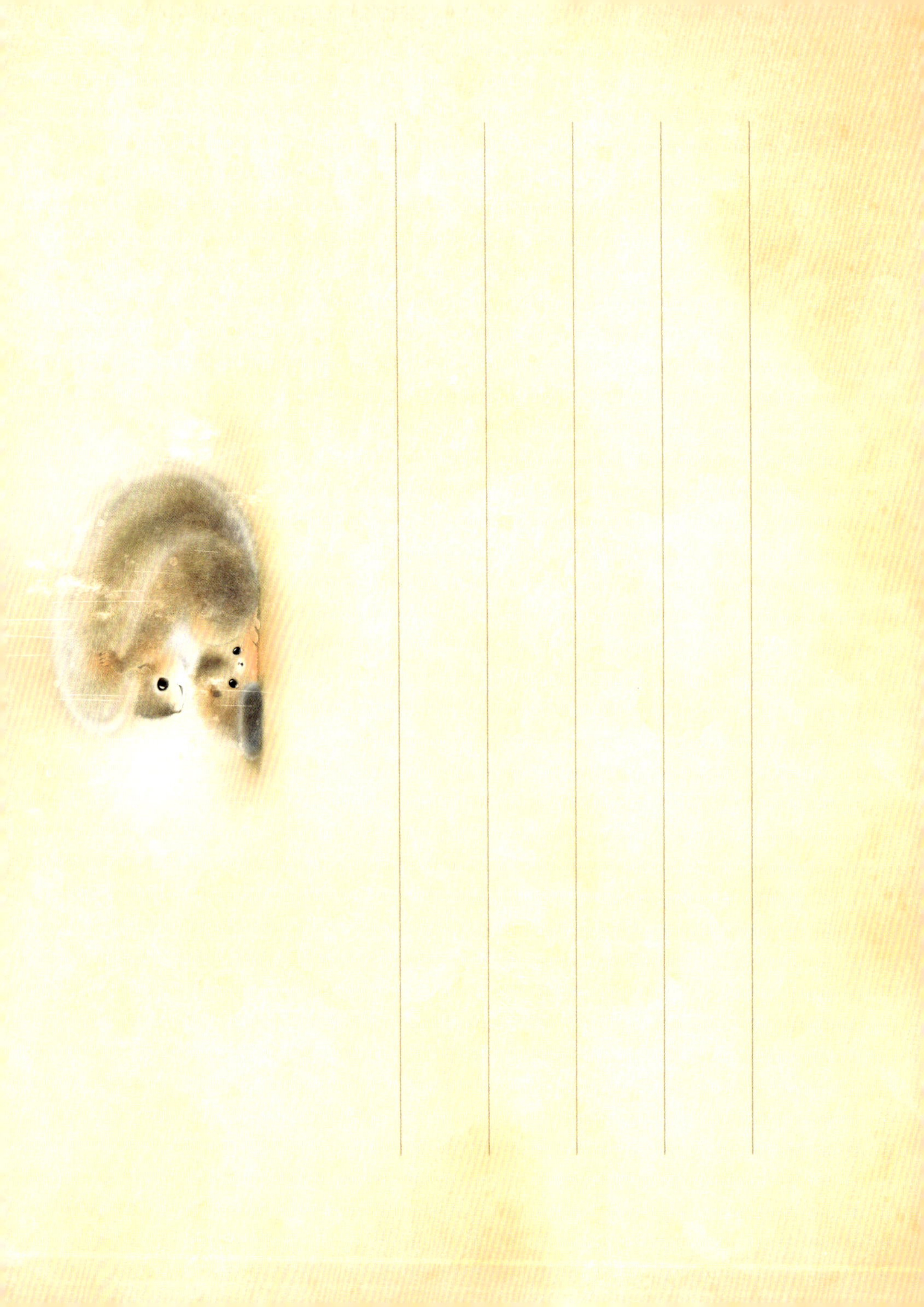

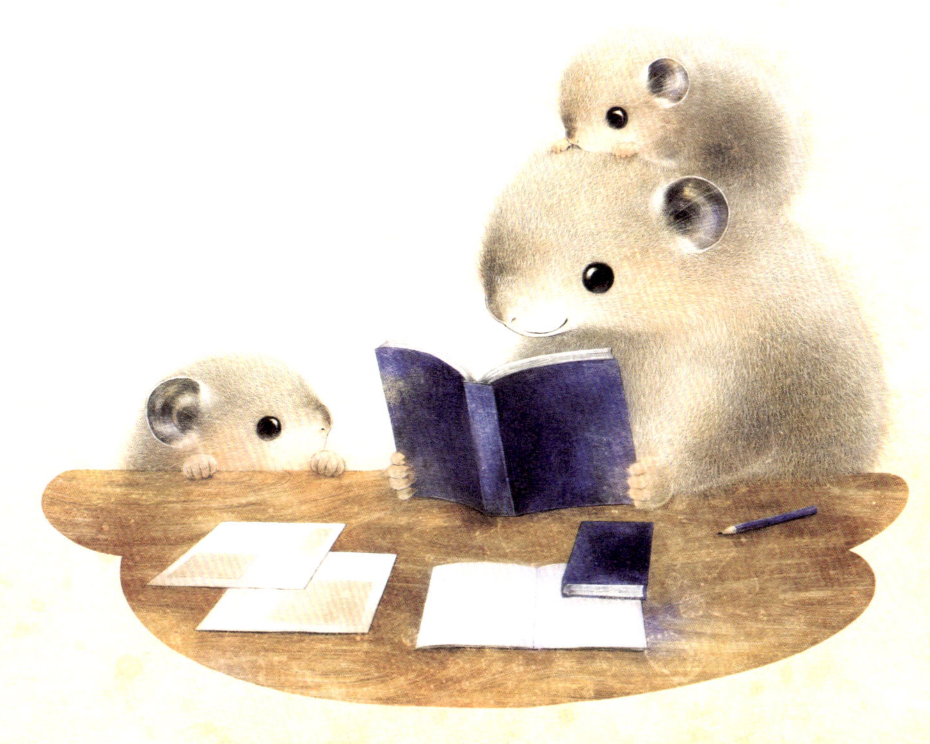

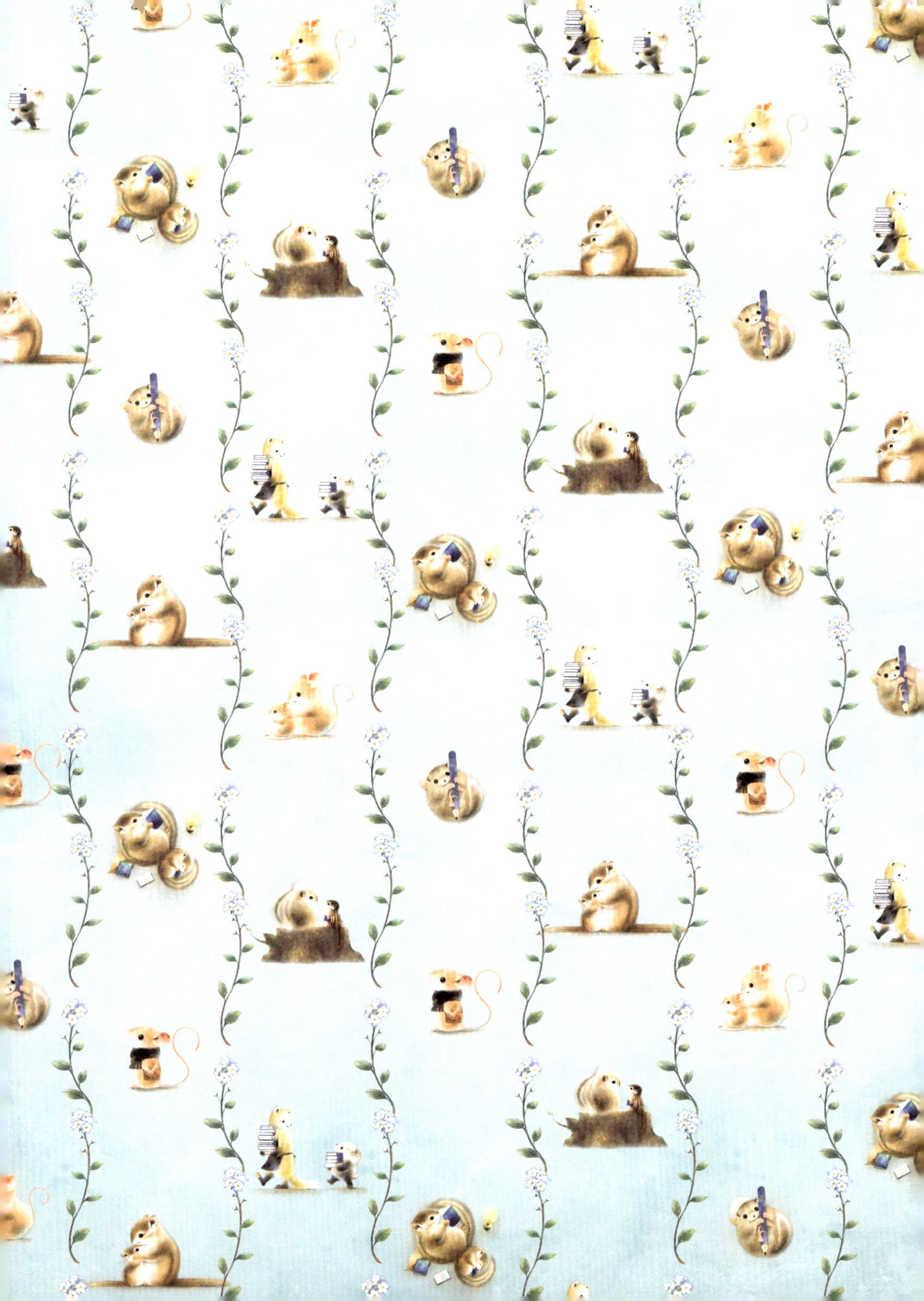

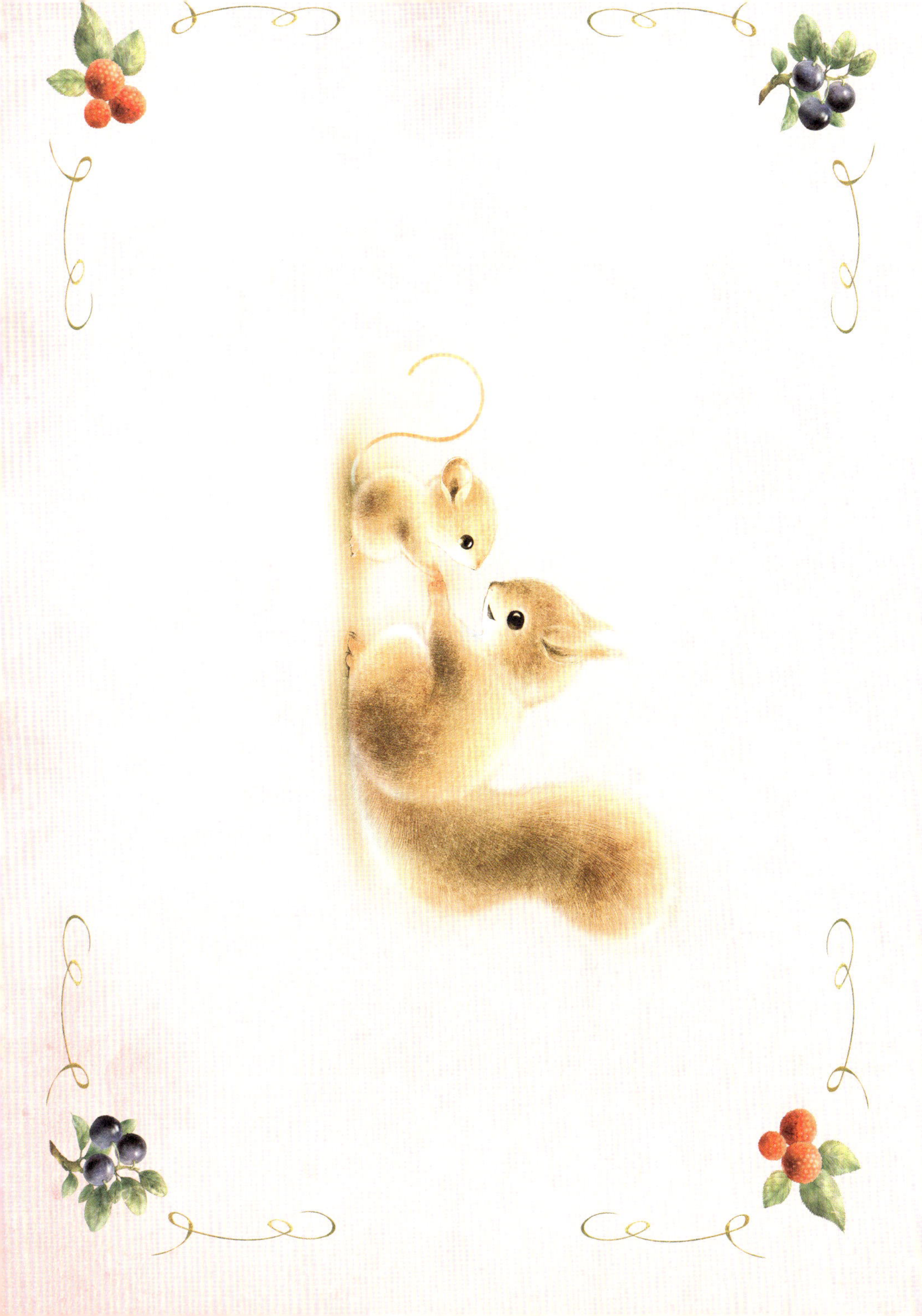

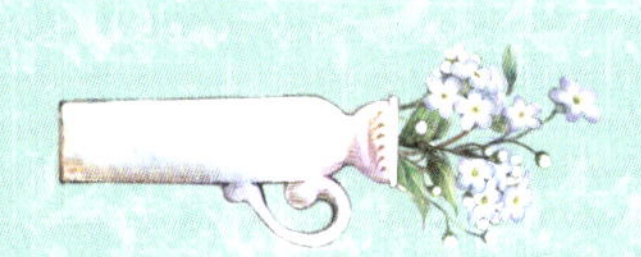
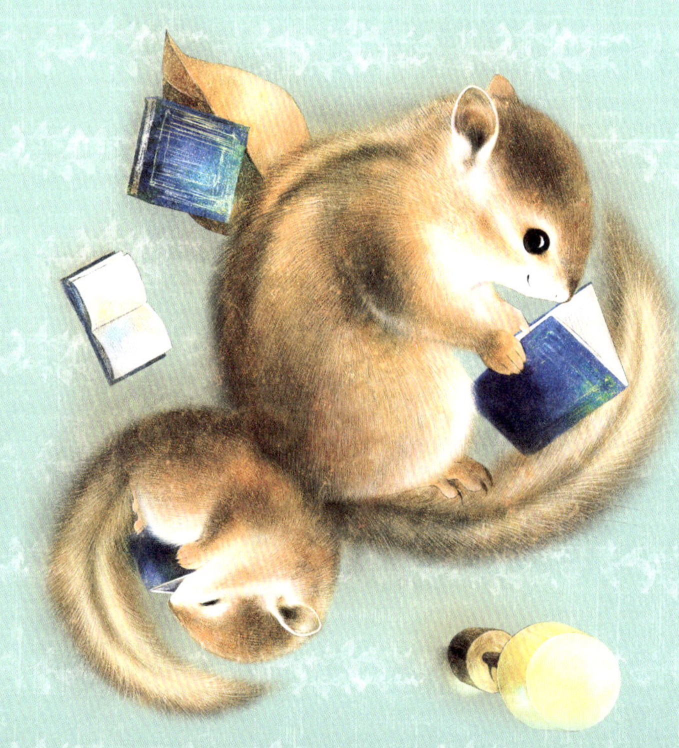

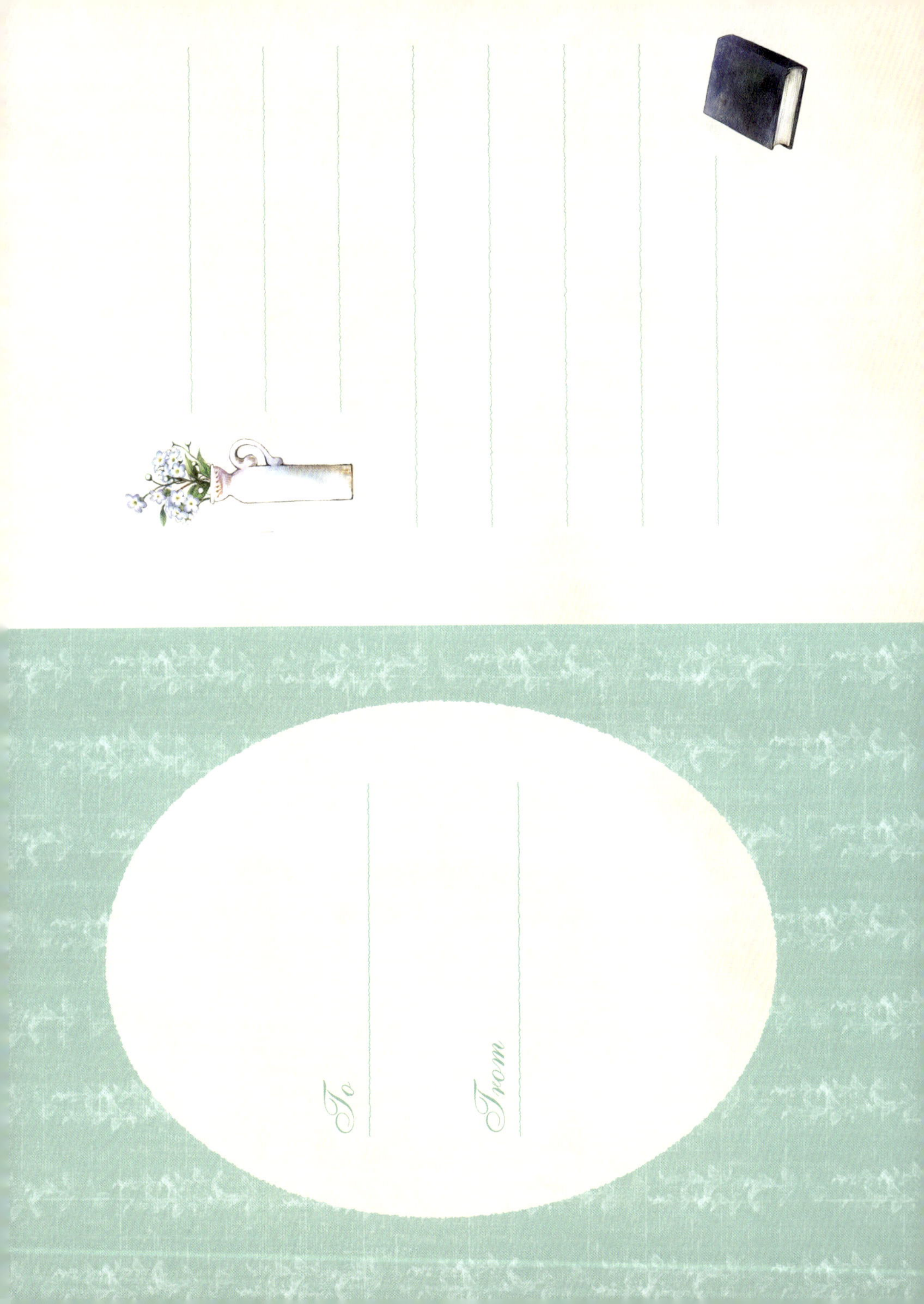
To
From

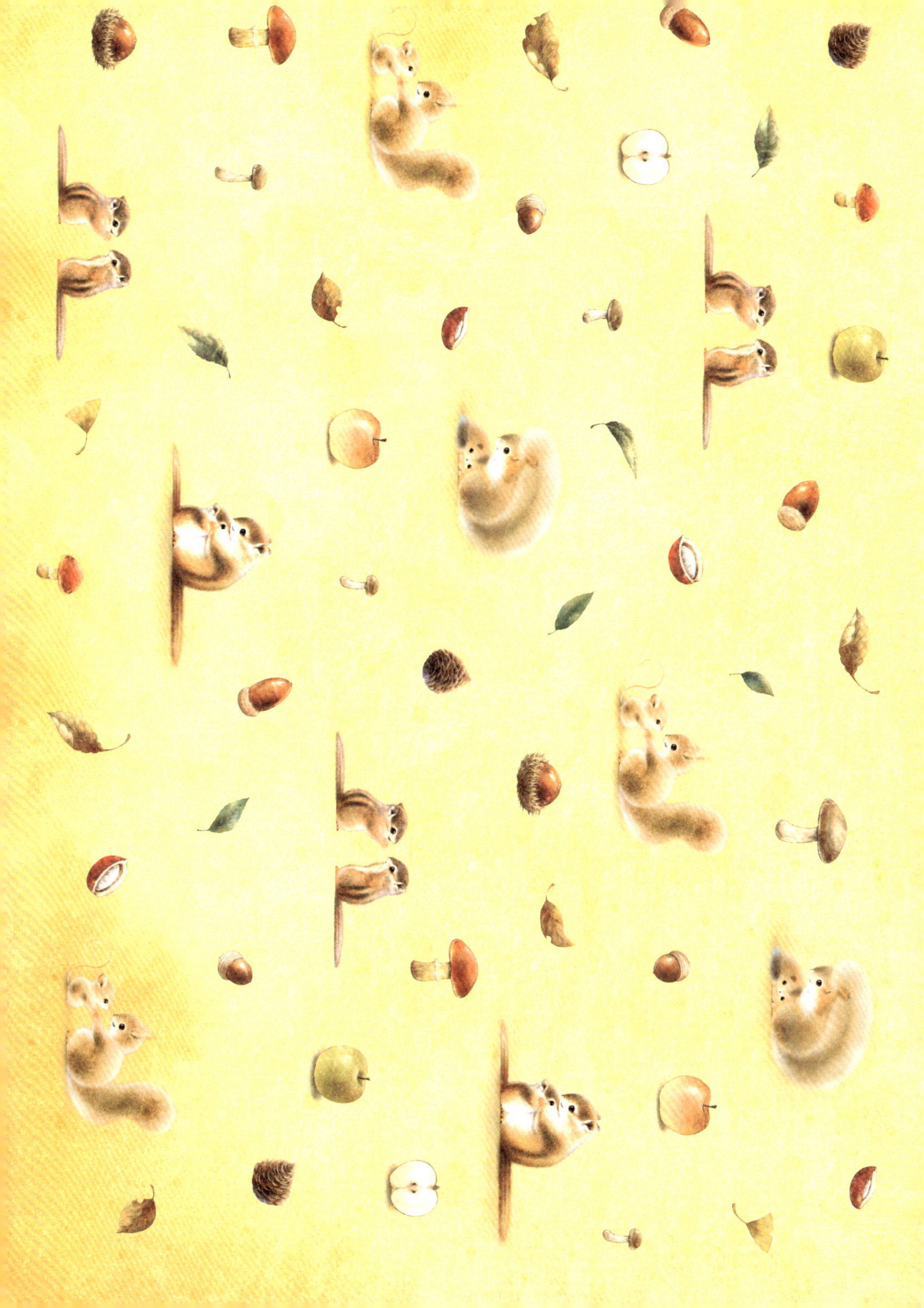

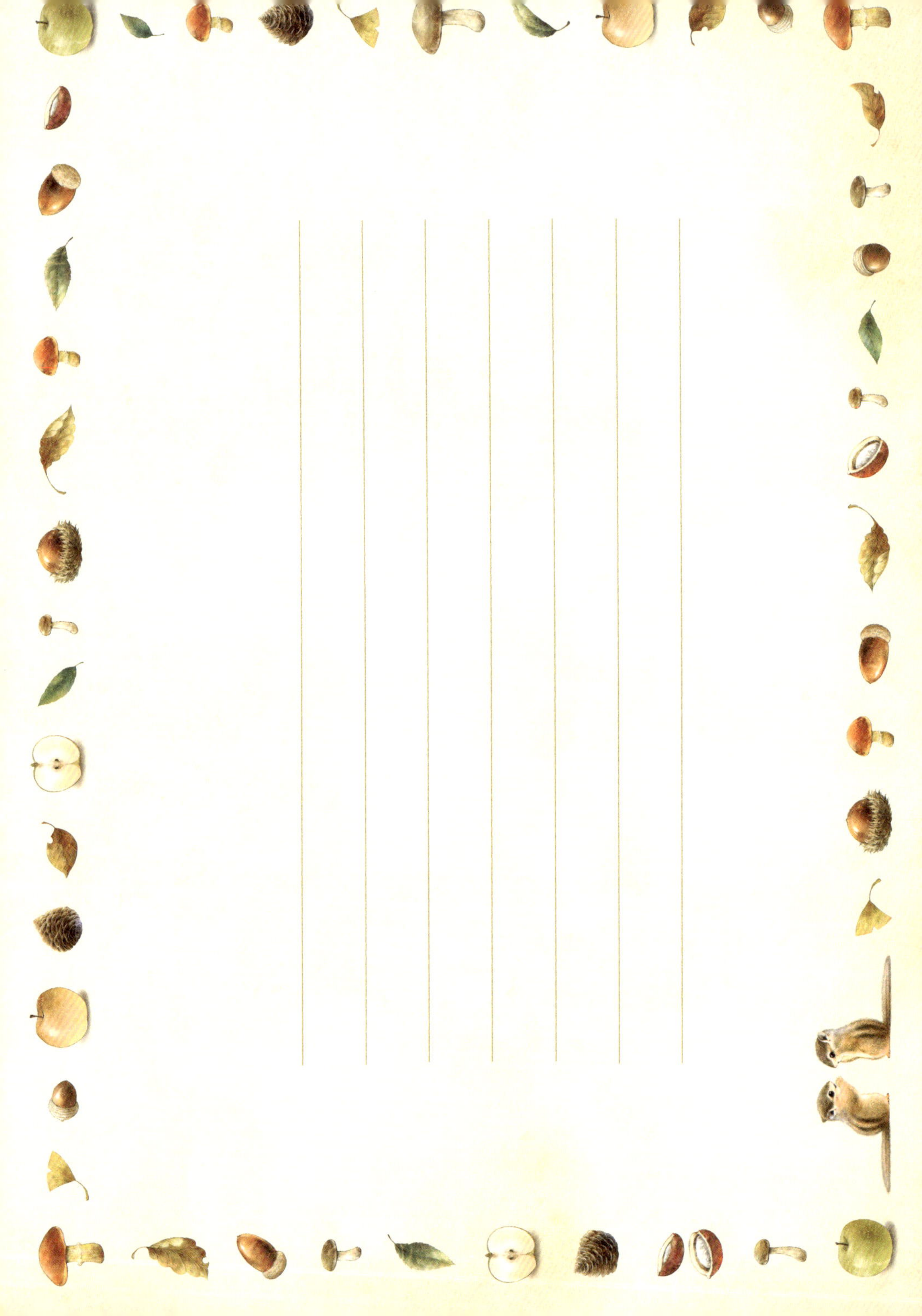

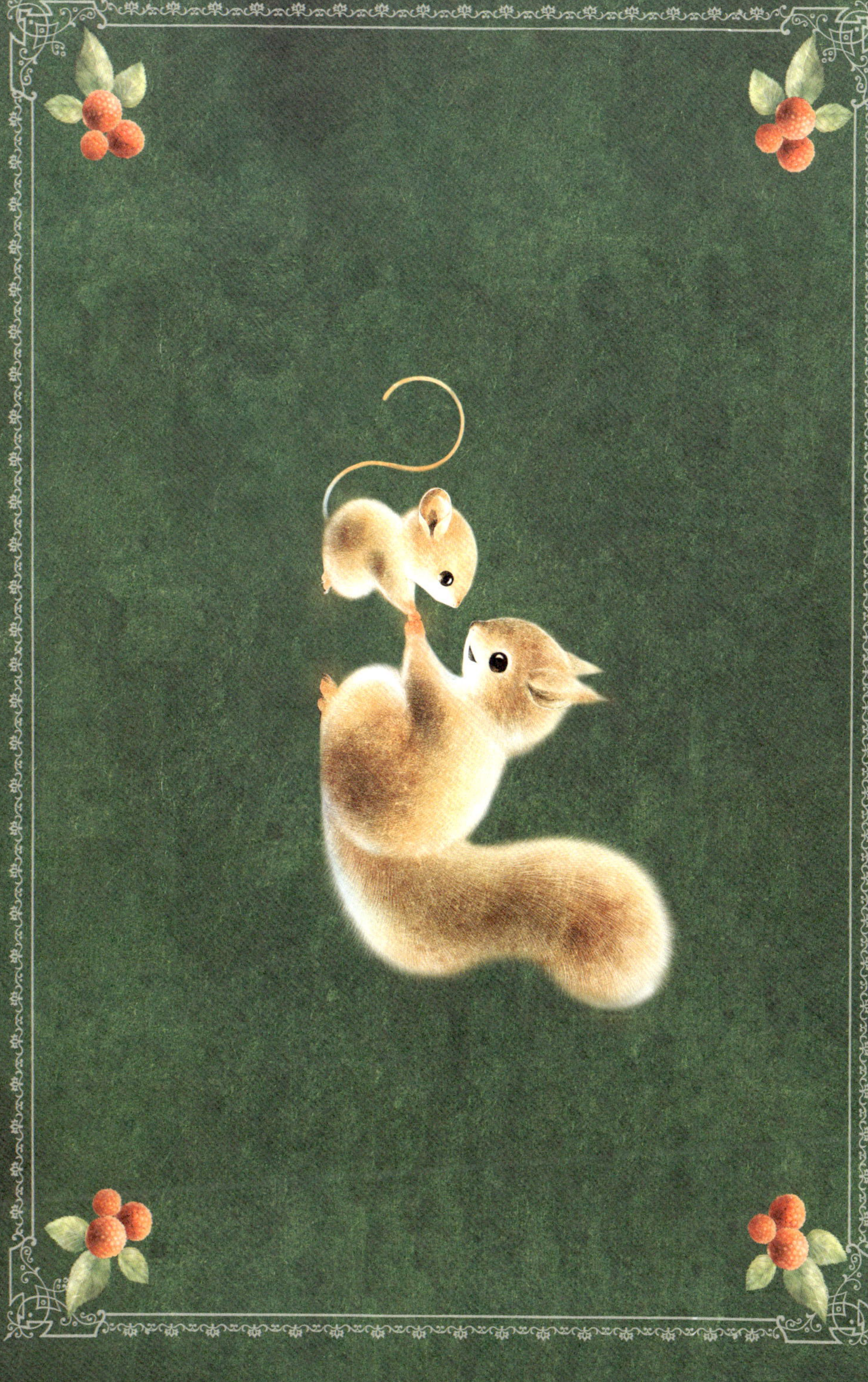

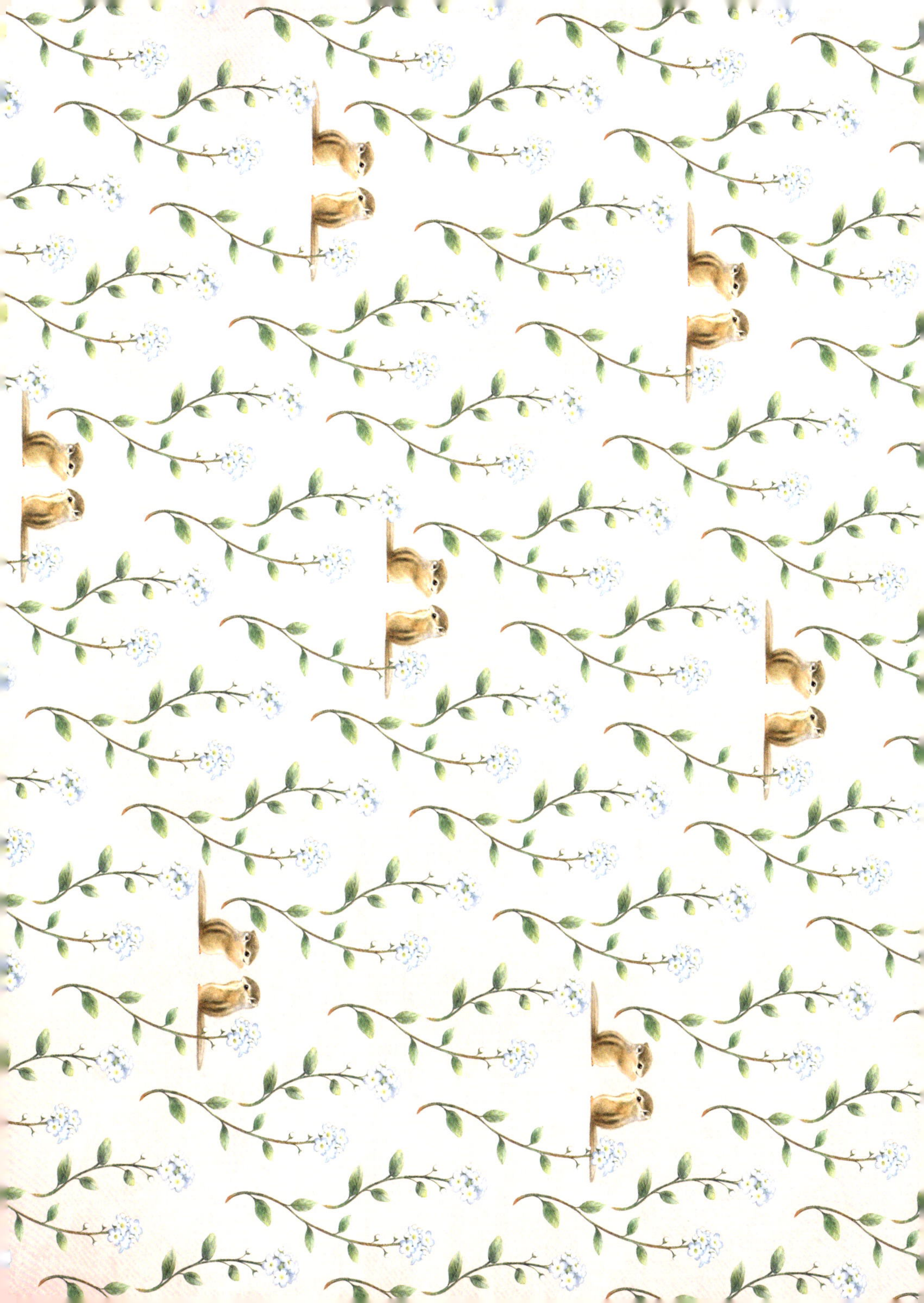

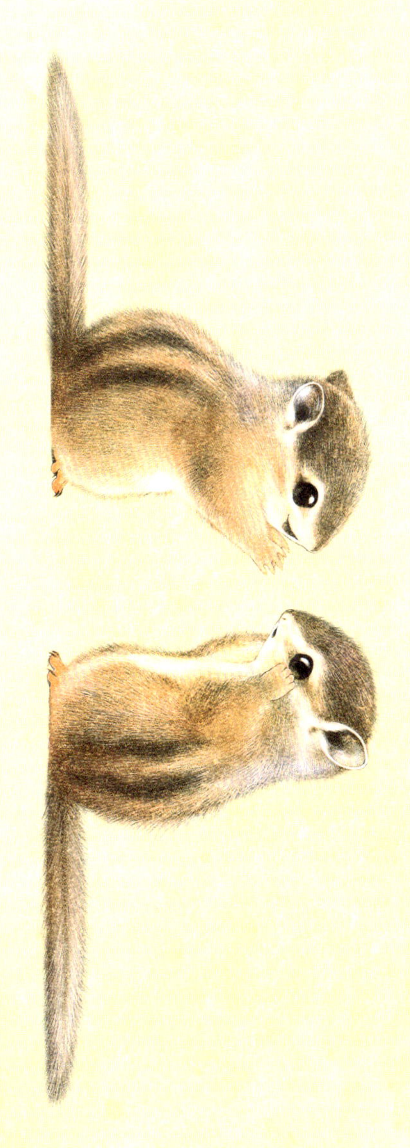

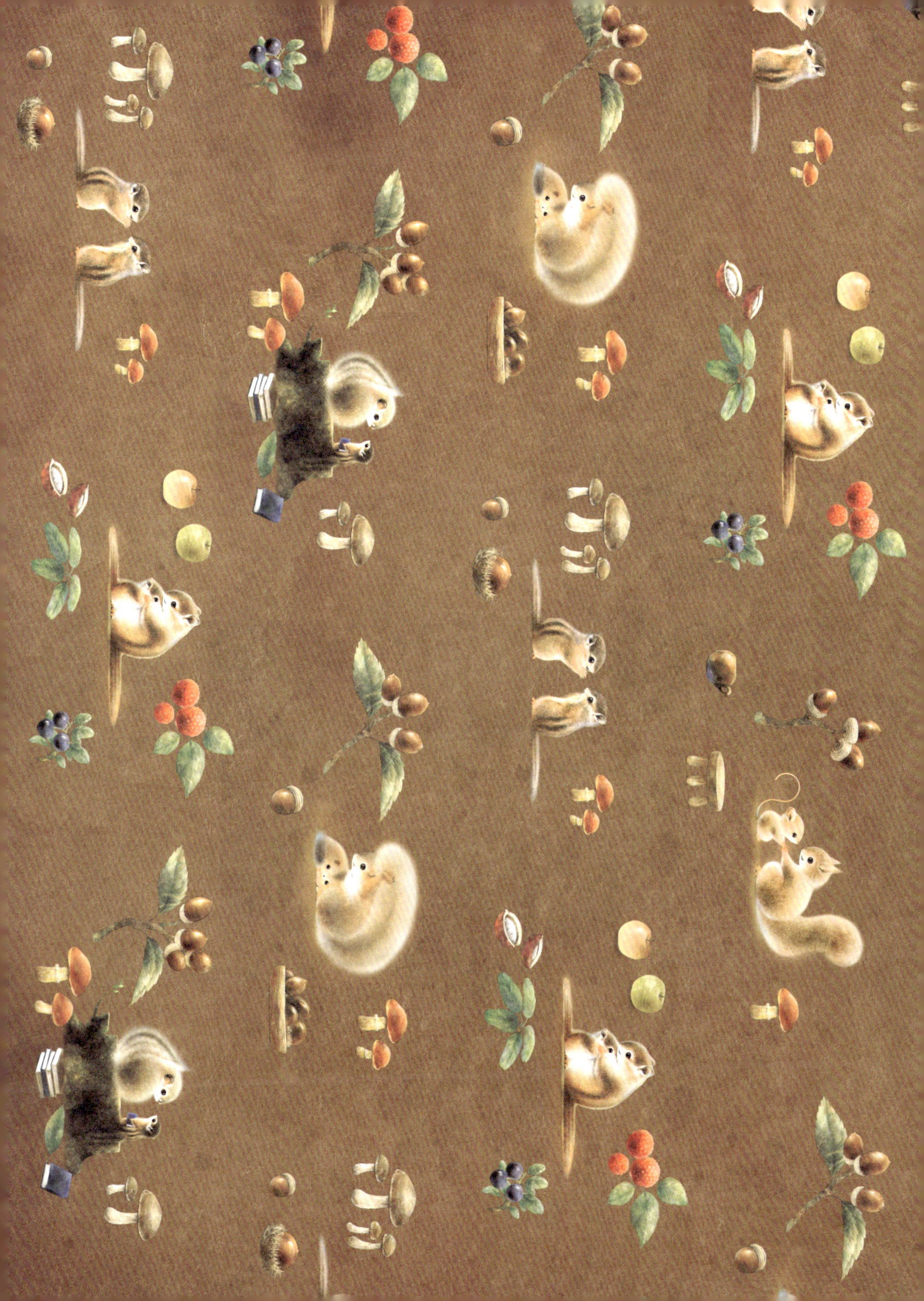

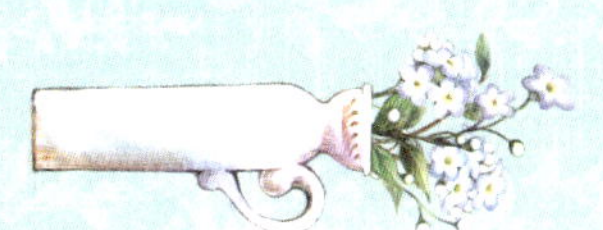
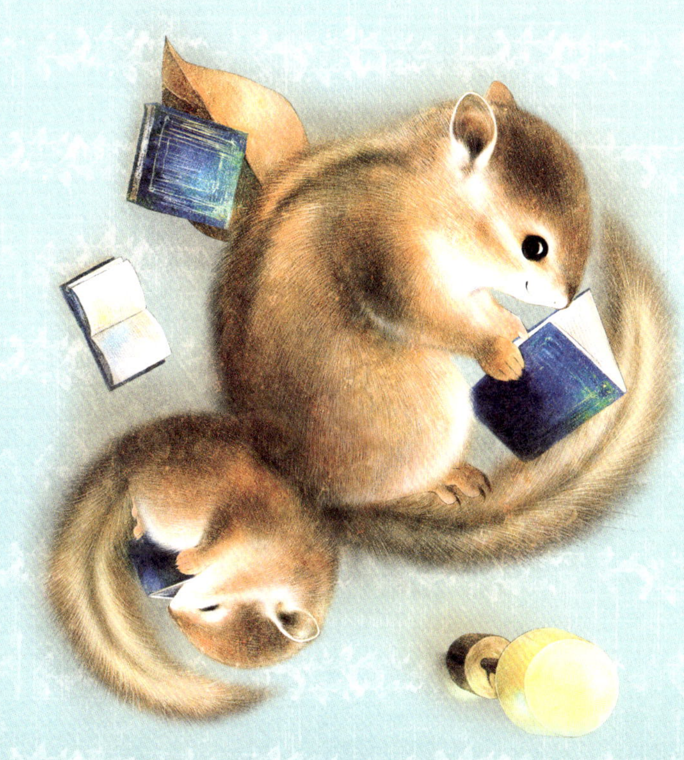

To
From

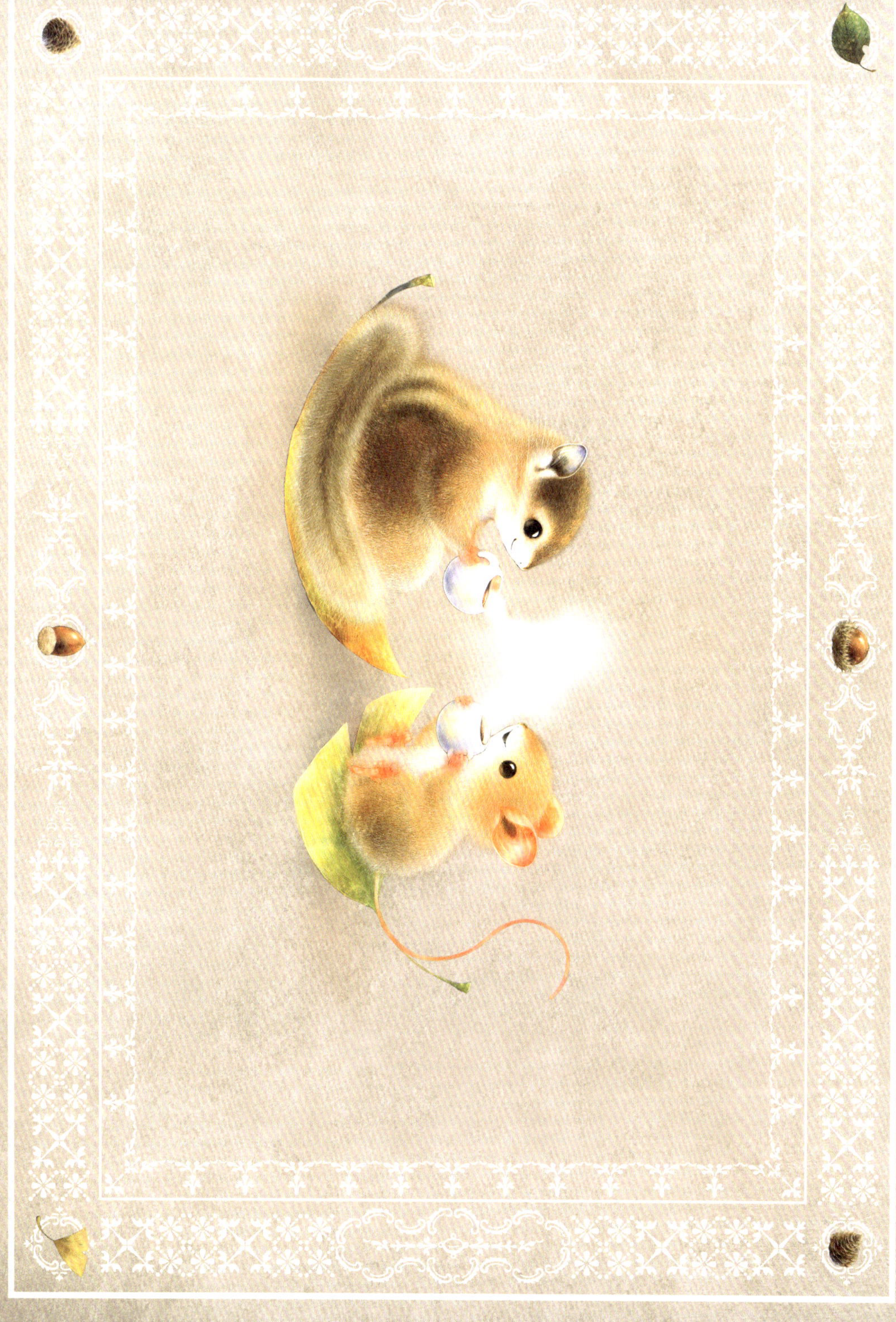

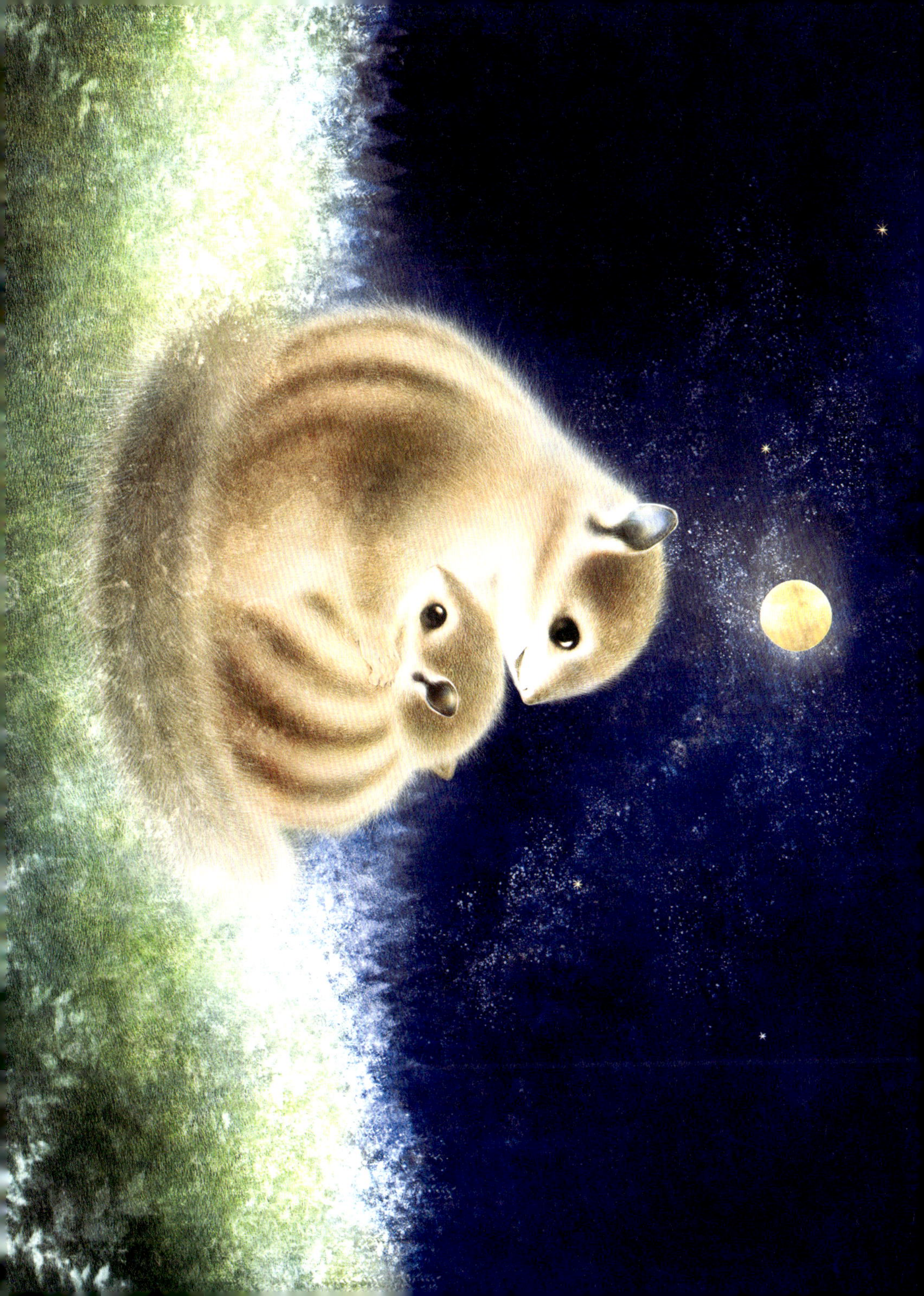

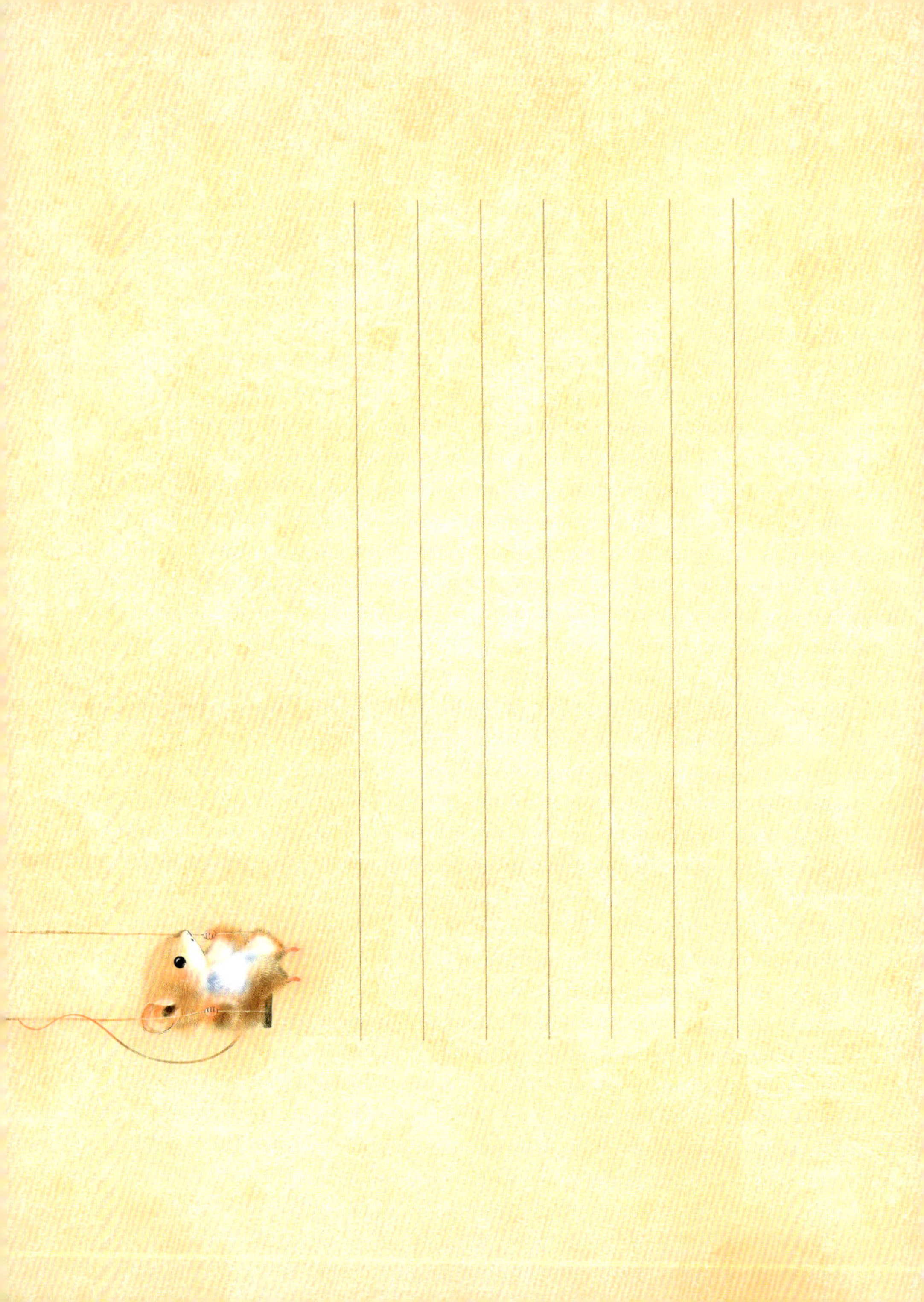

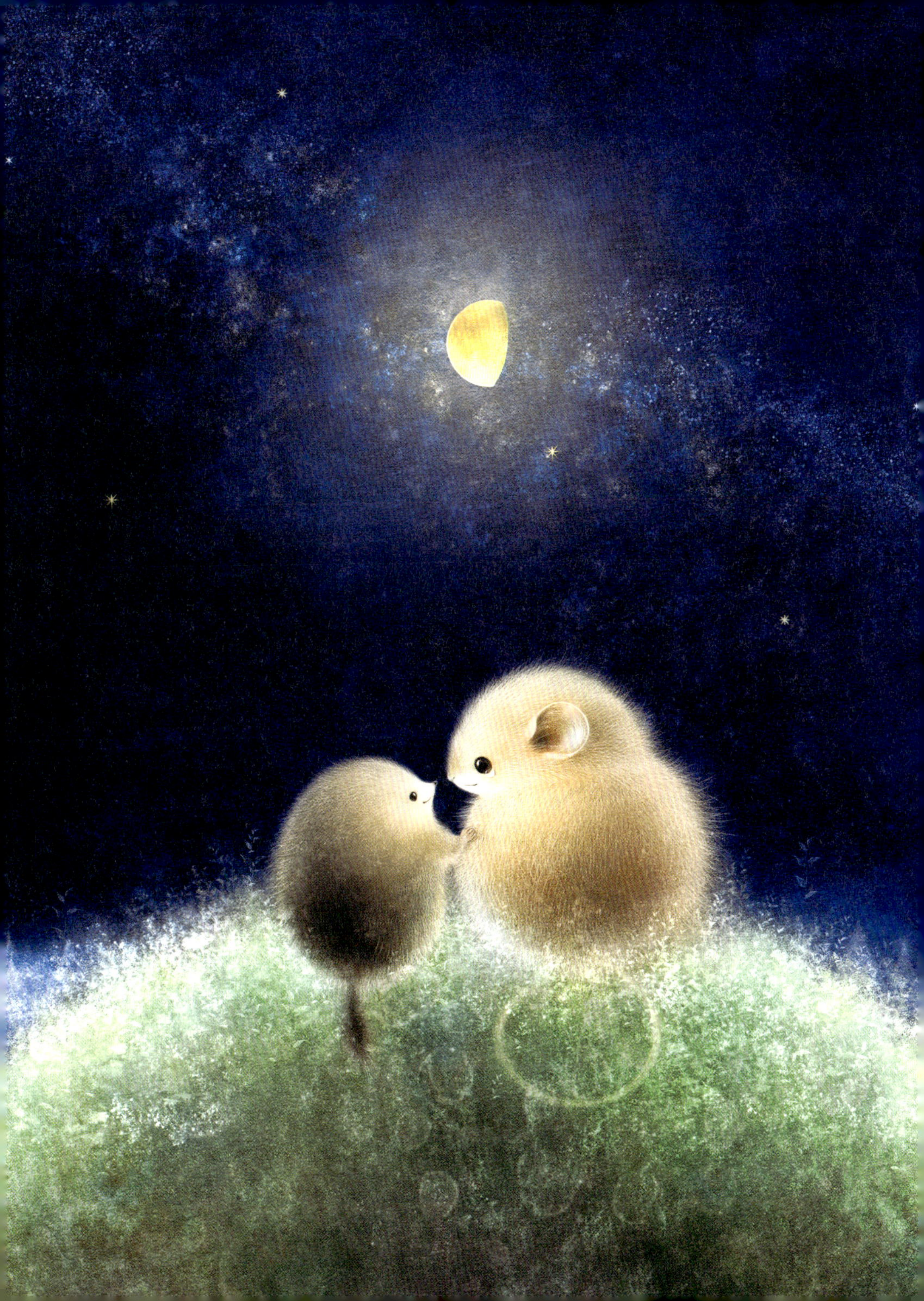

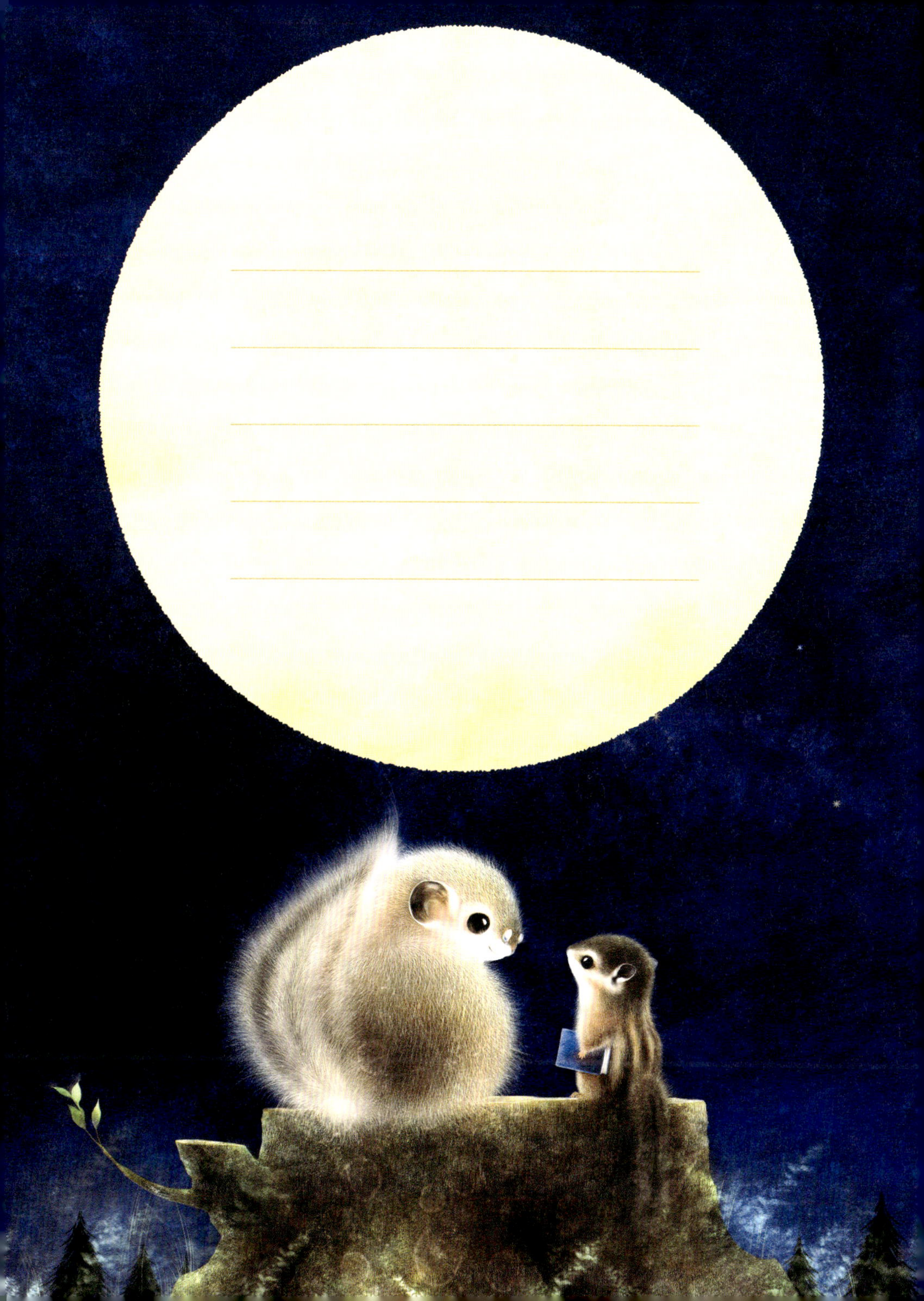

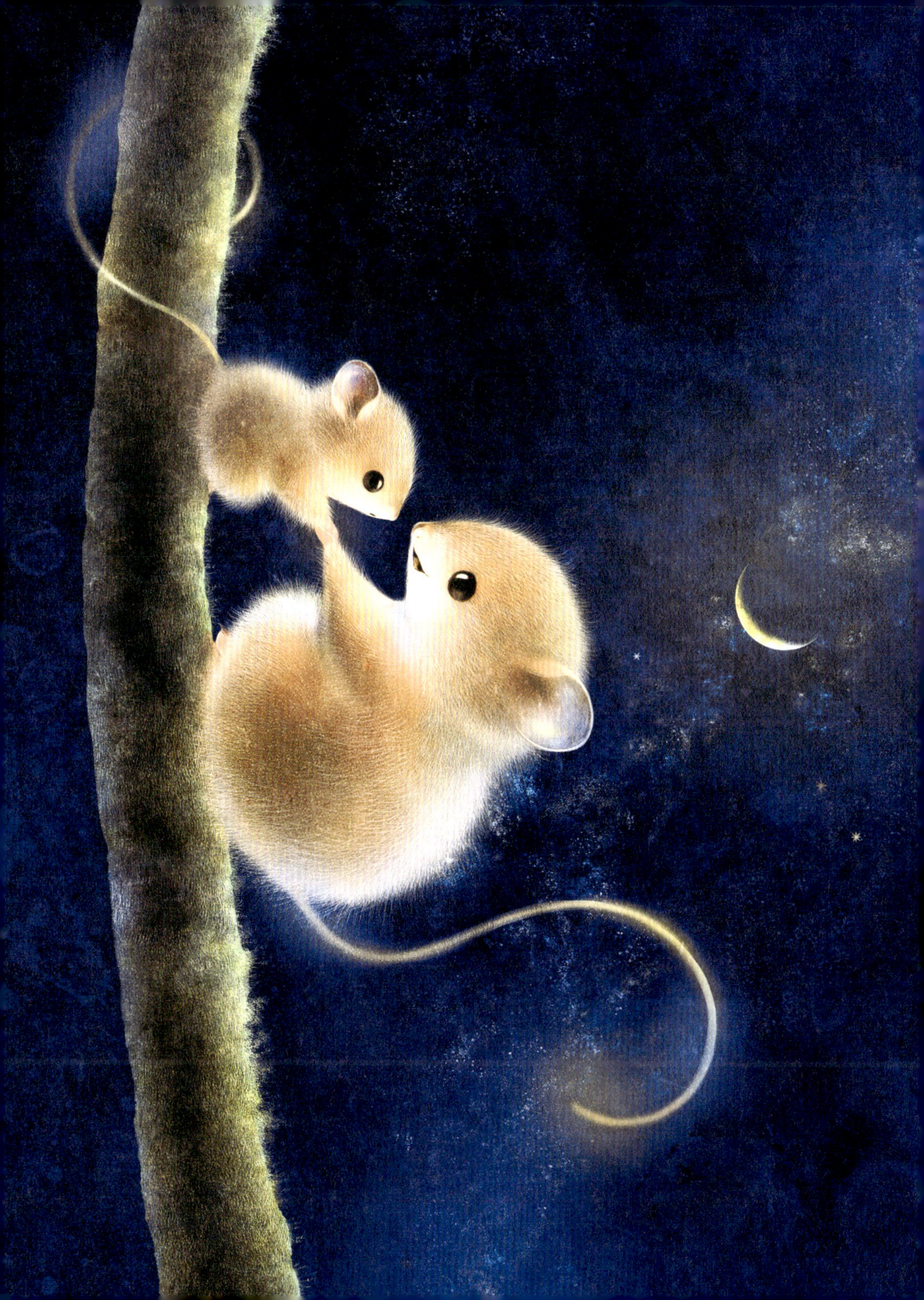

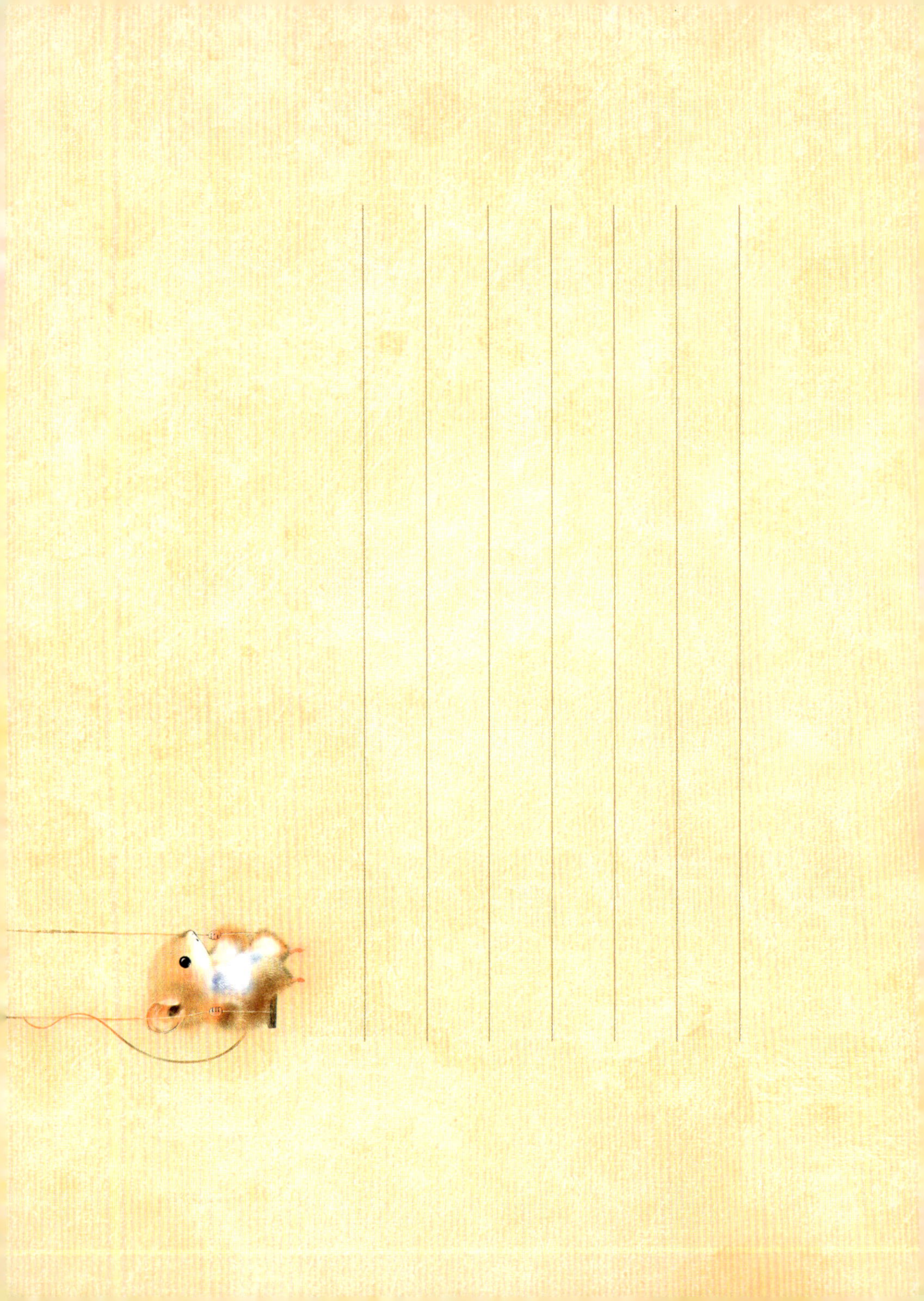

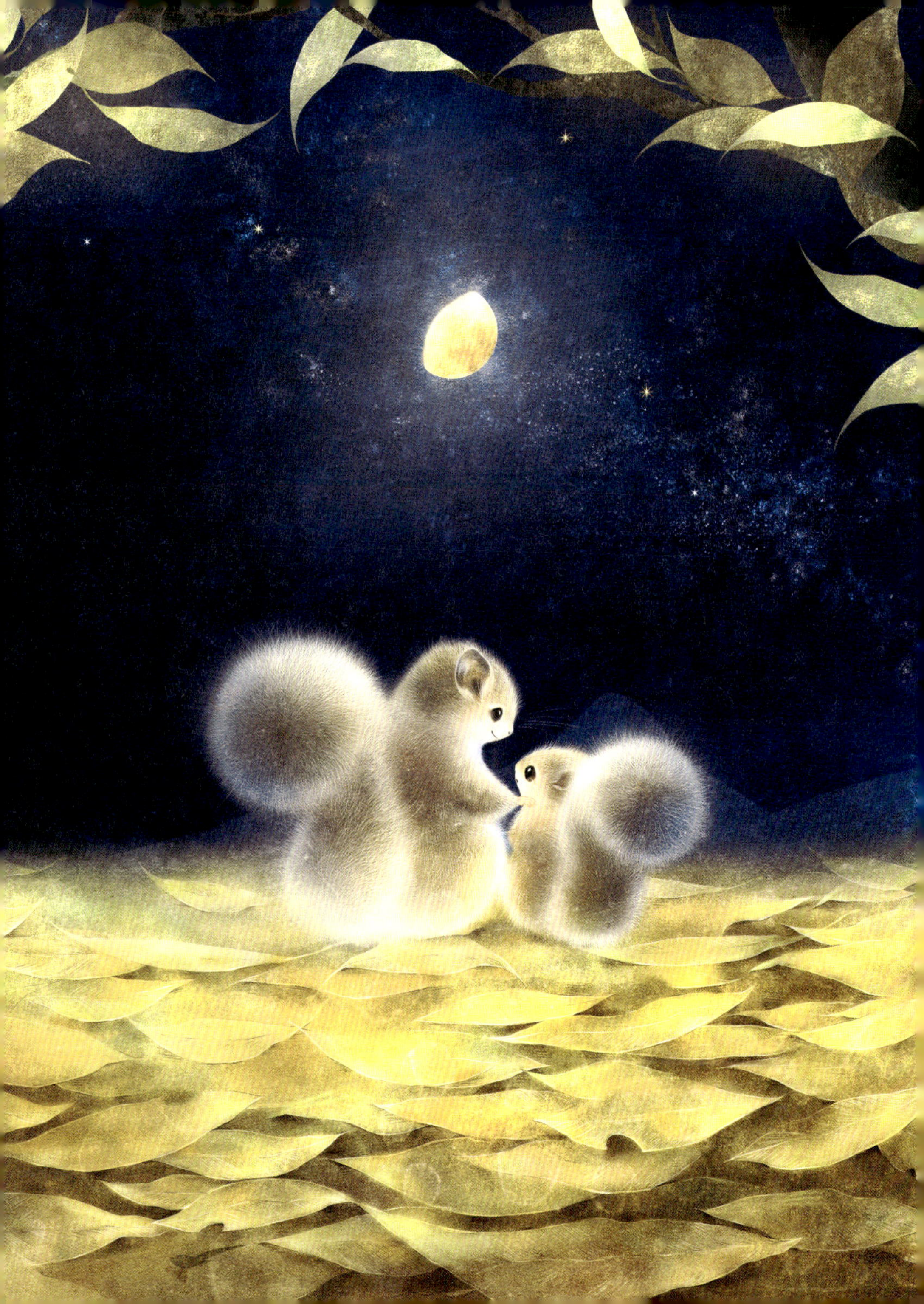

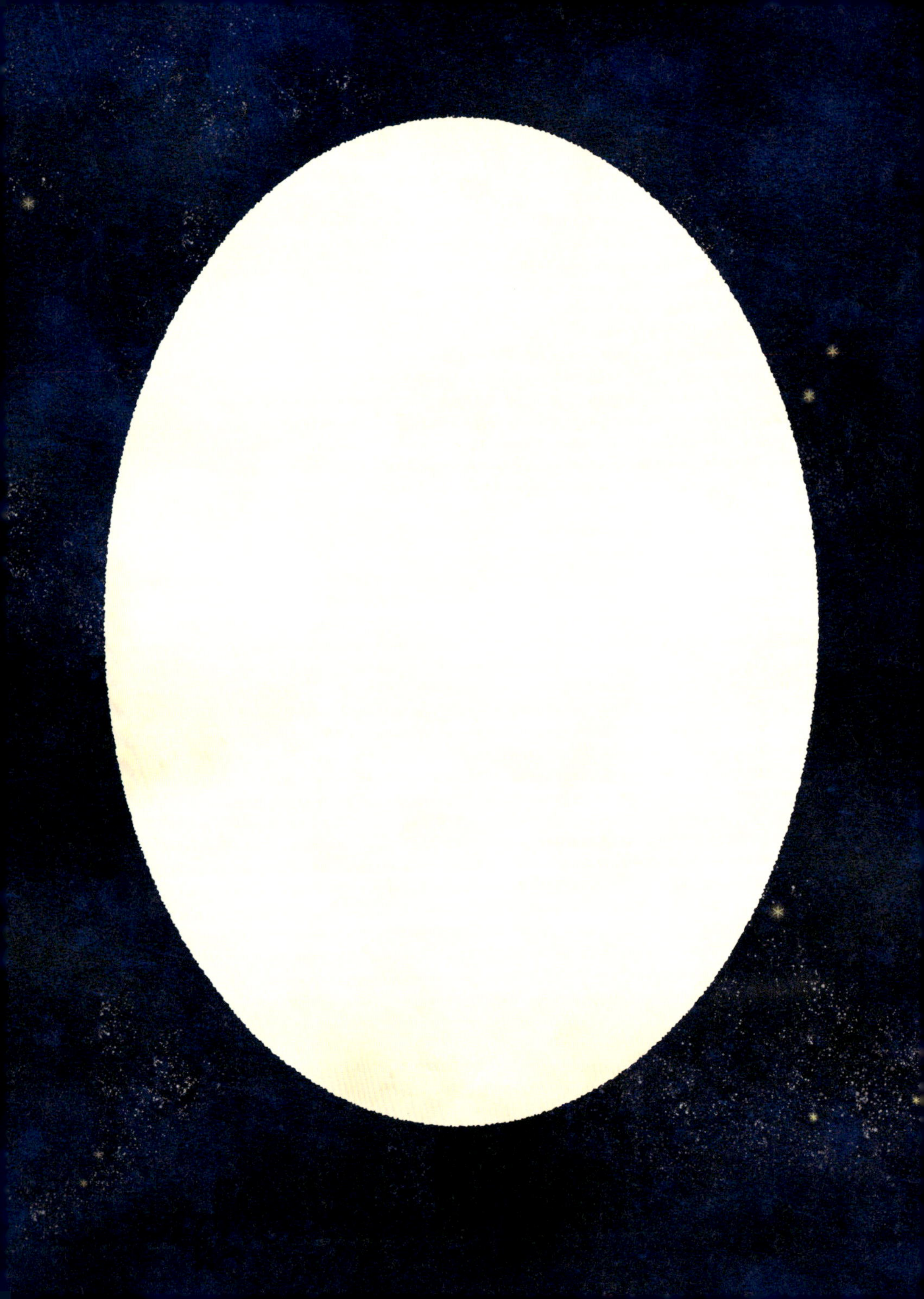

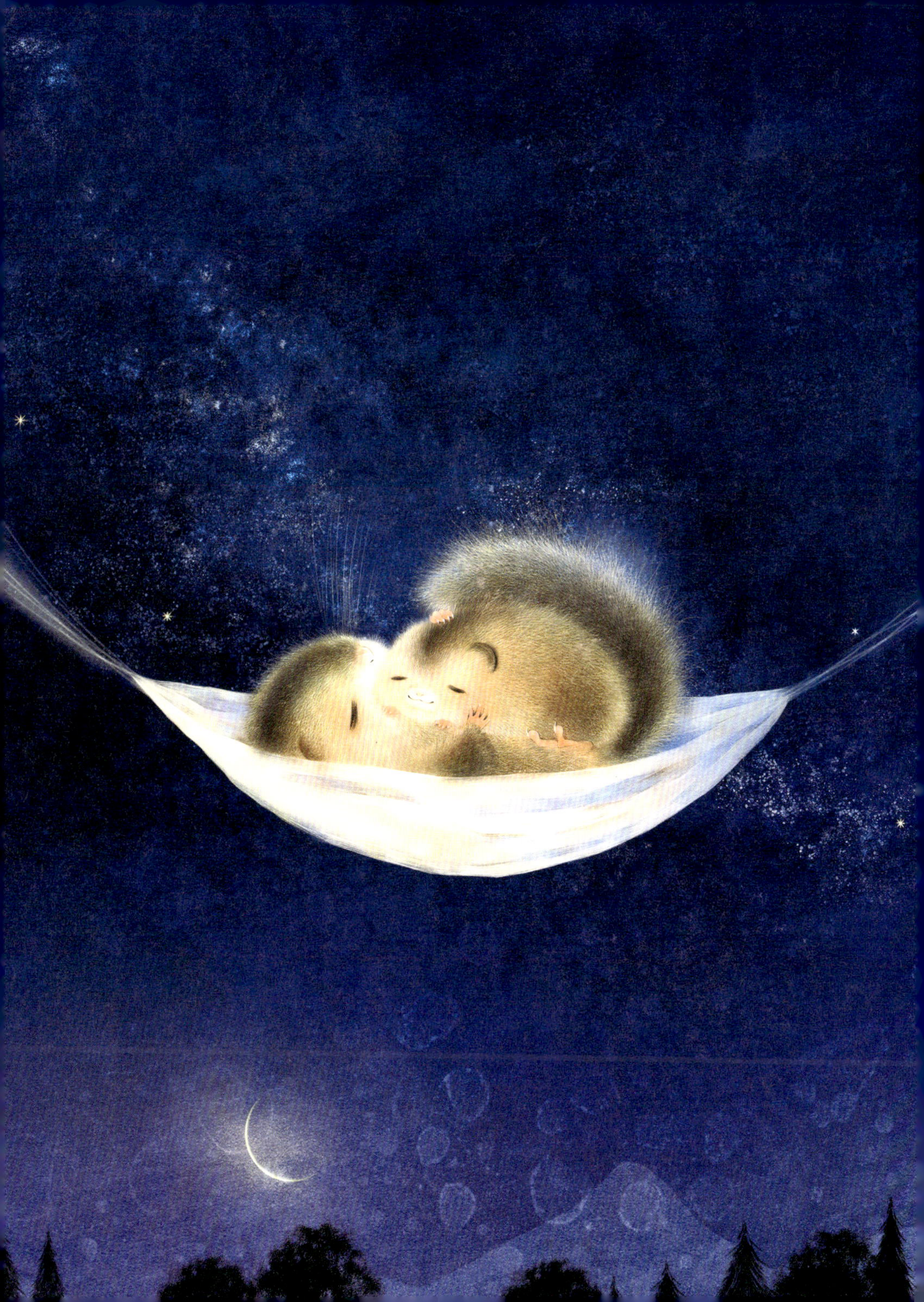

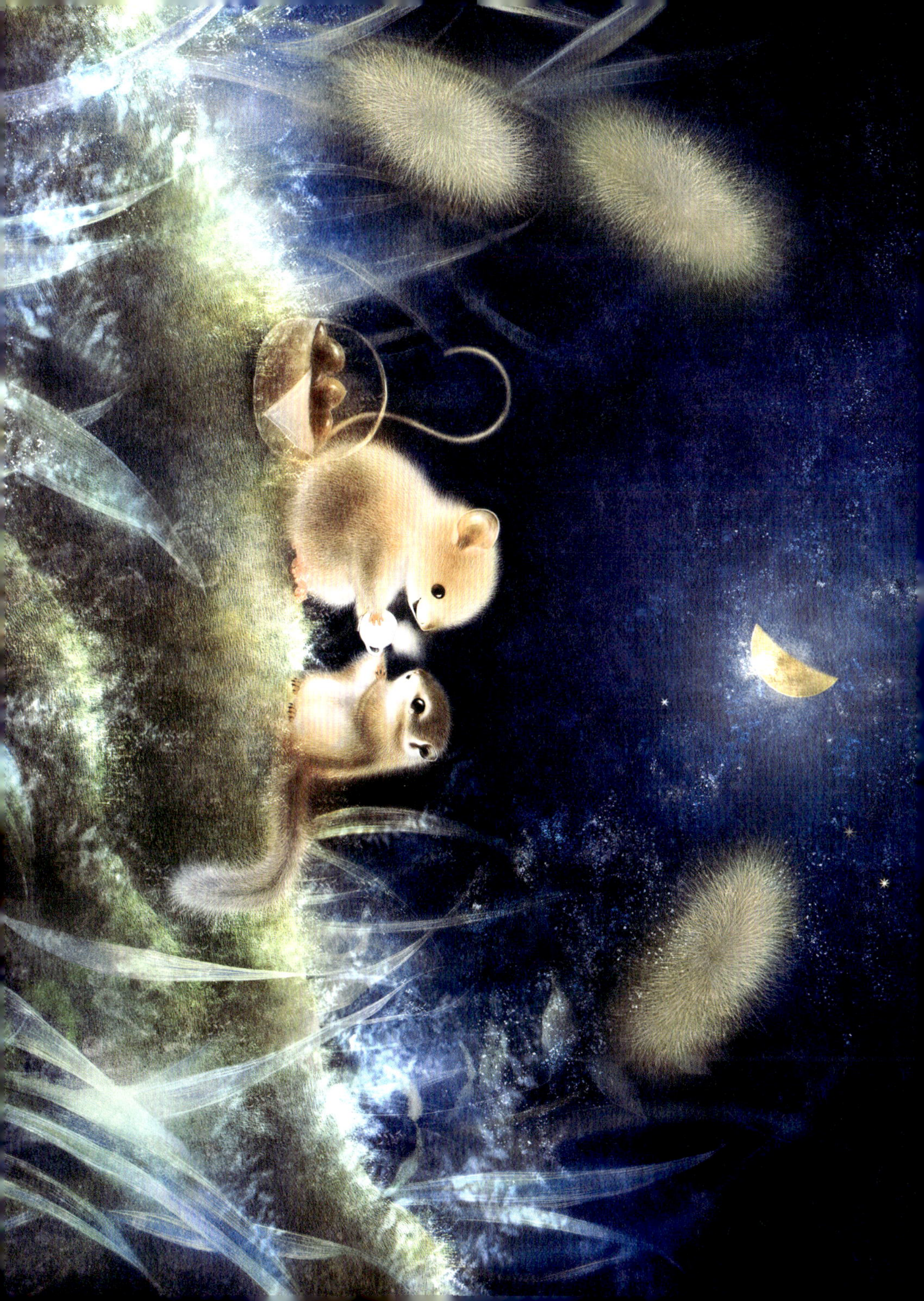

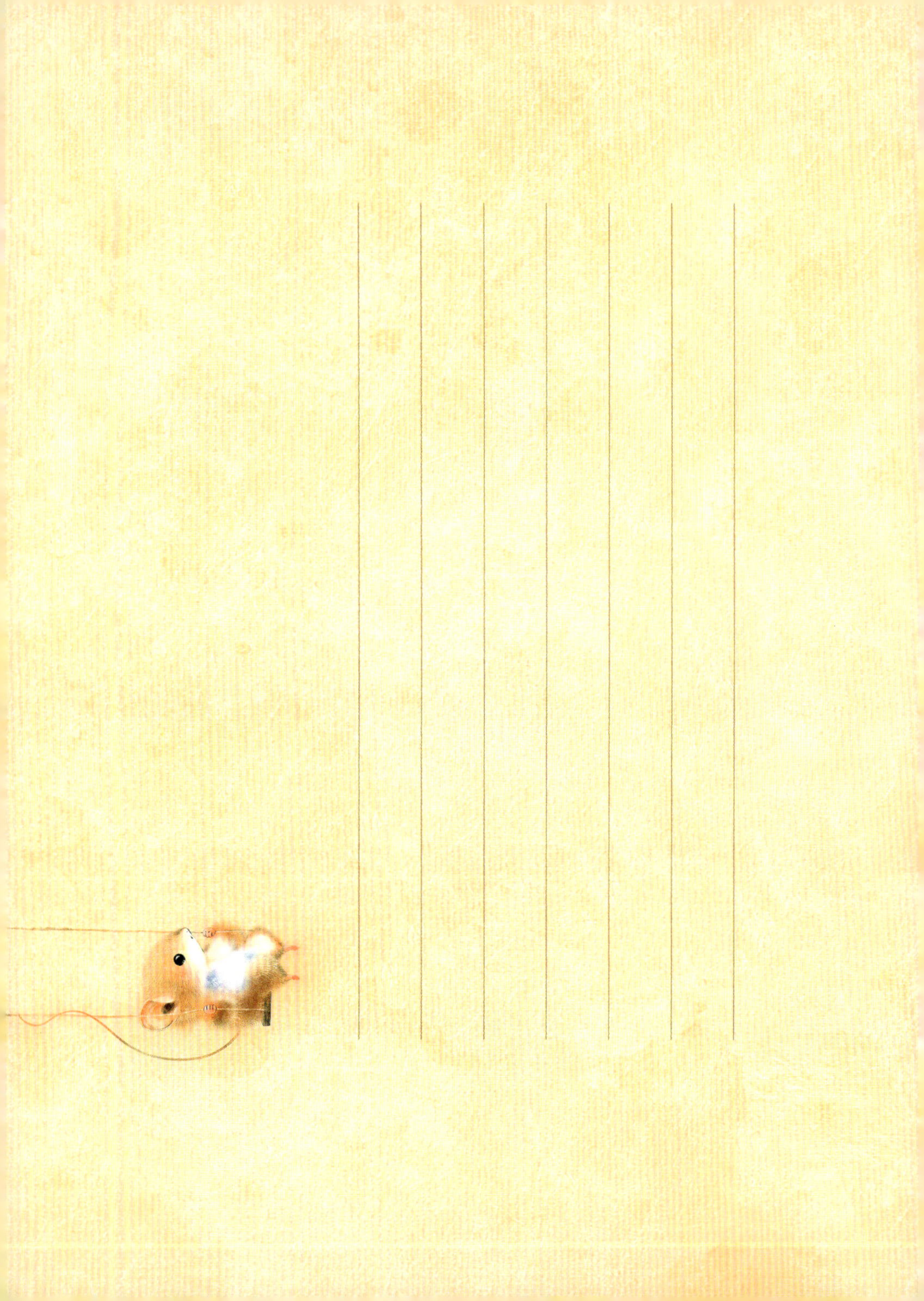

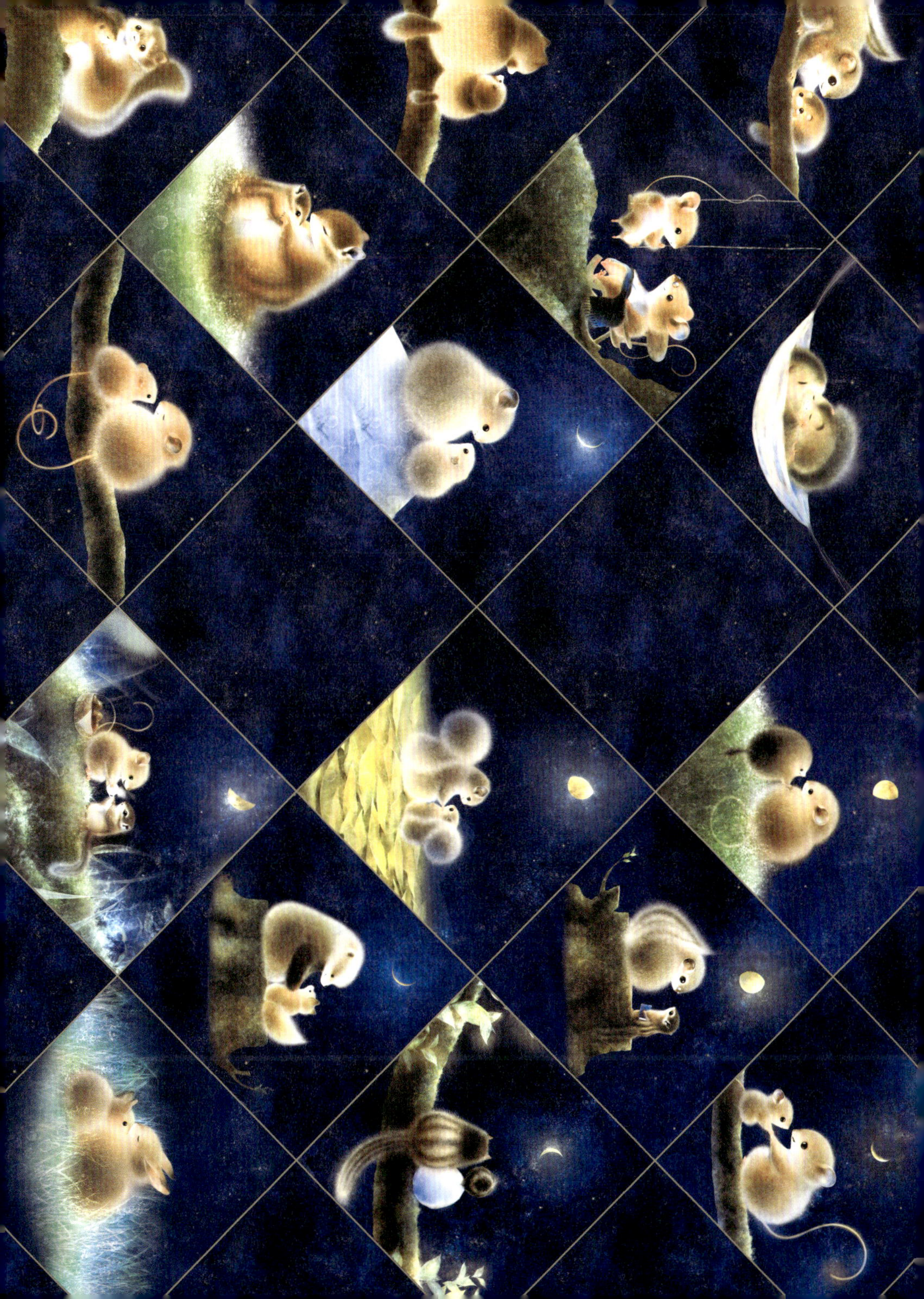

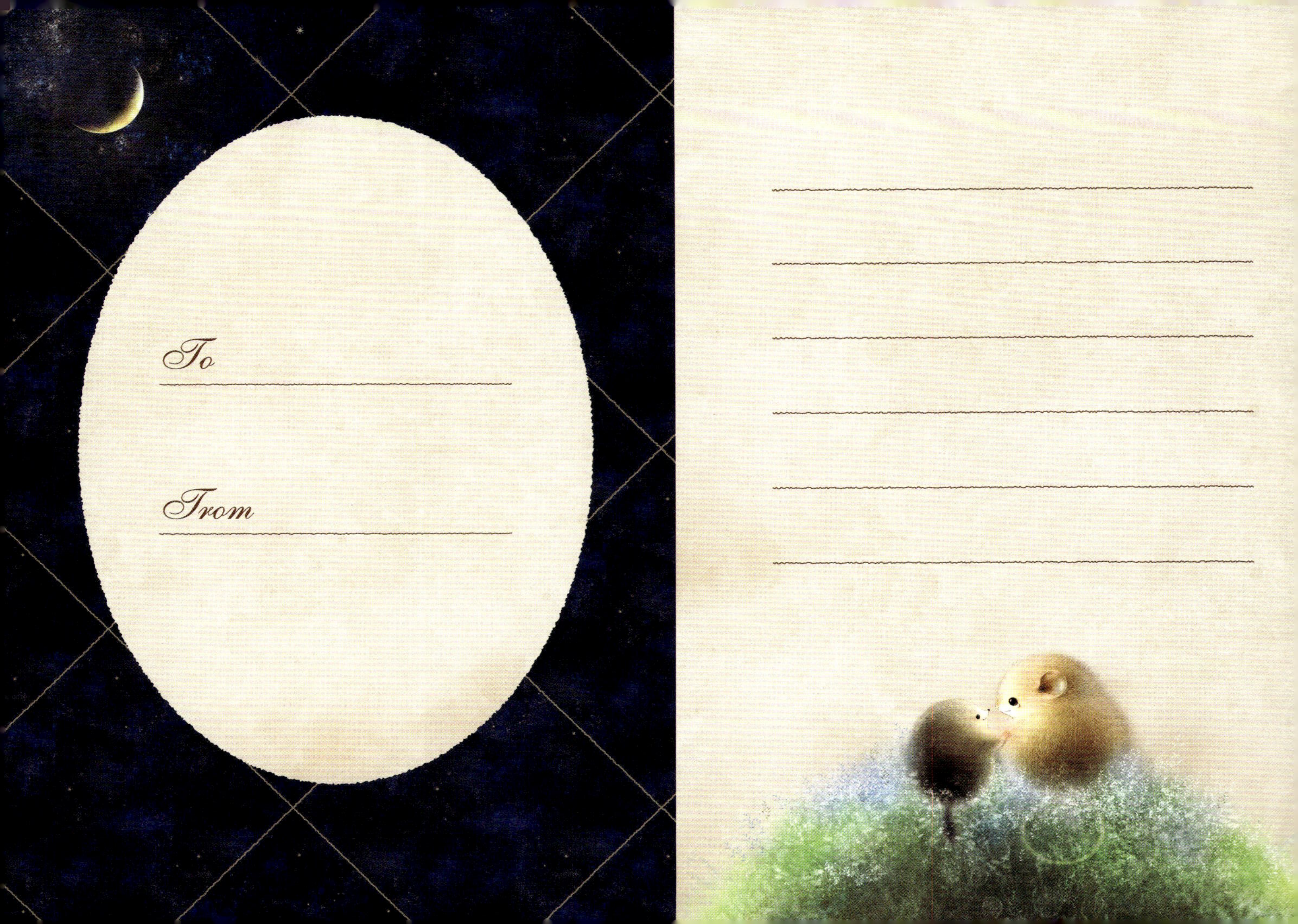
To
From

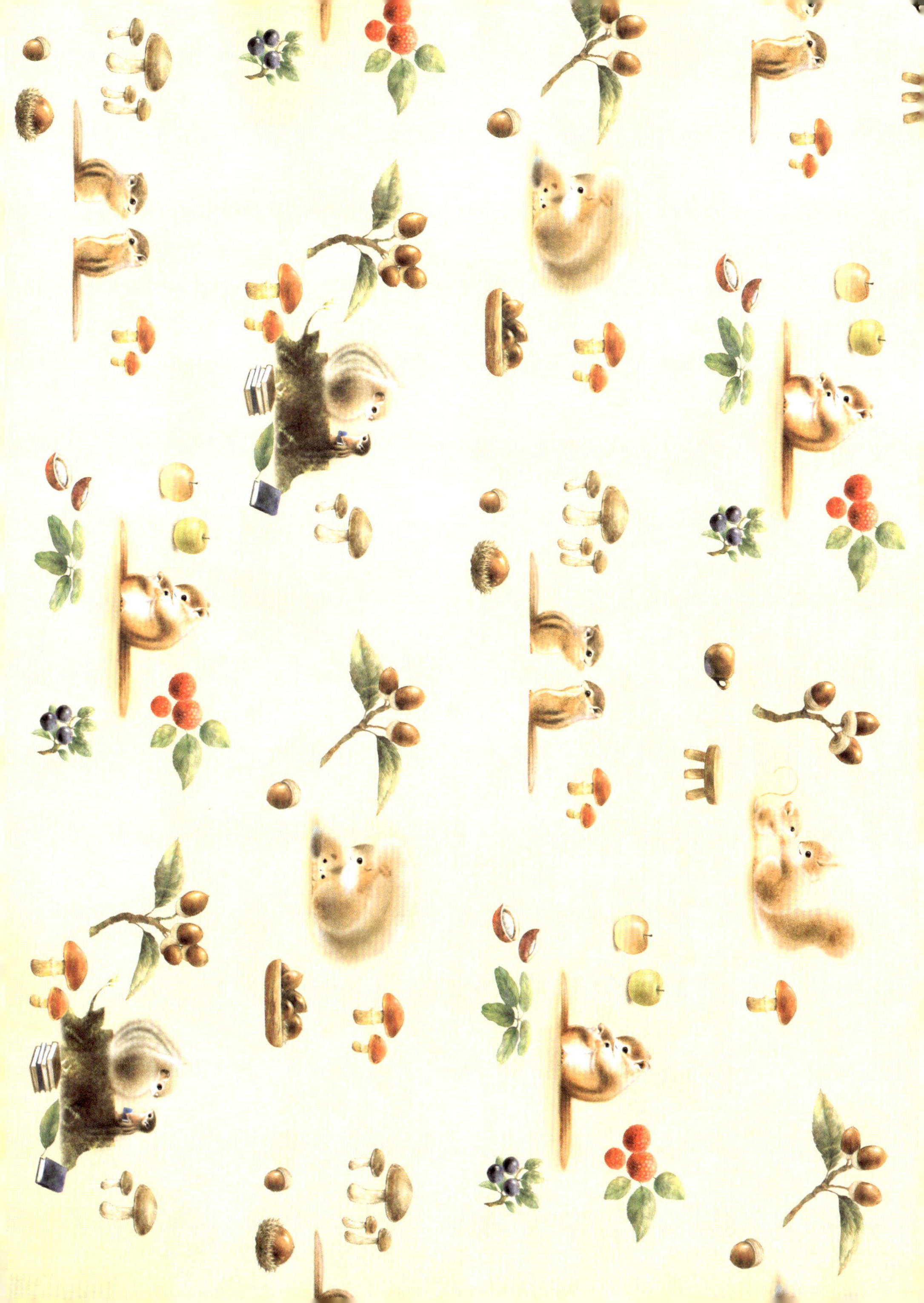

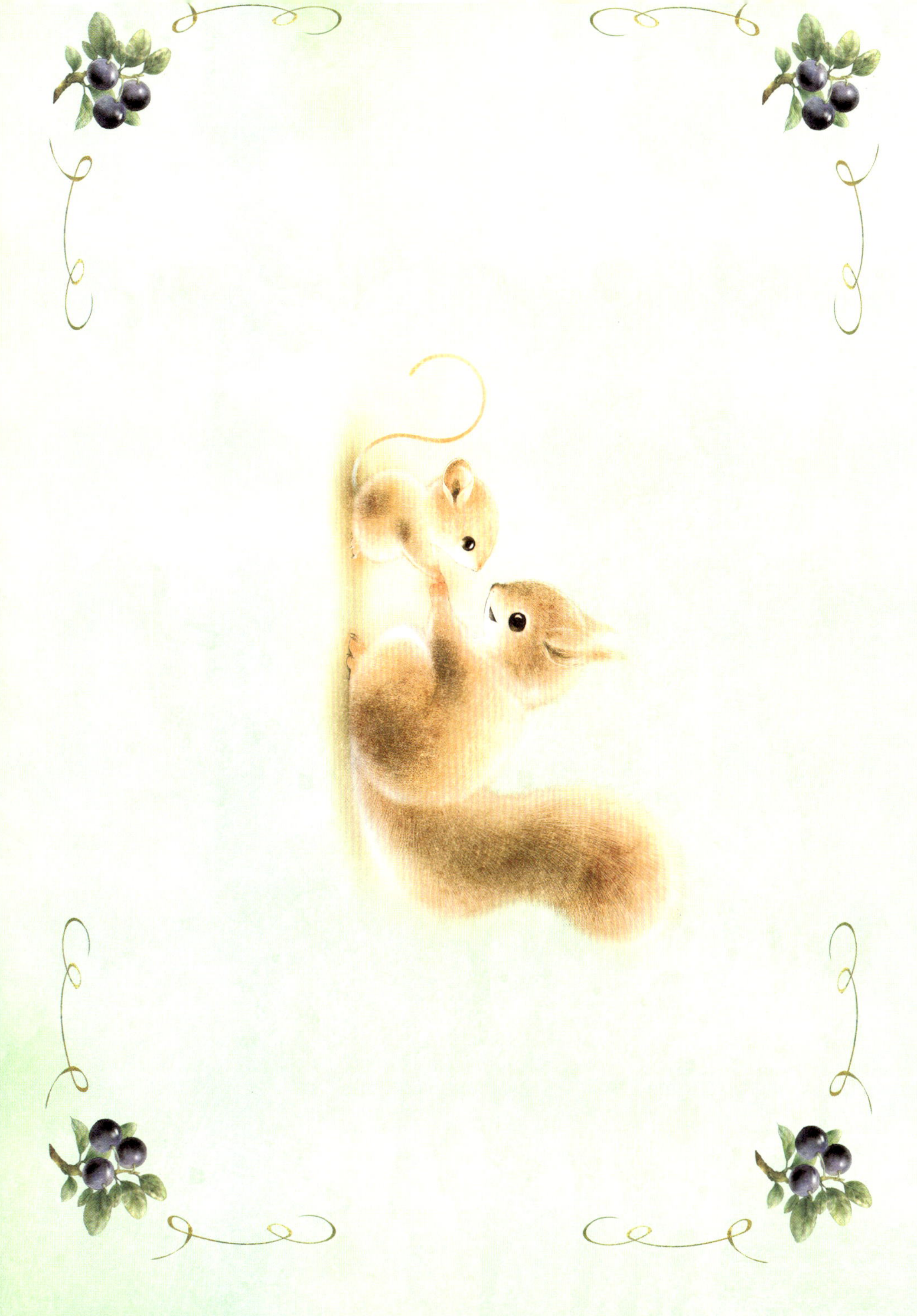

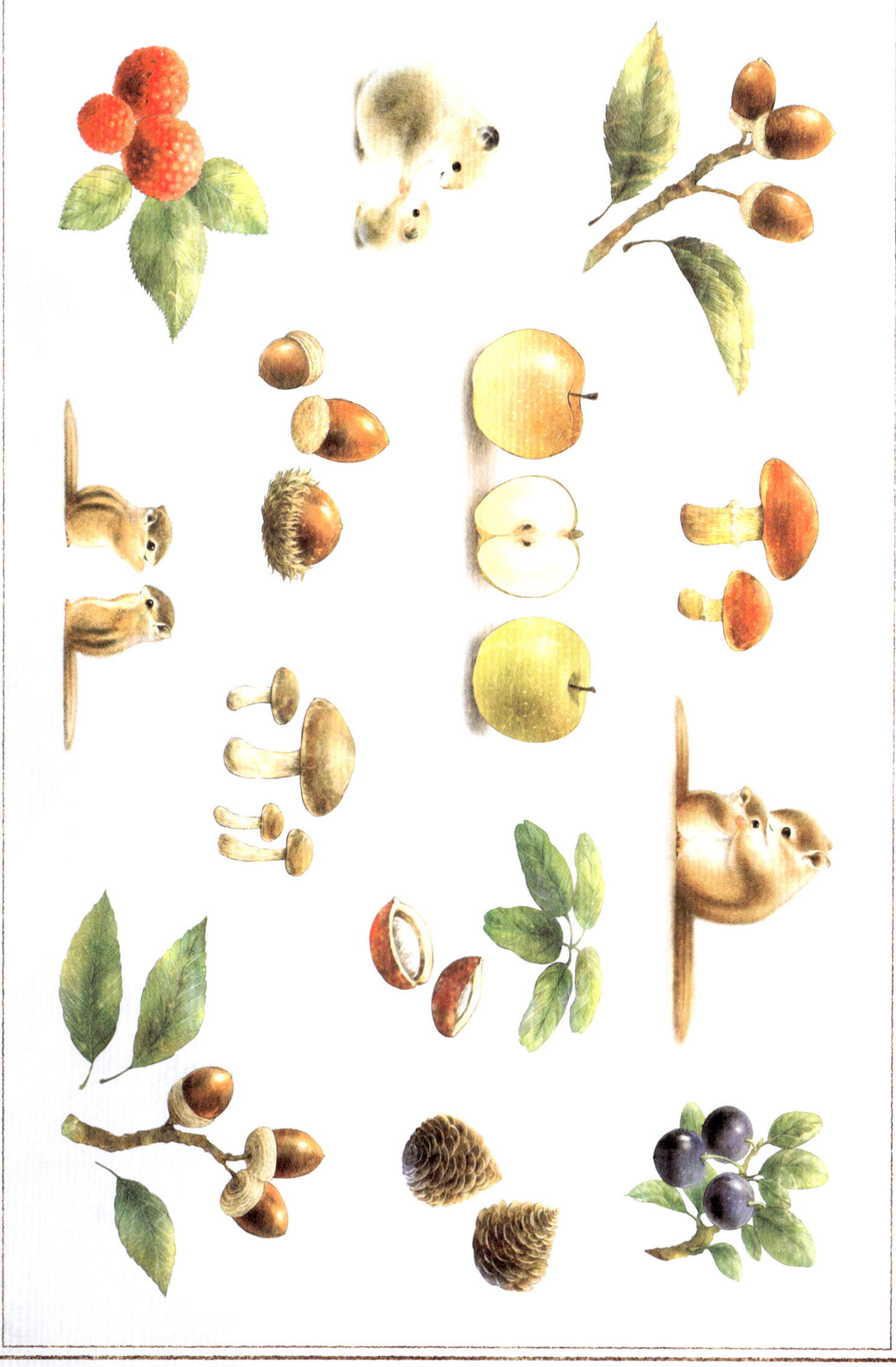

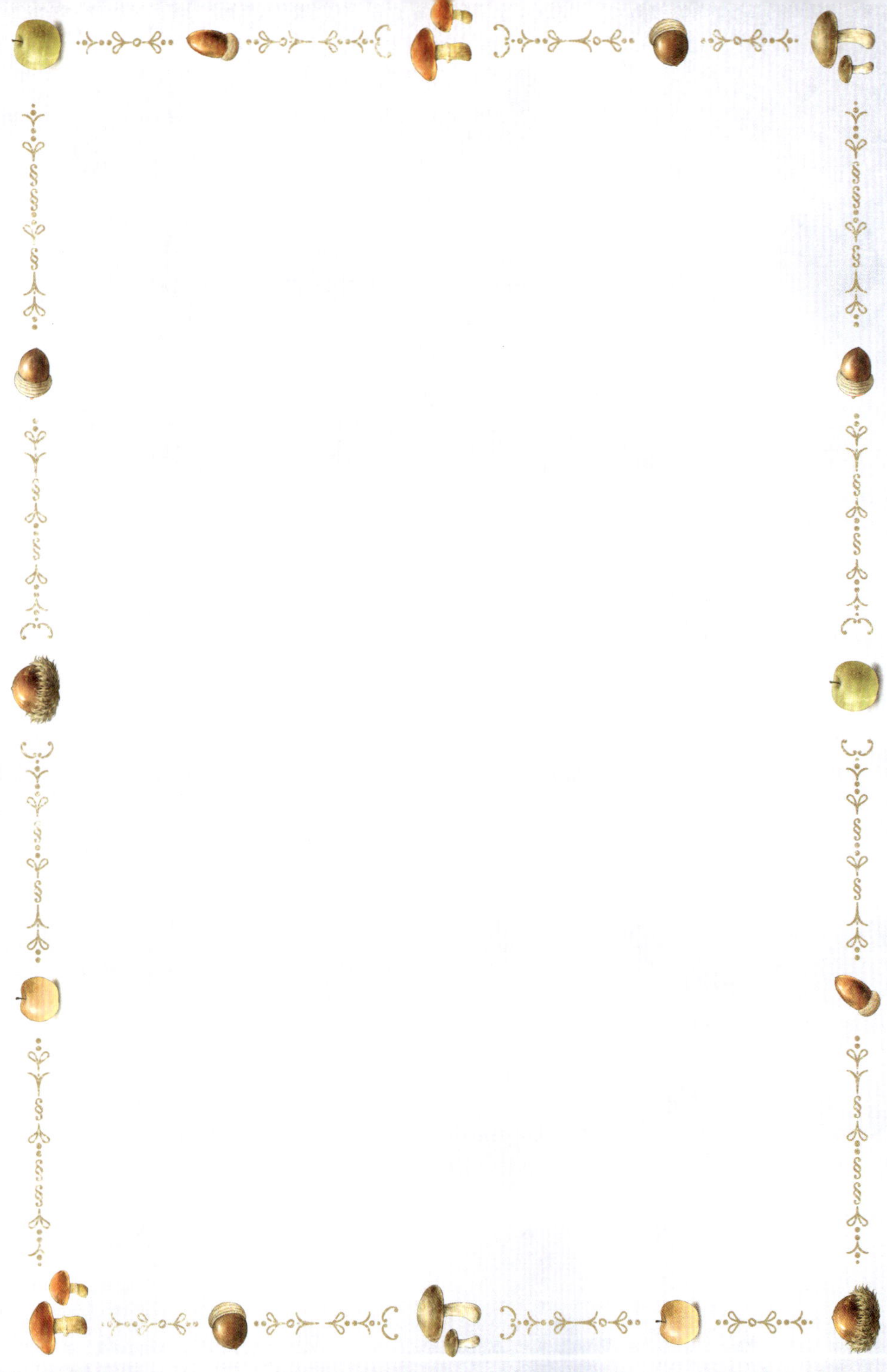

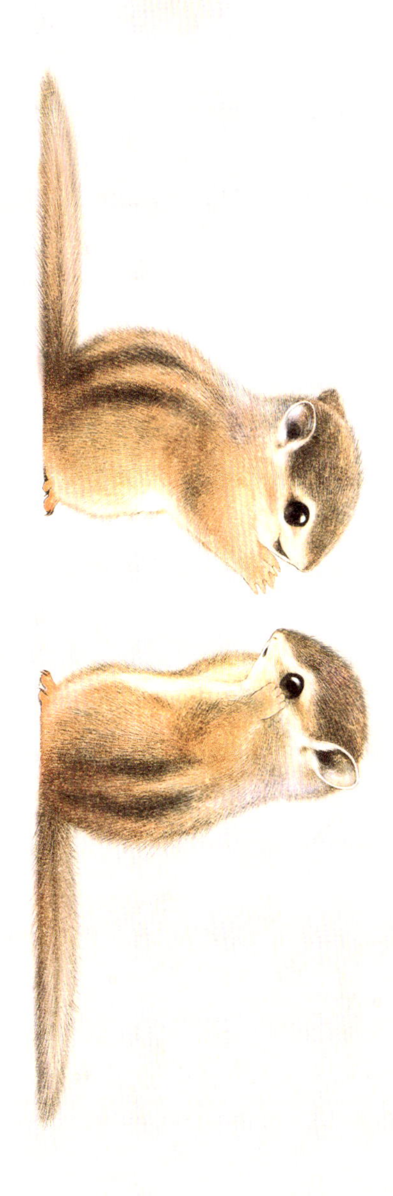

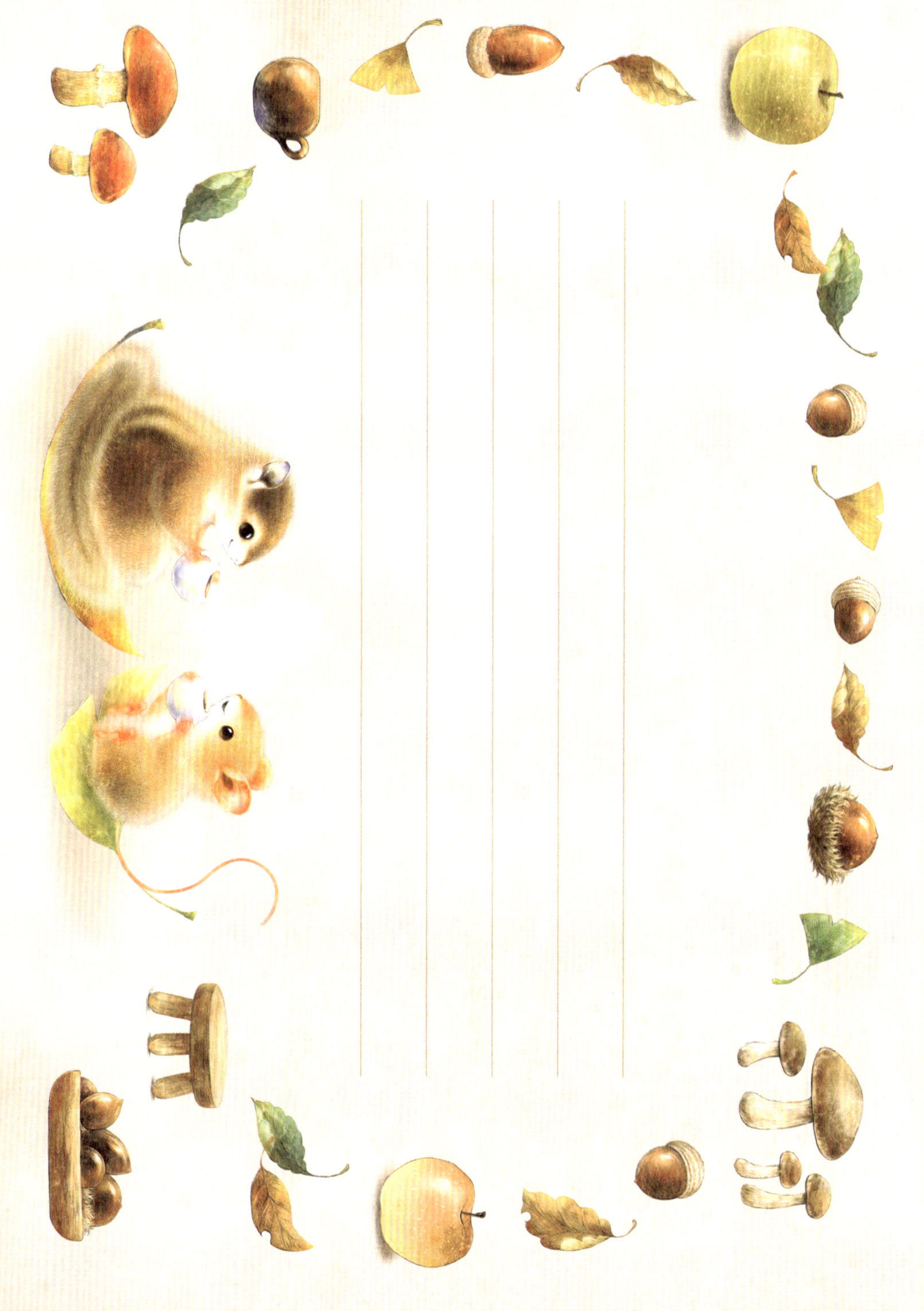

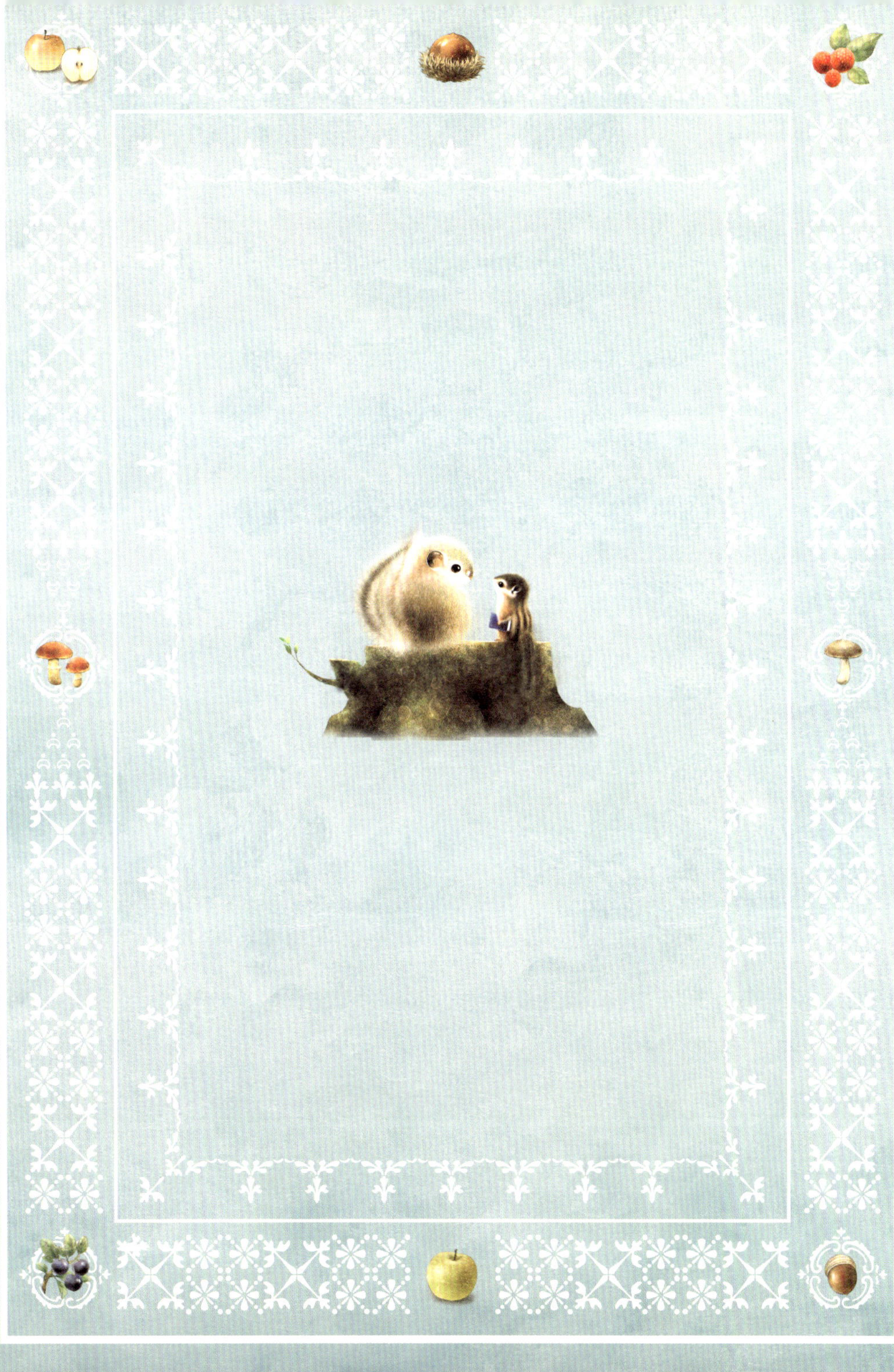

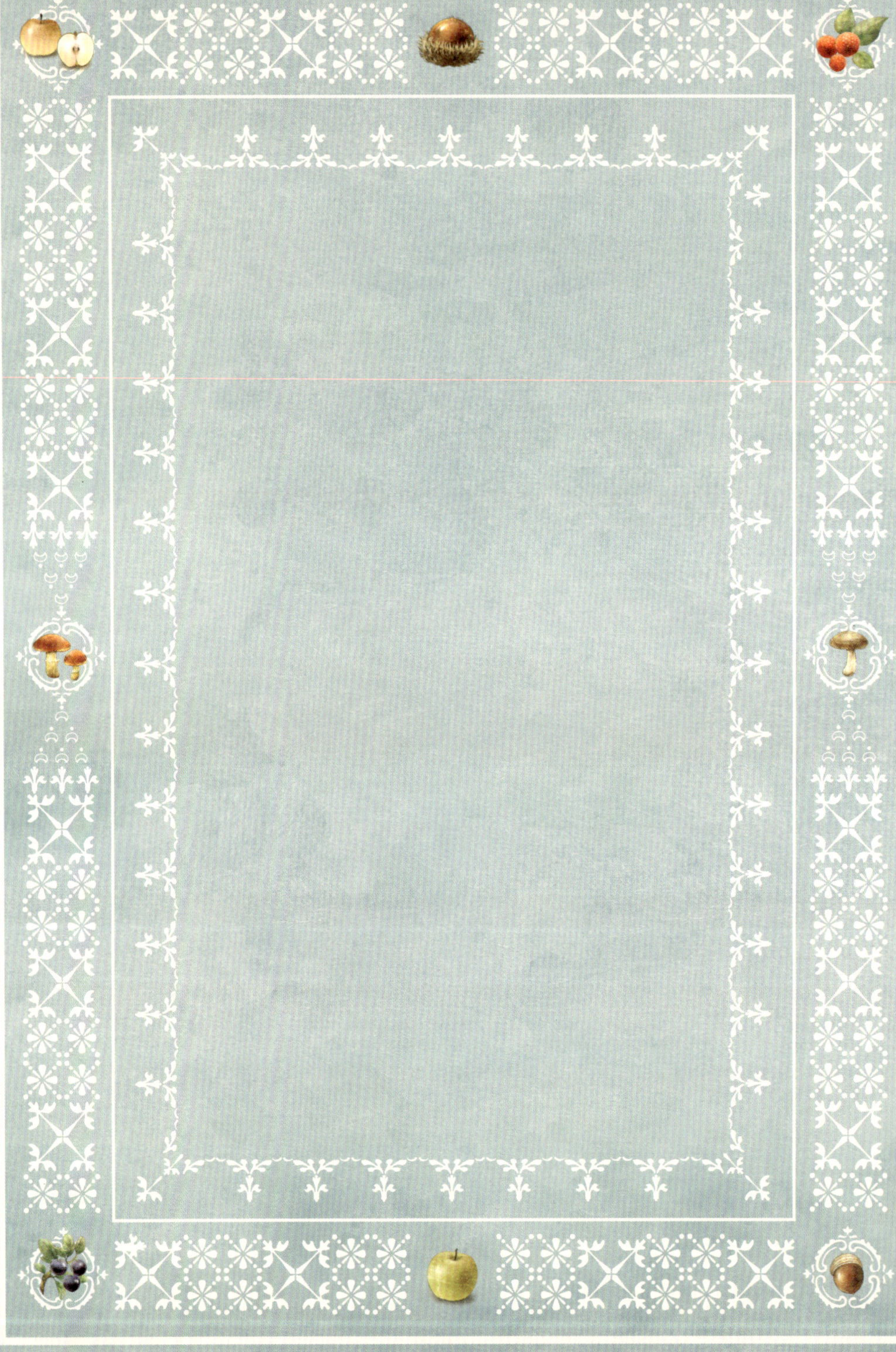

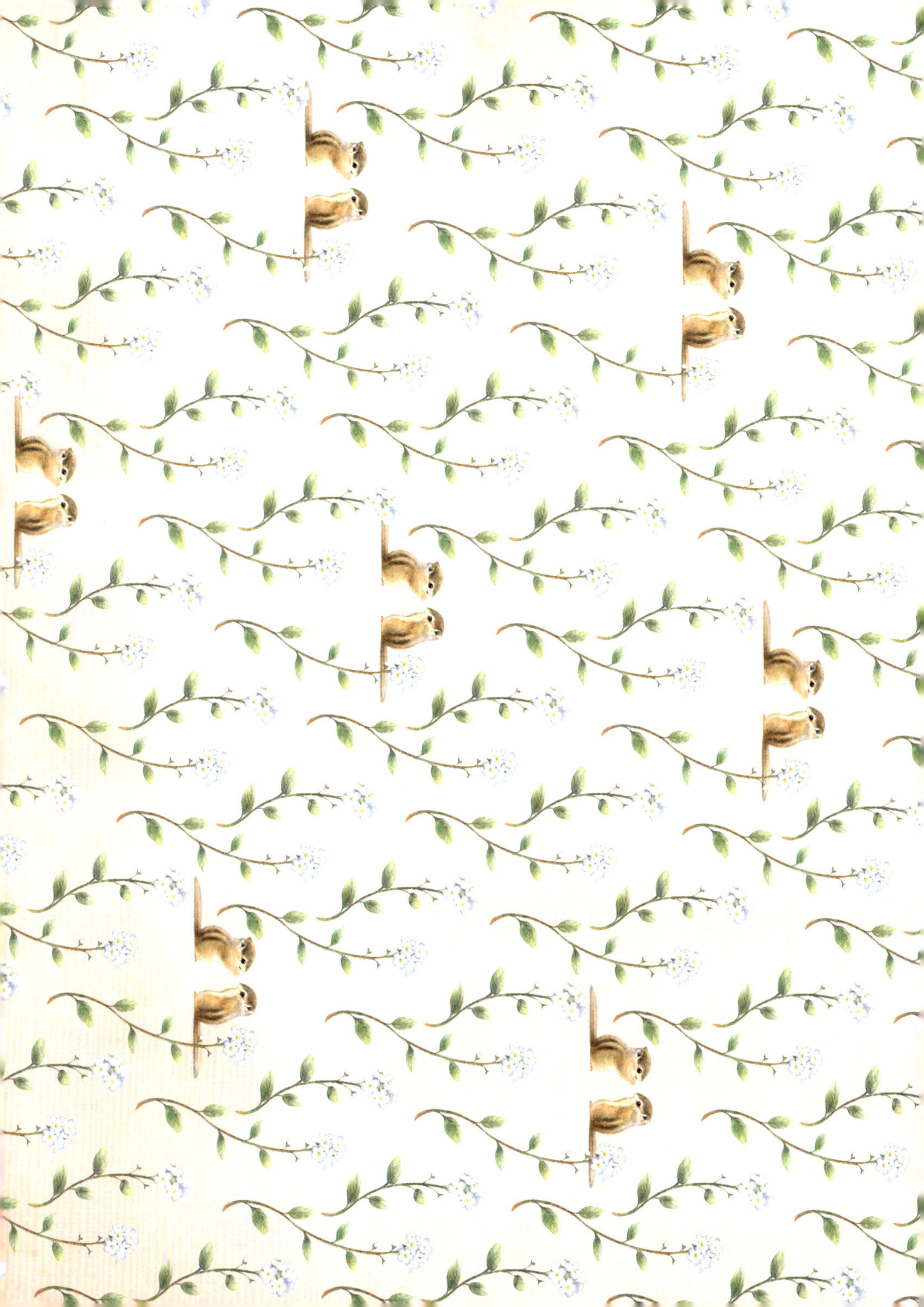

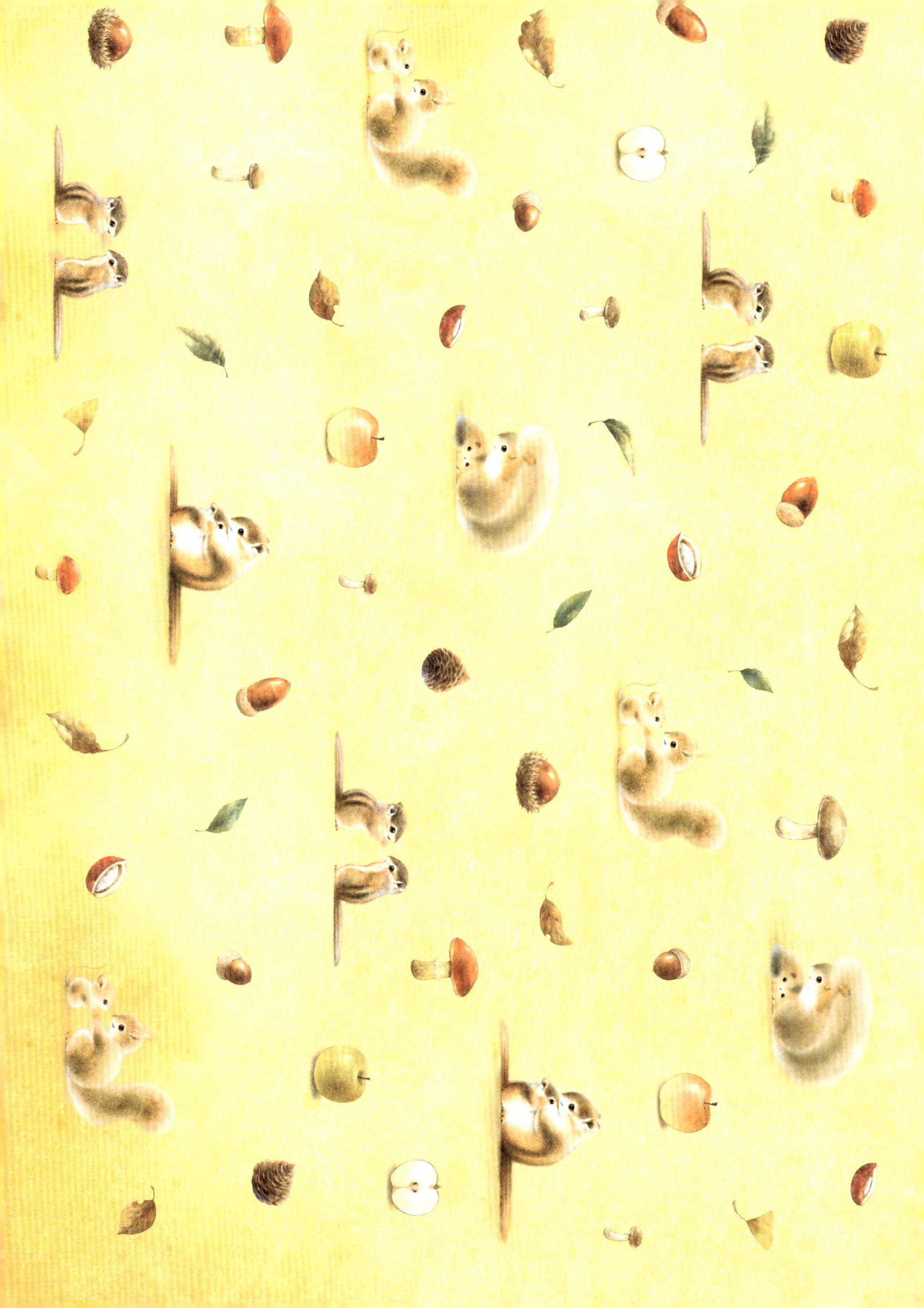

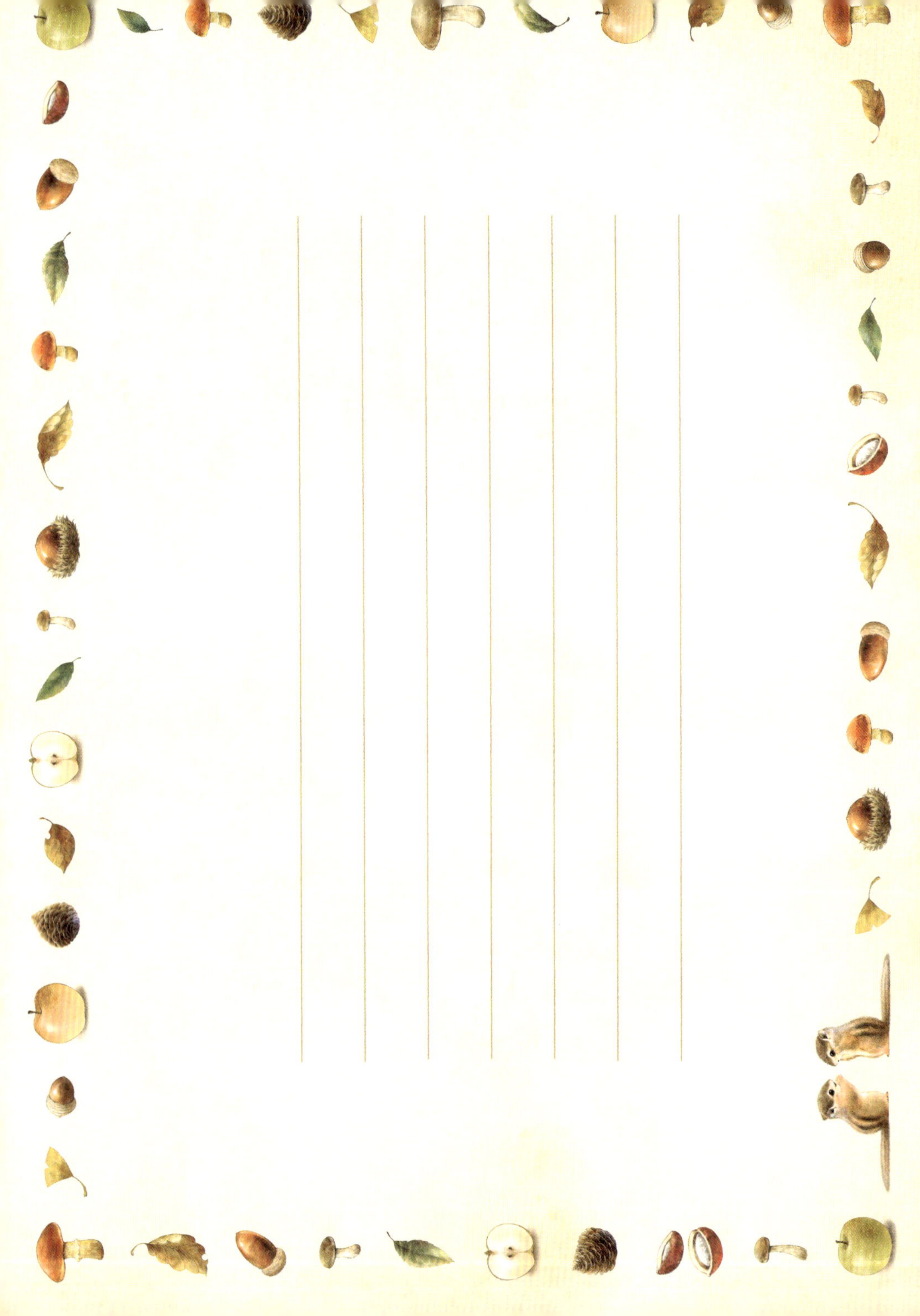

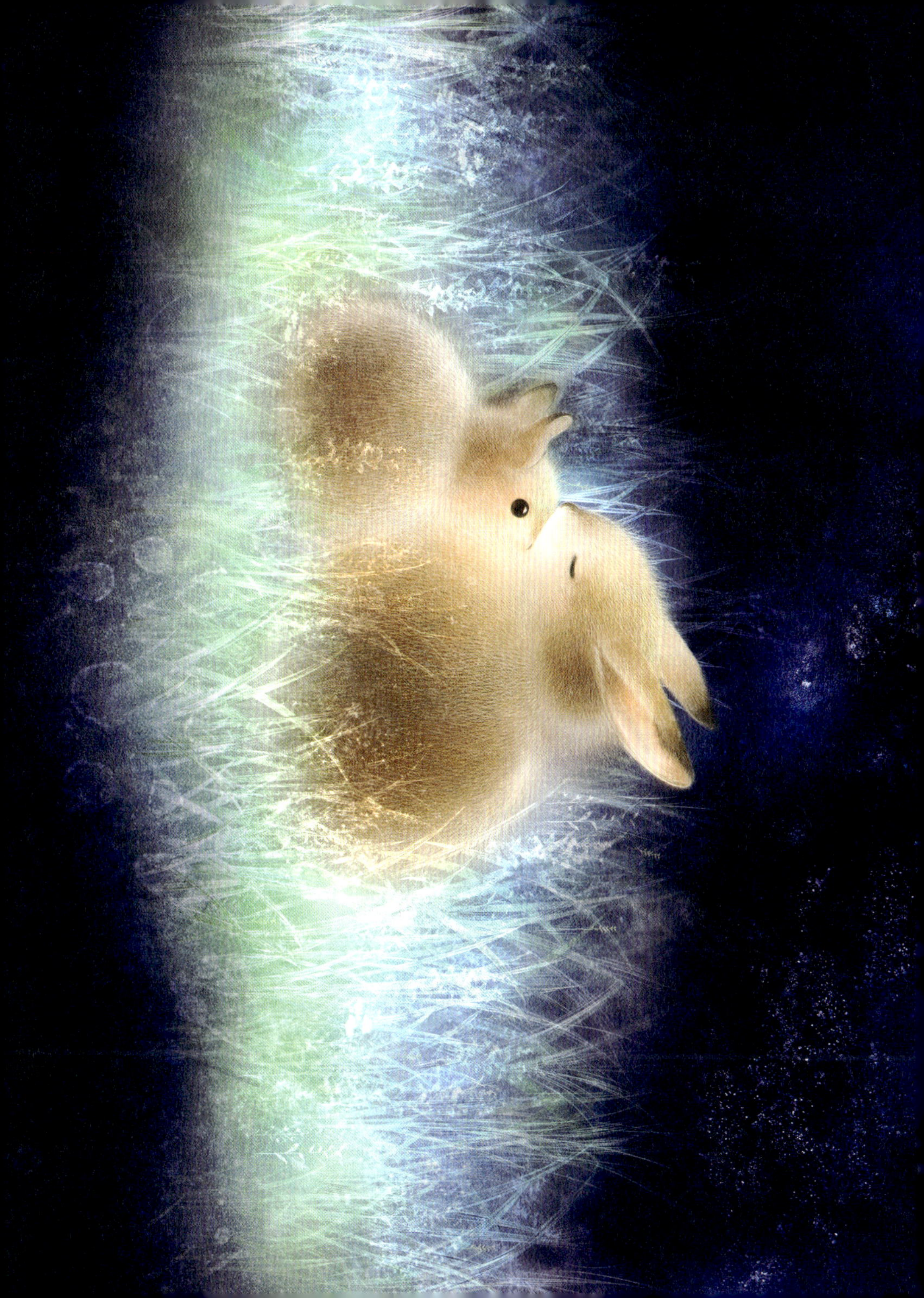

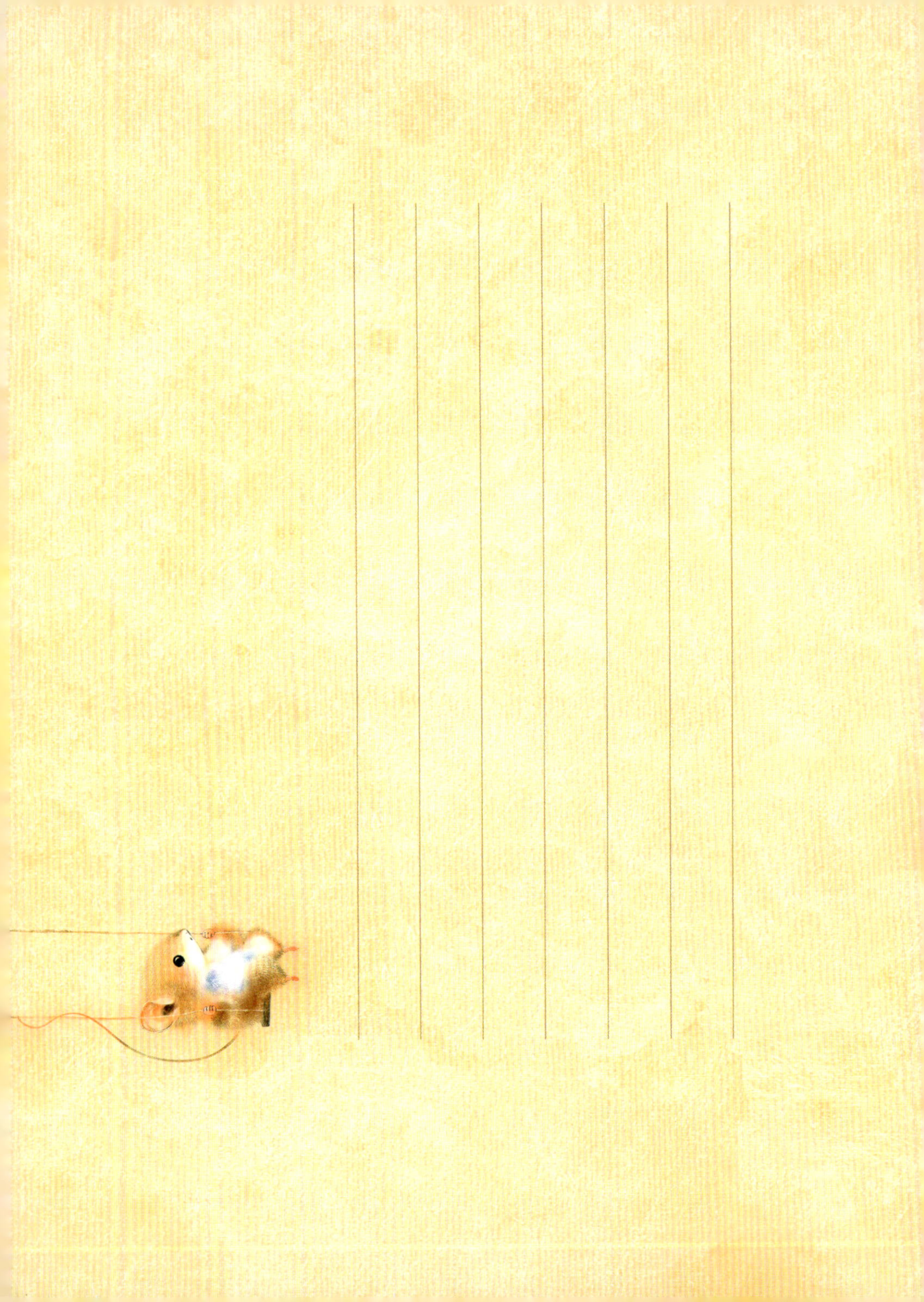

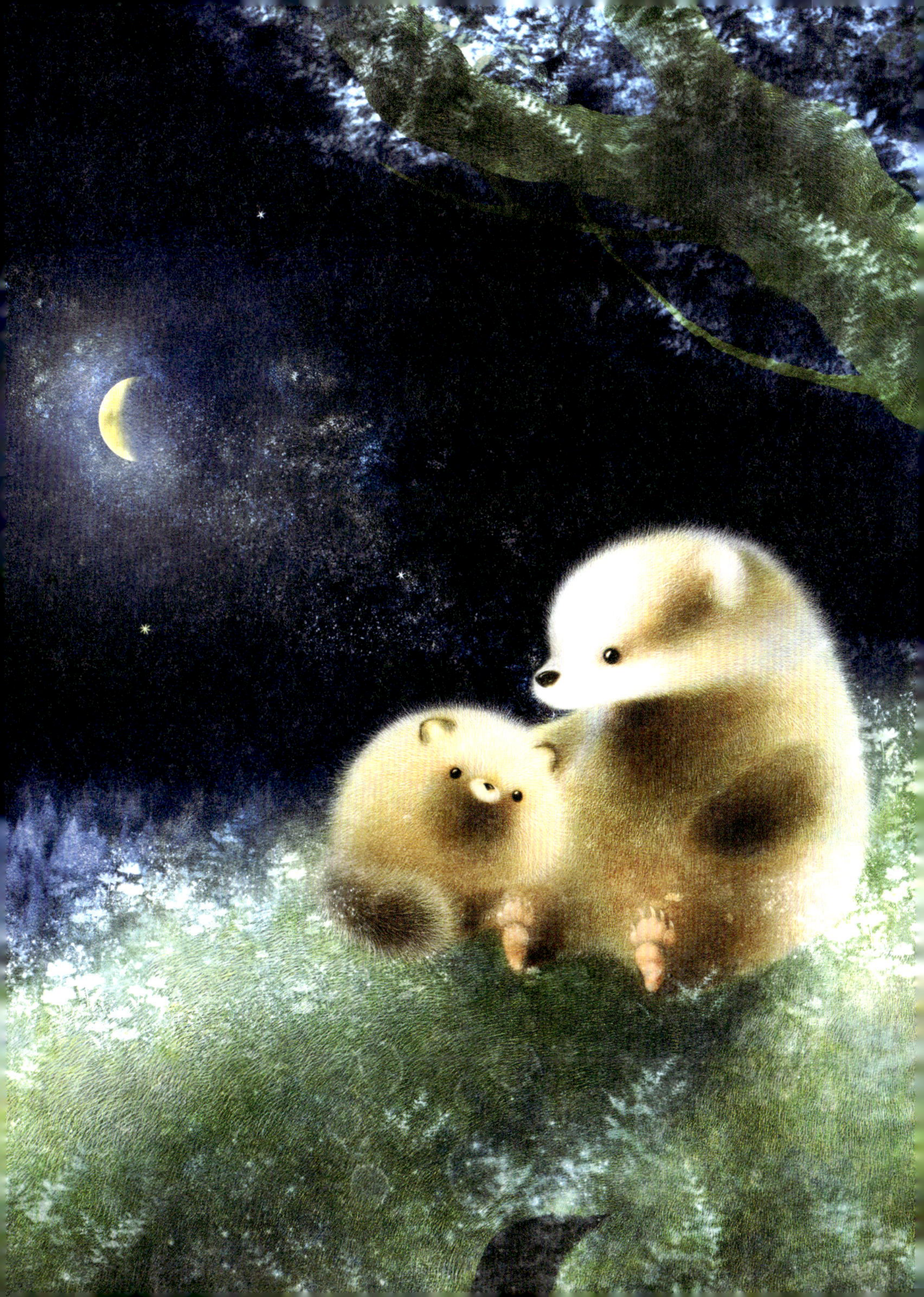

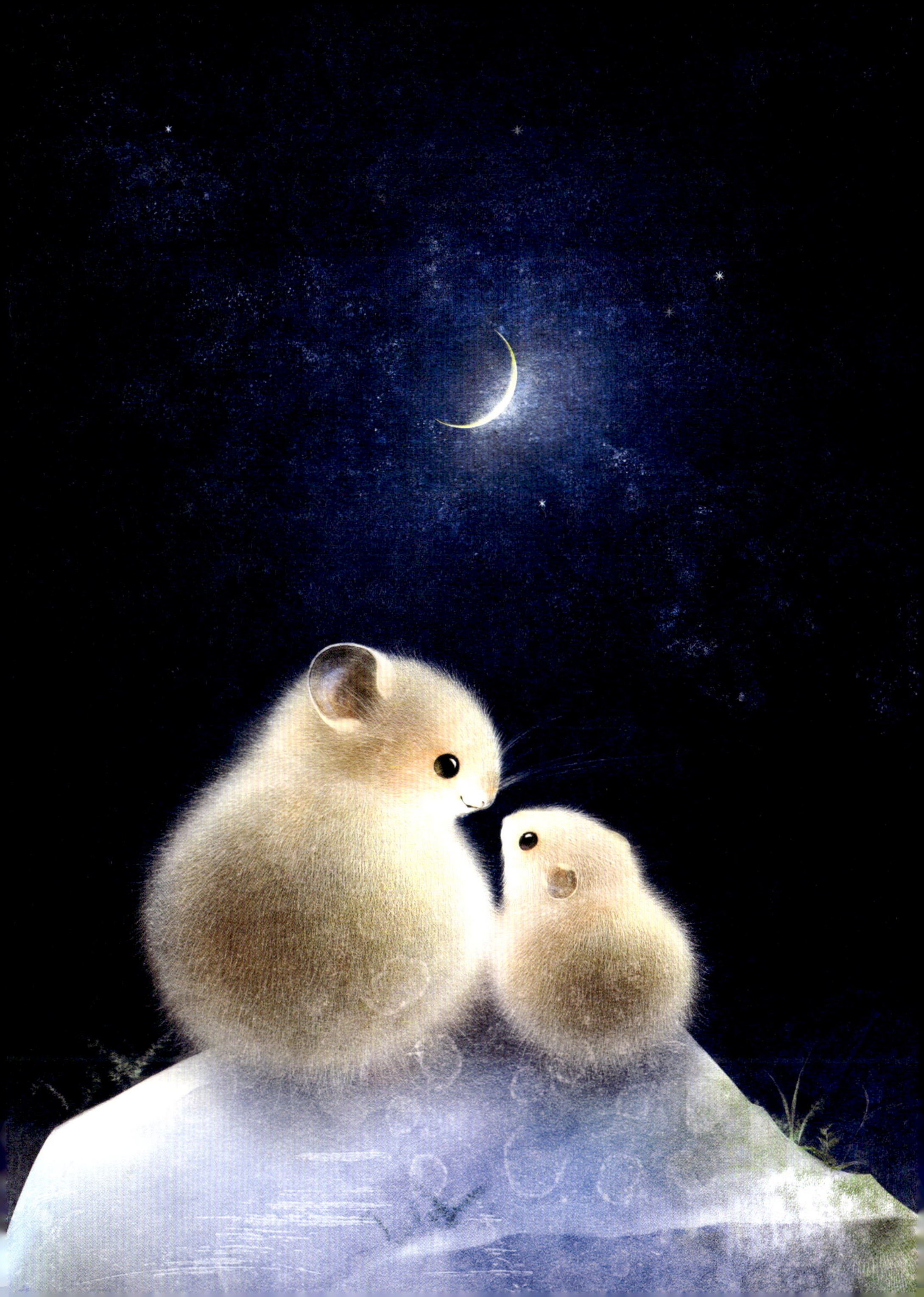

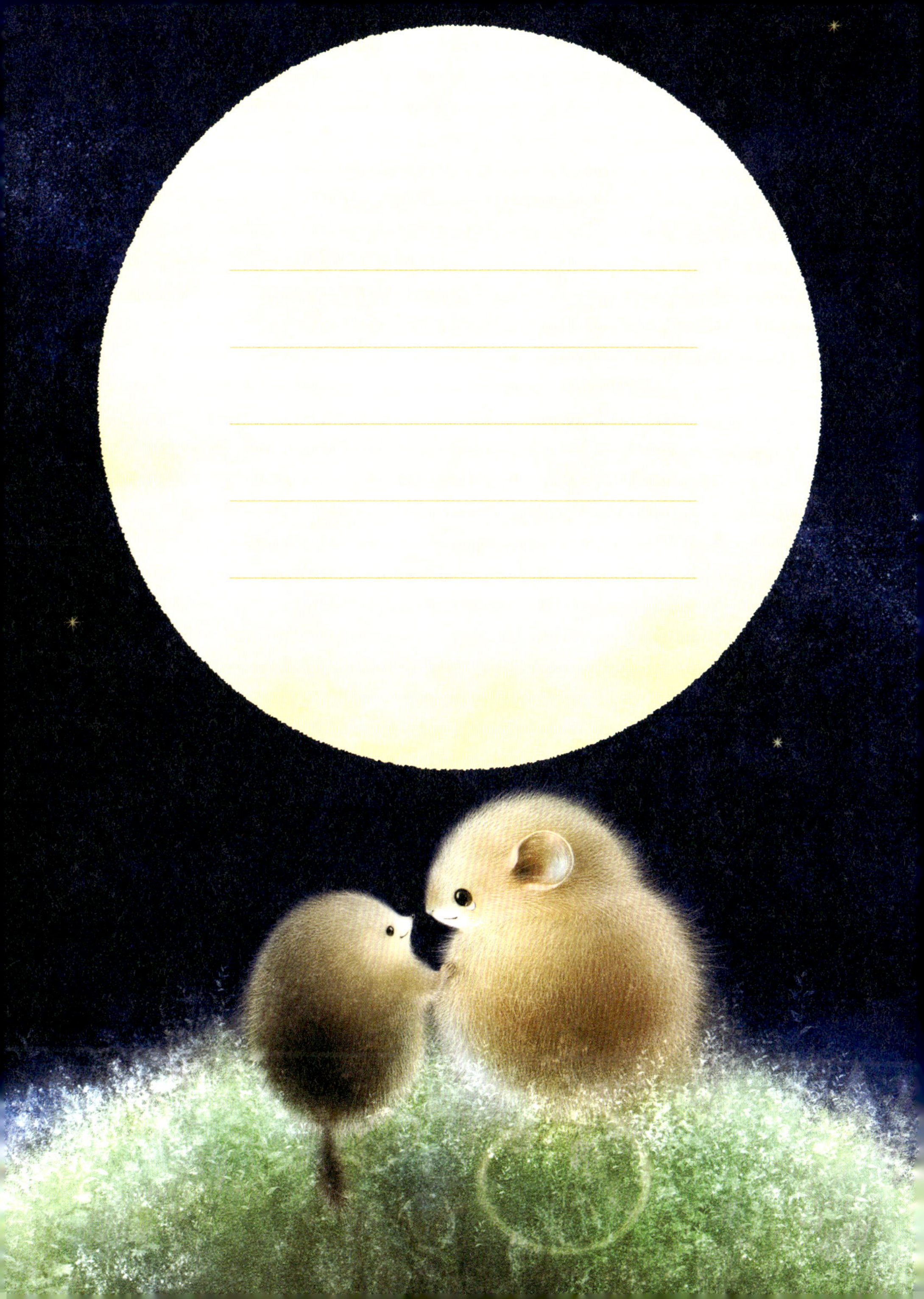

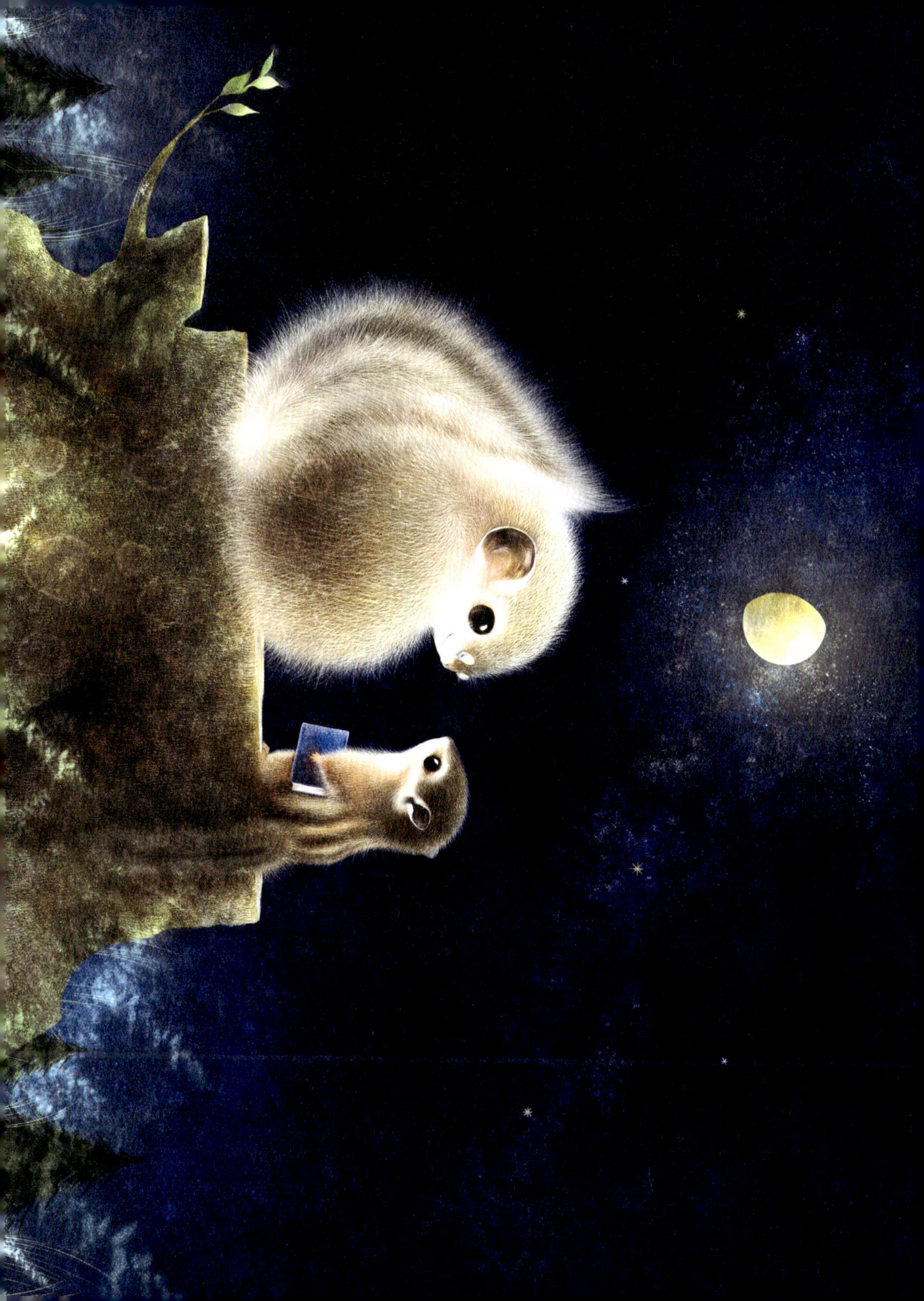

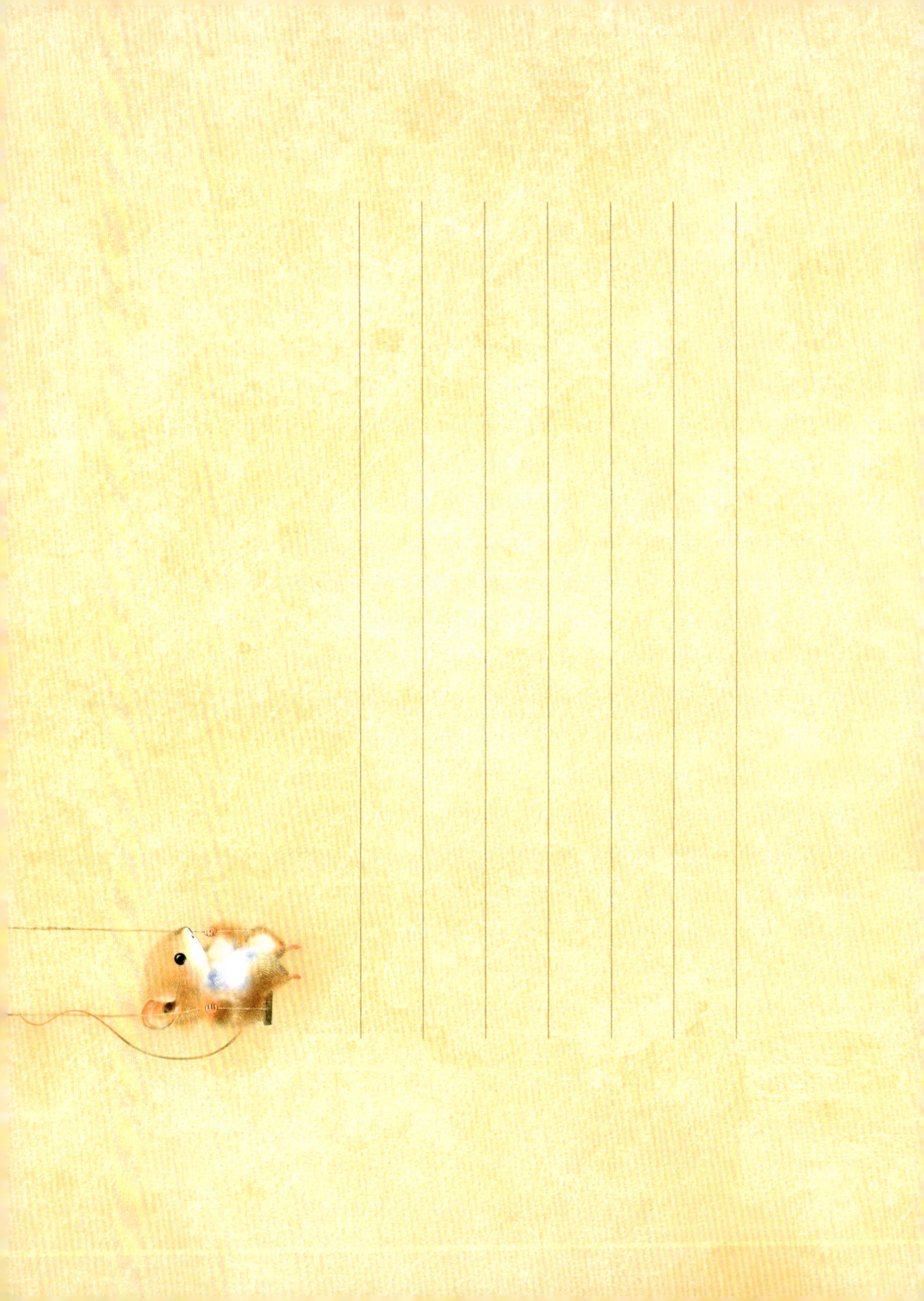

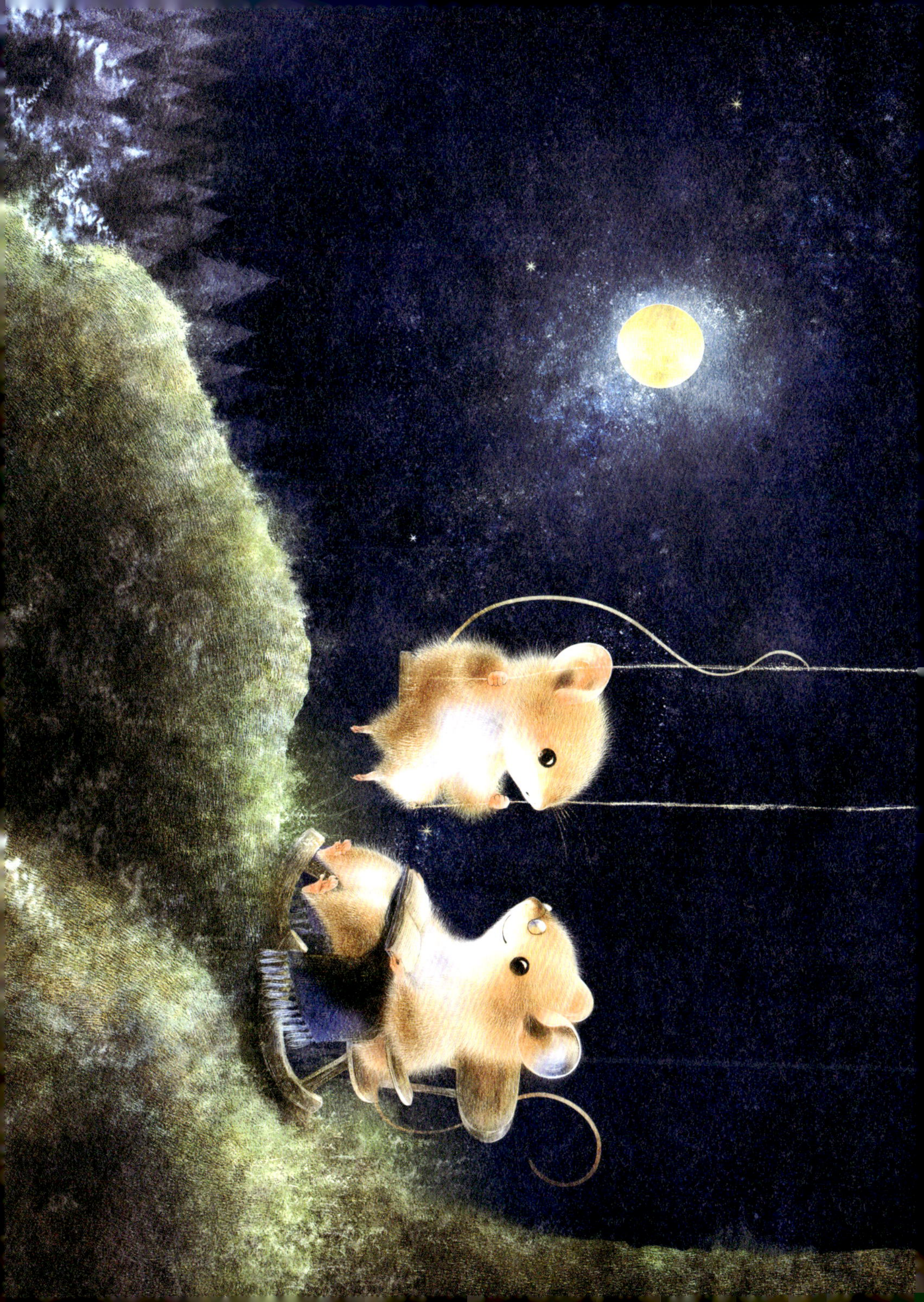

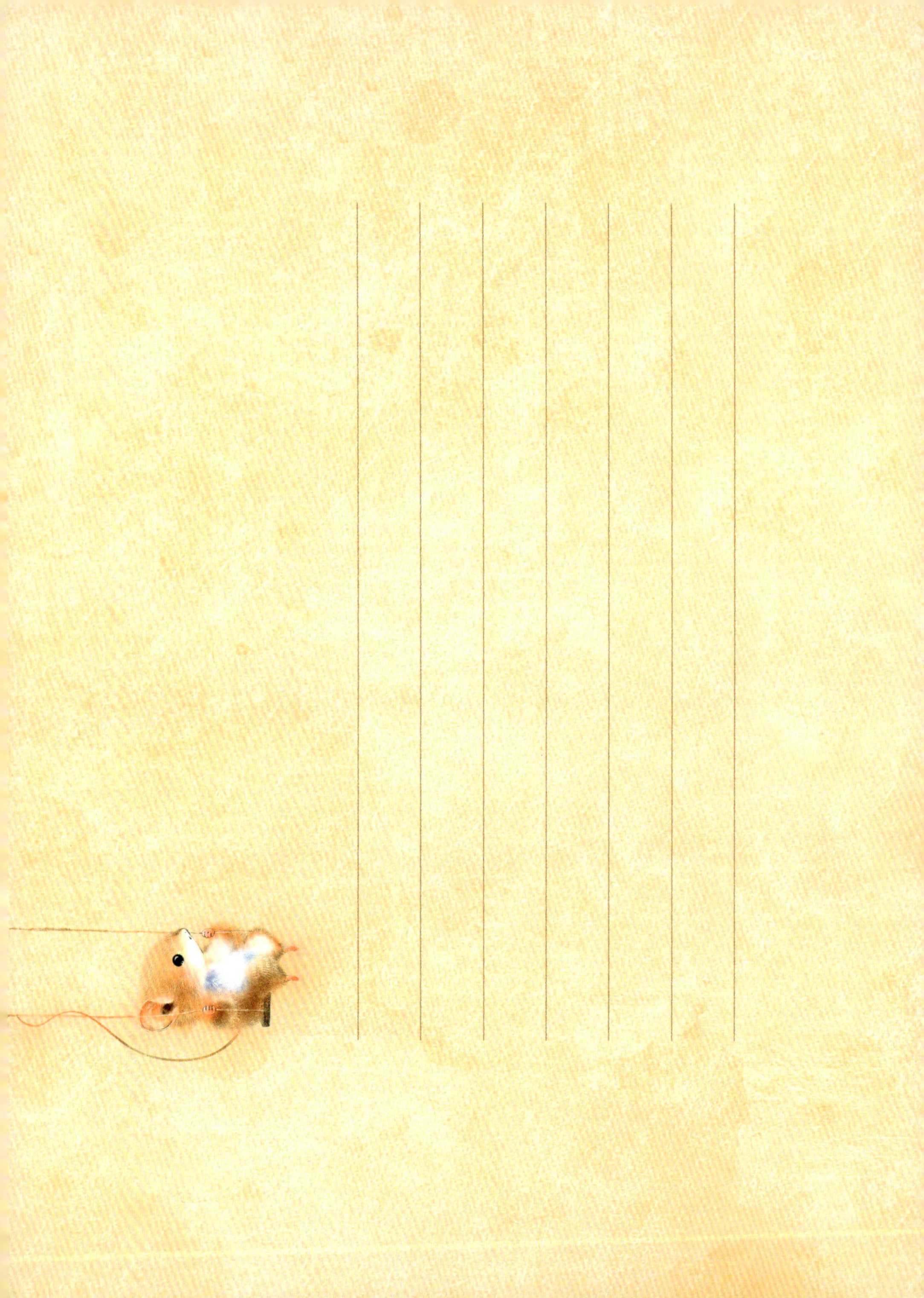

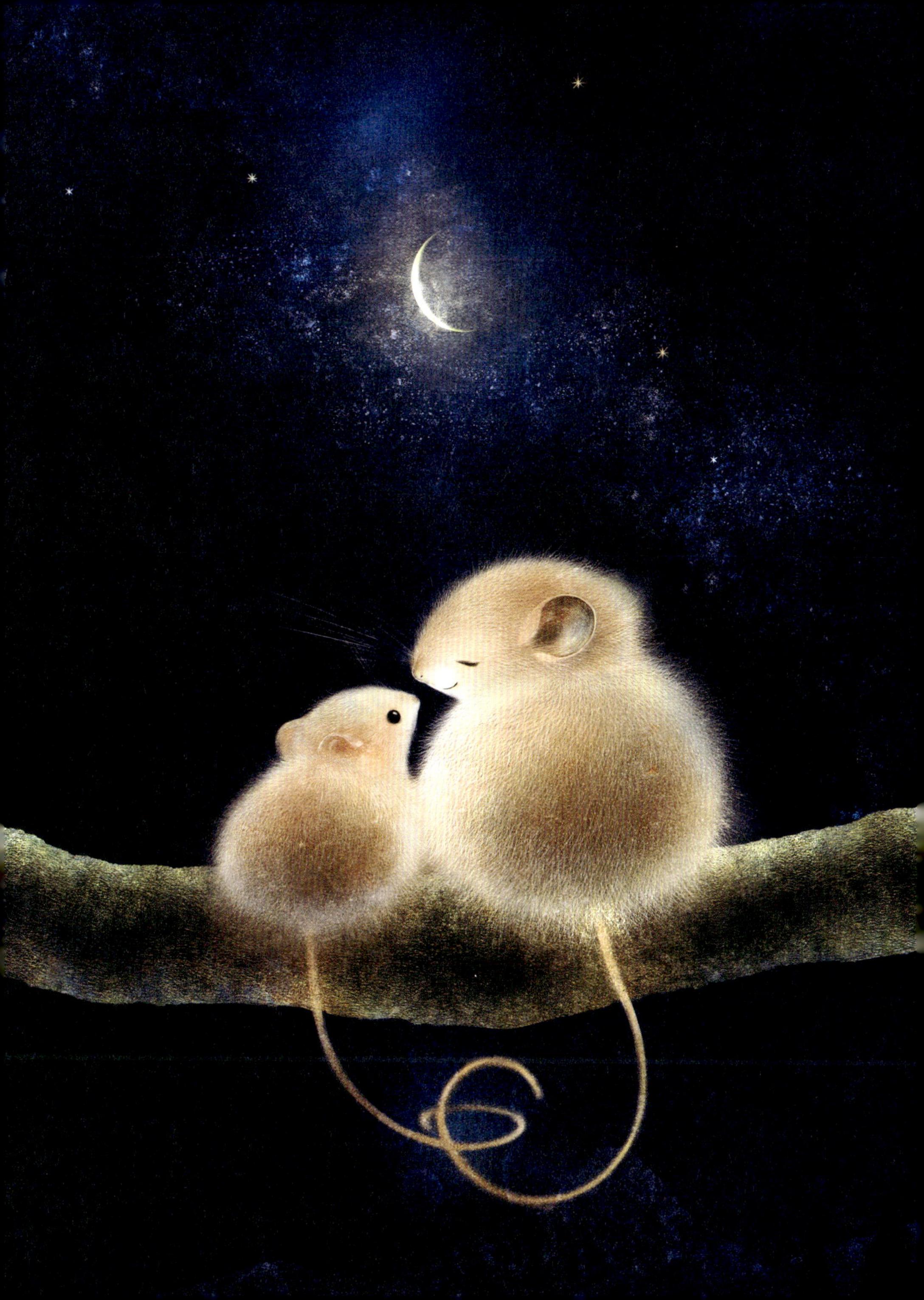

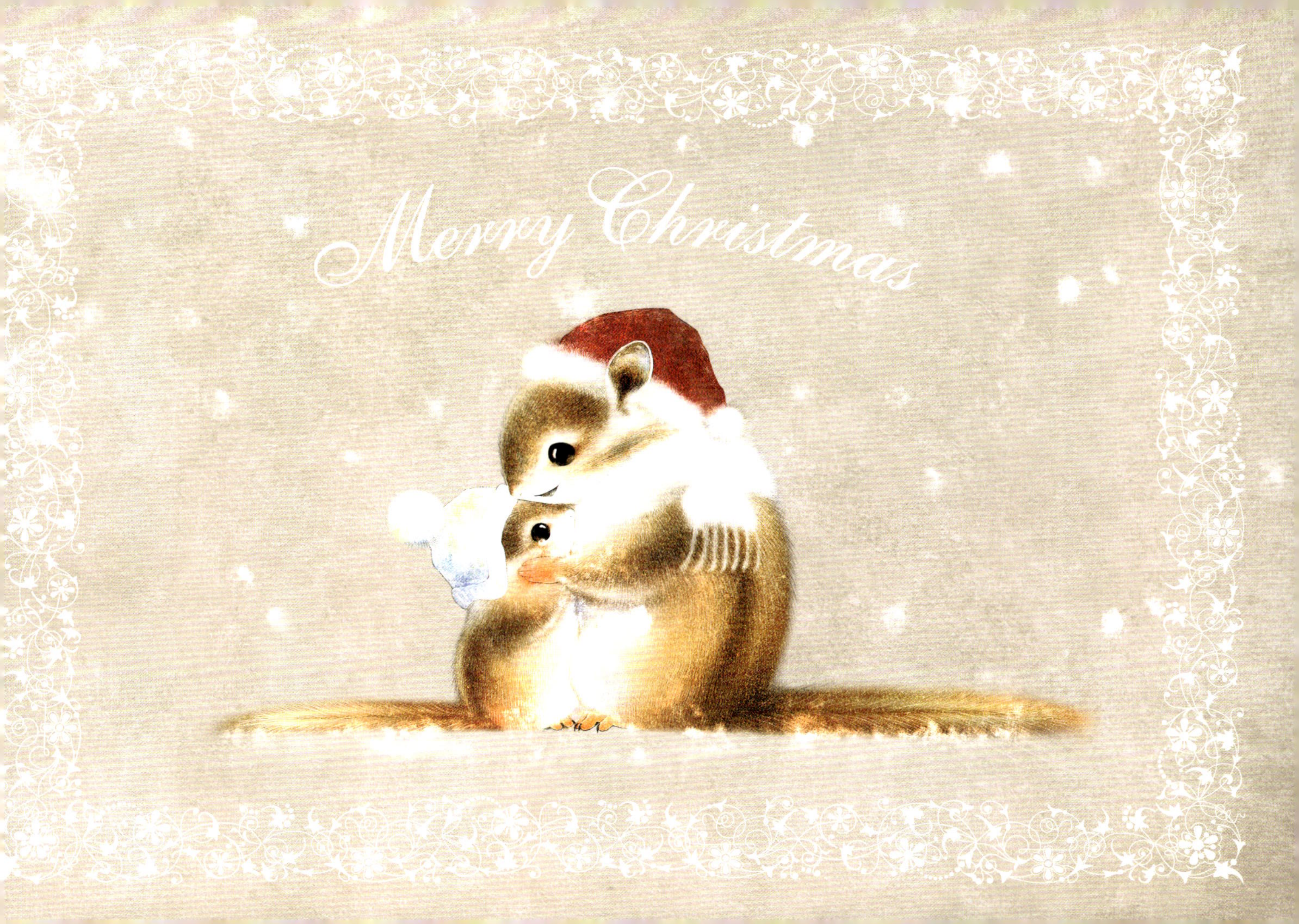

Merry Christmas

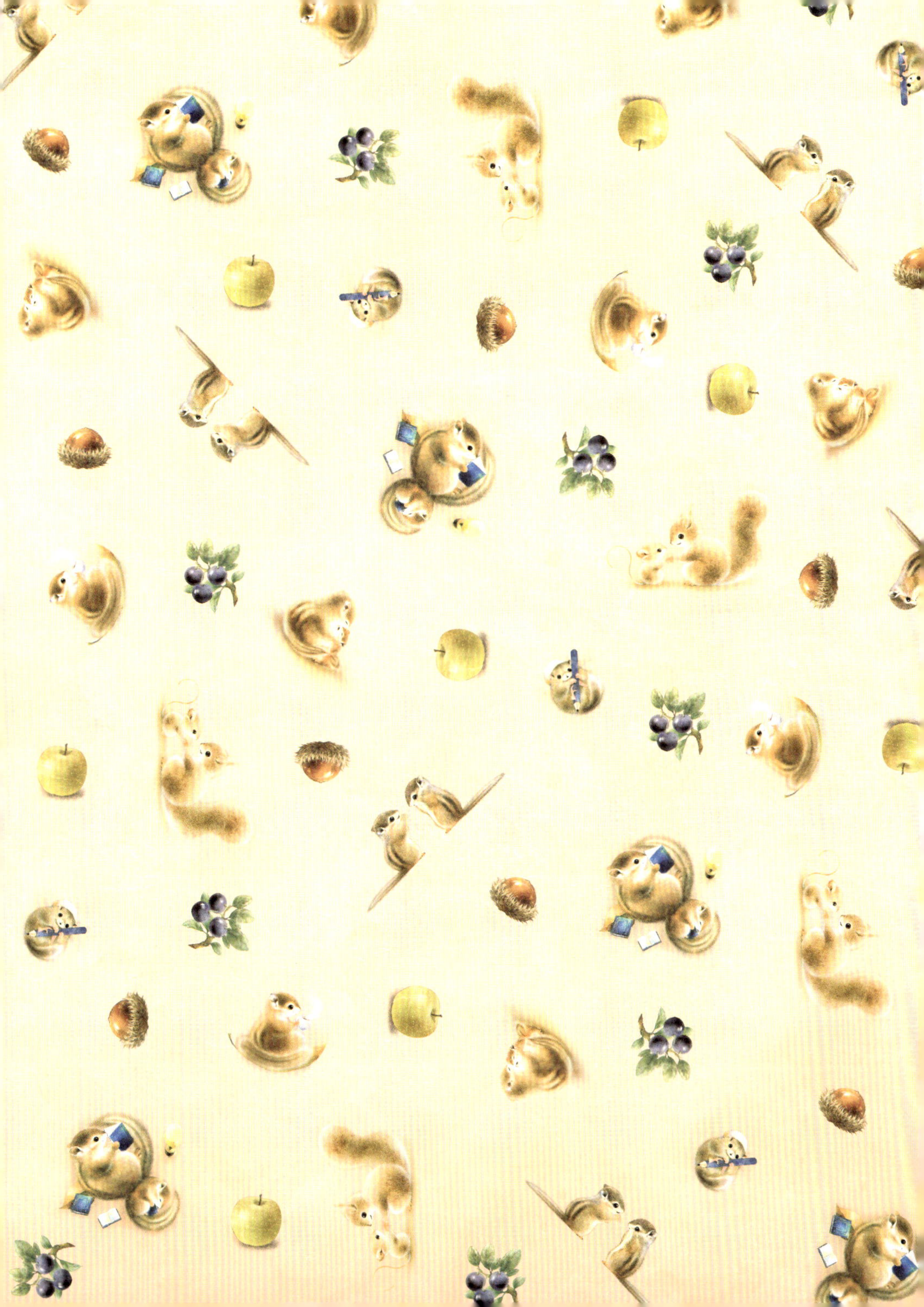

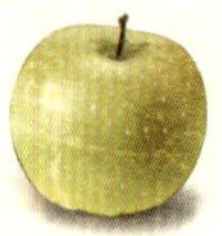

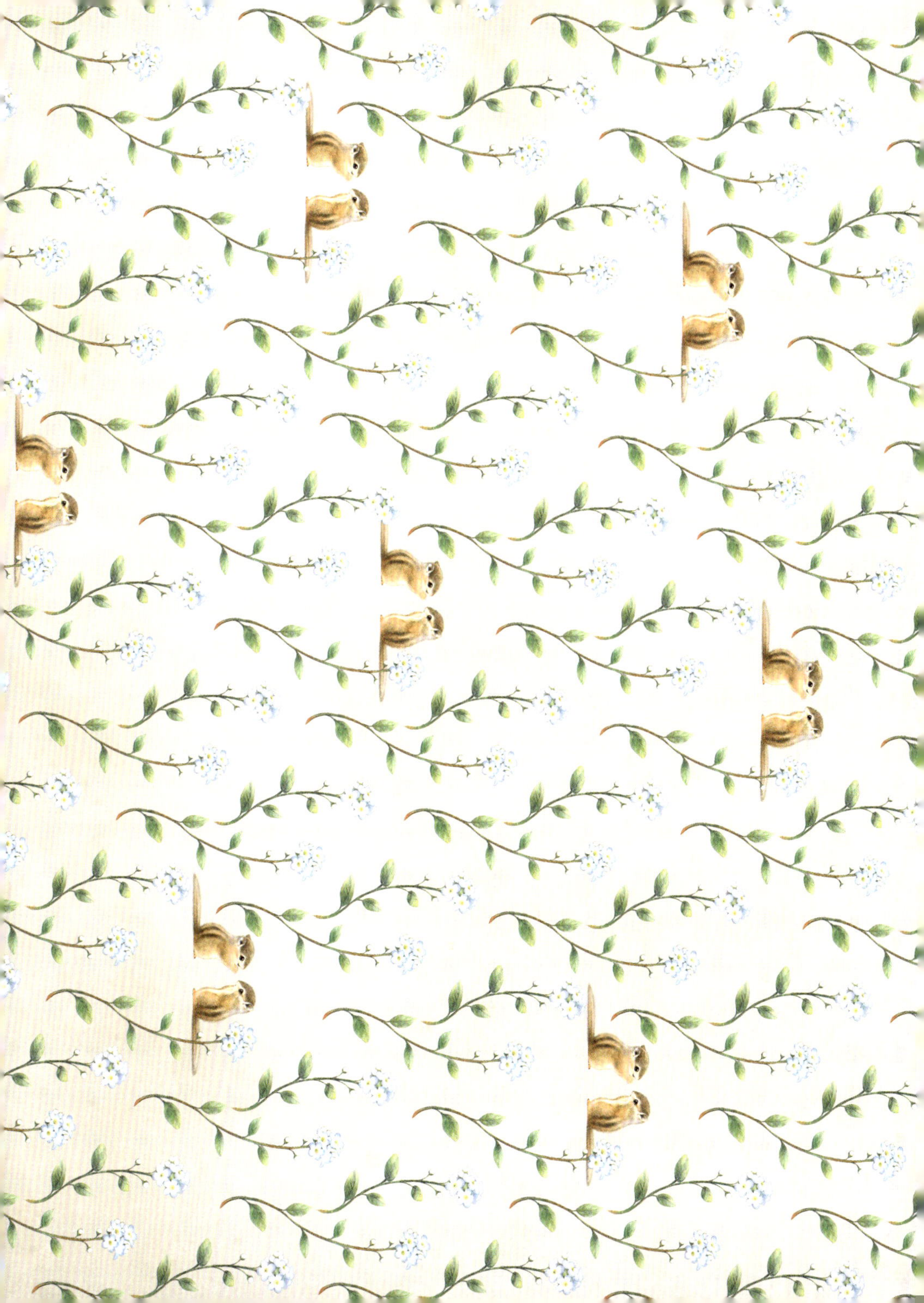

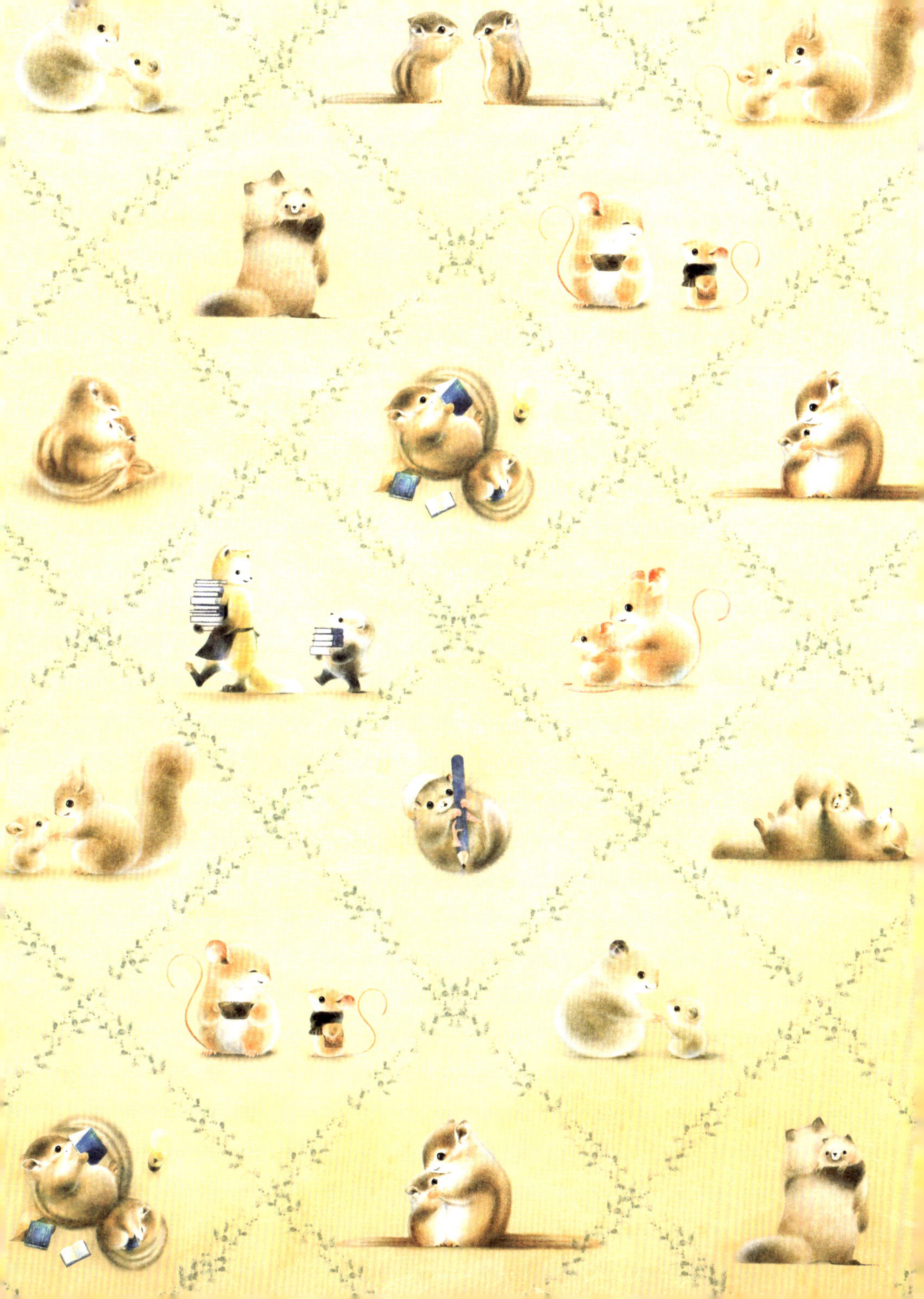

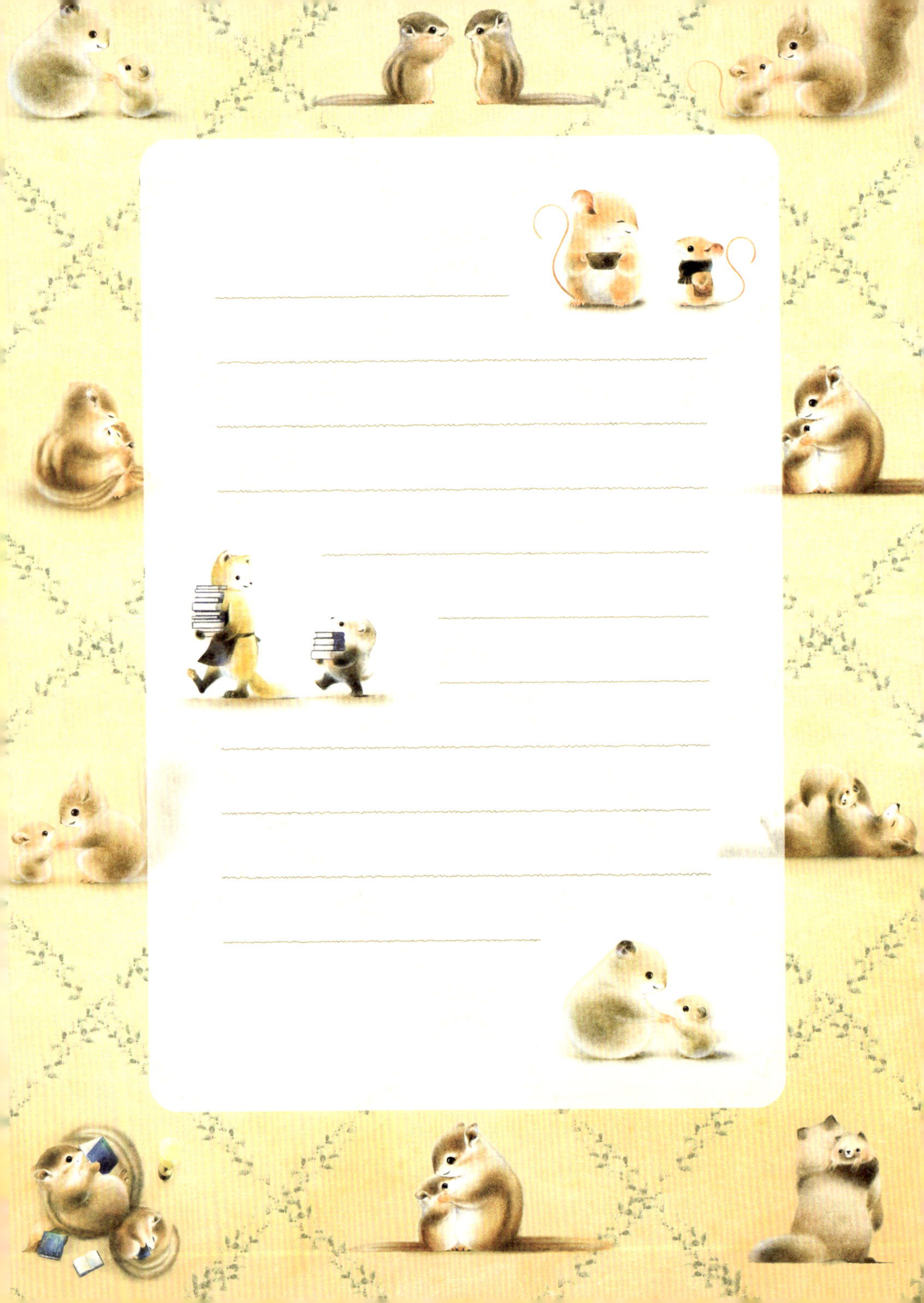

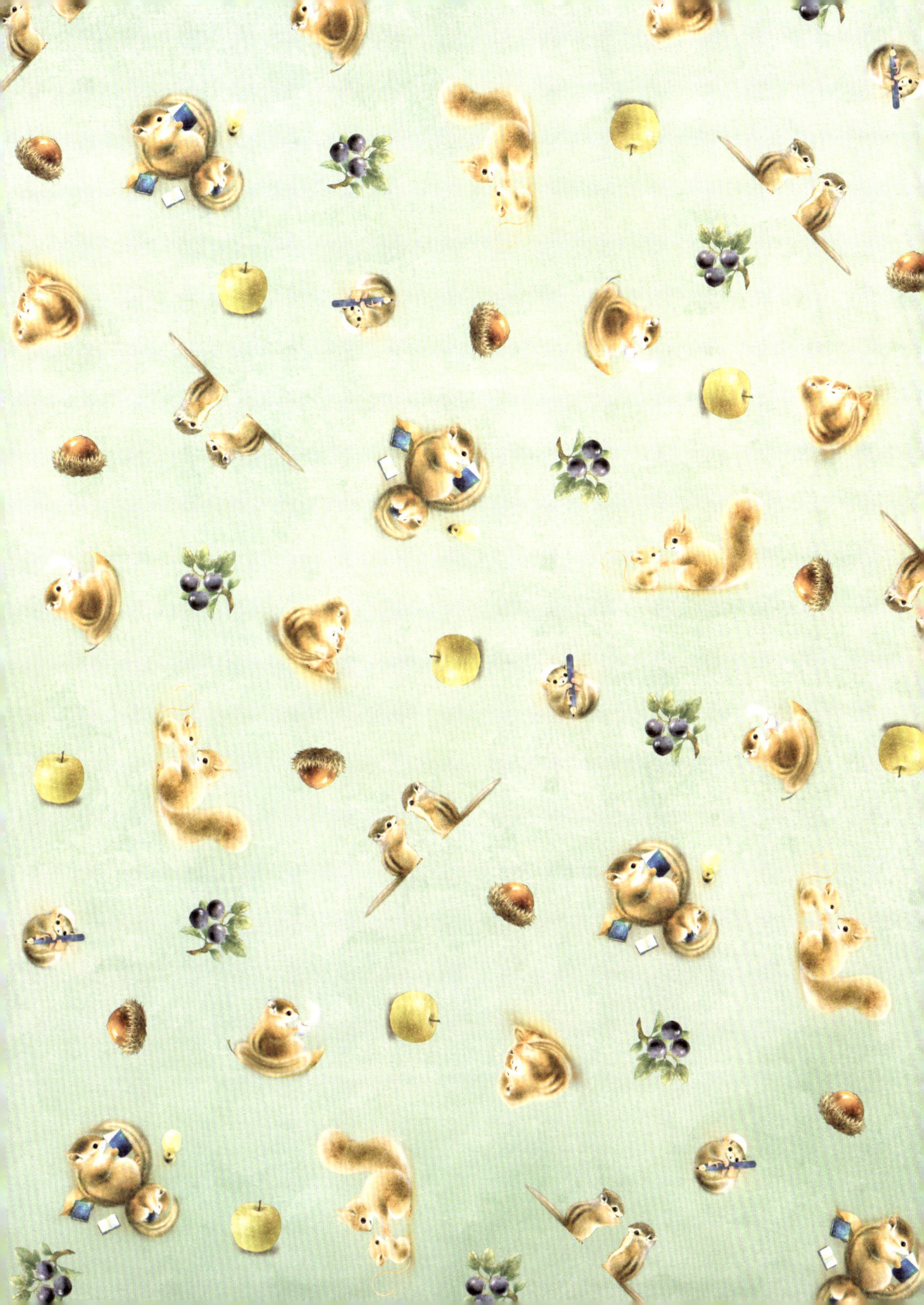

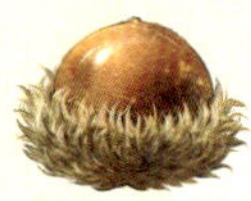

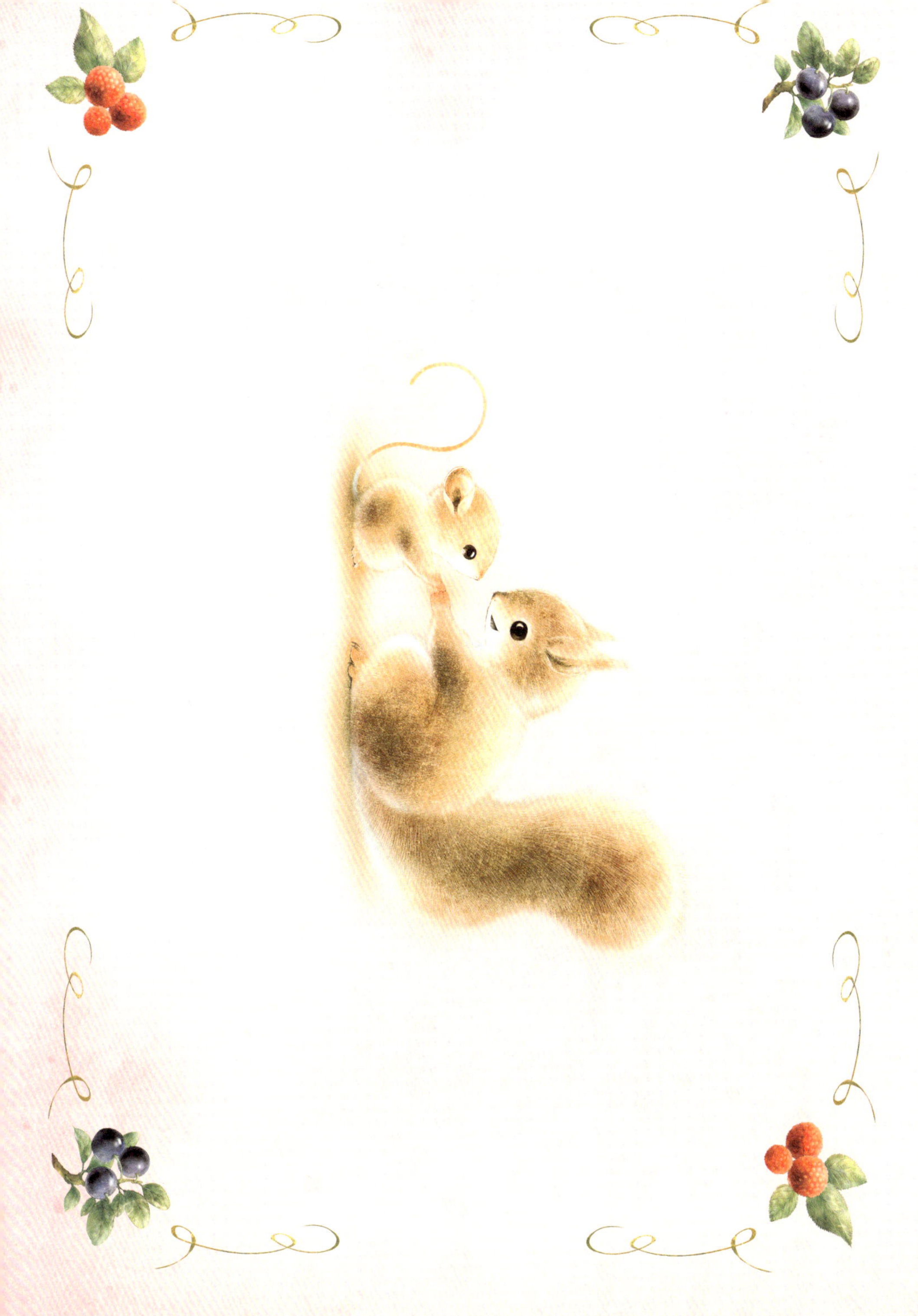

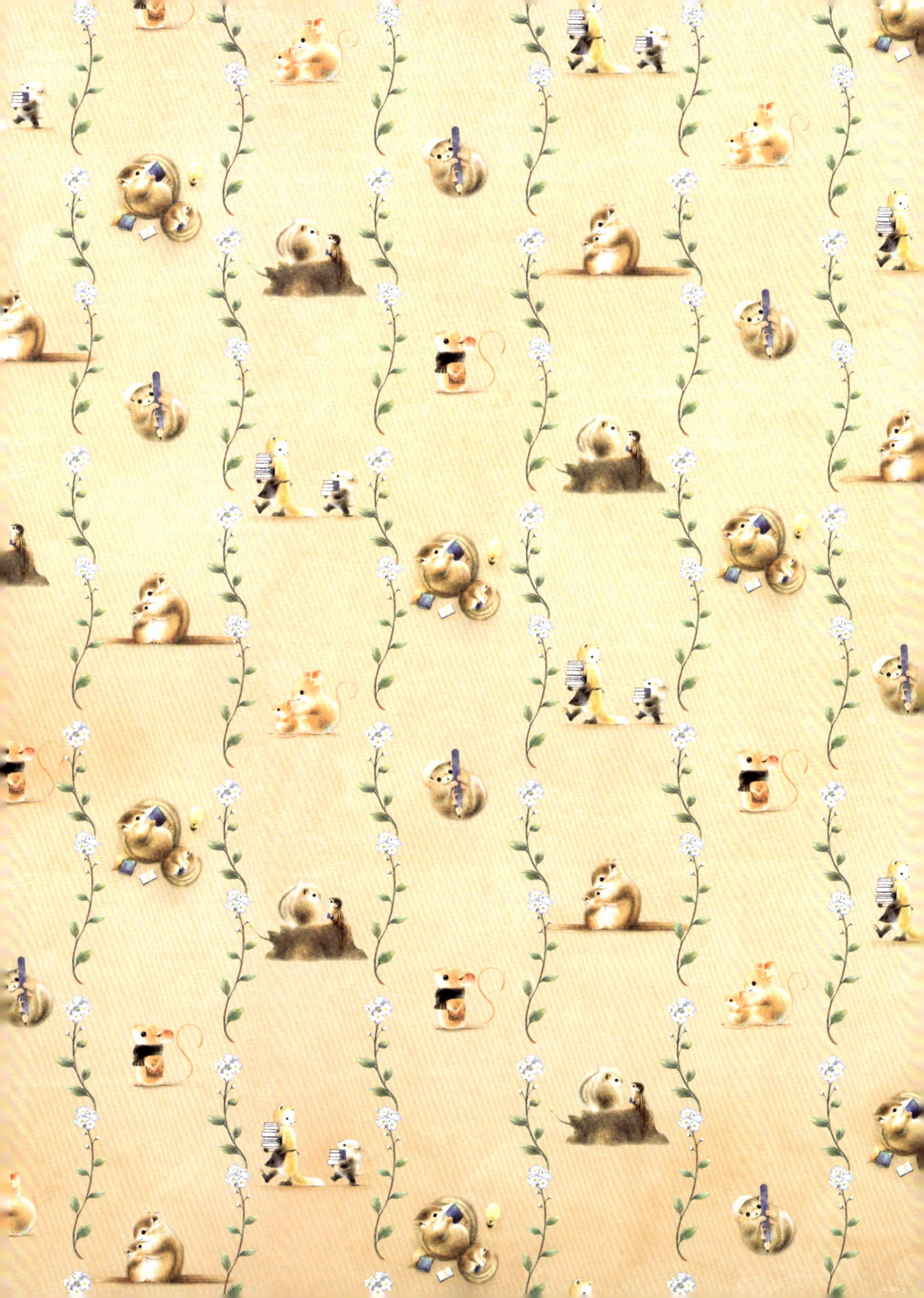

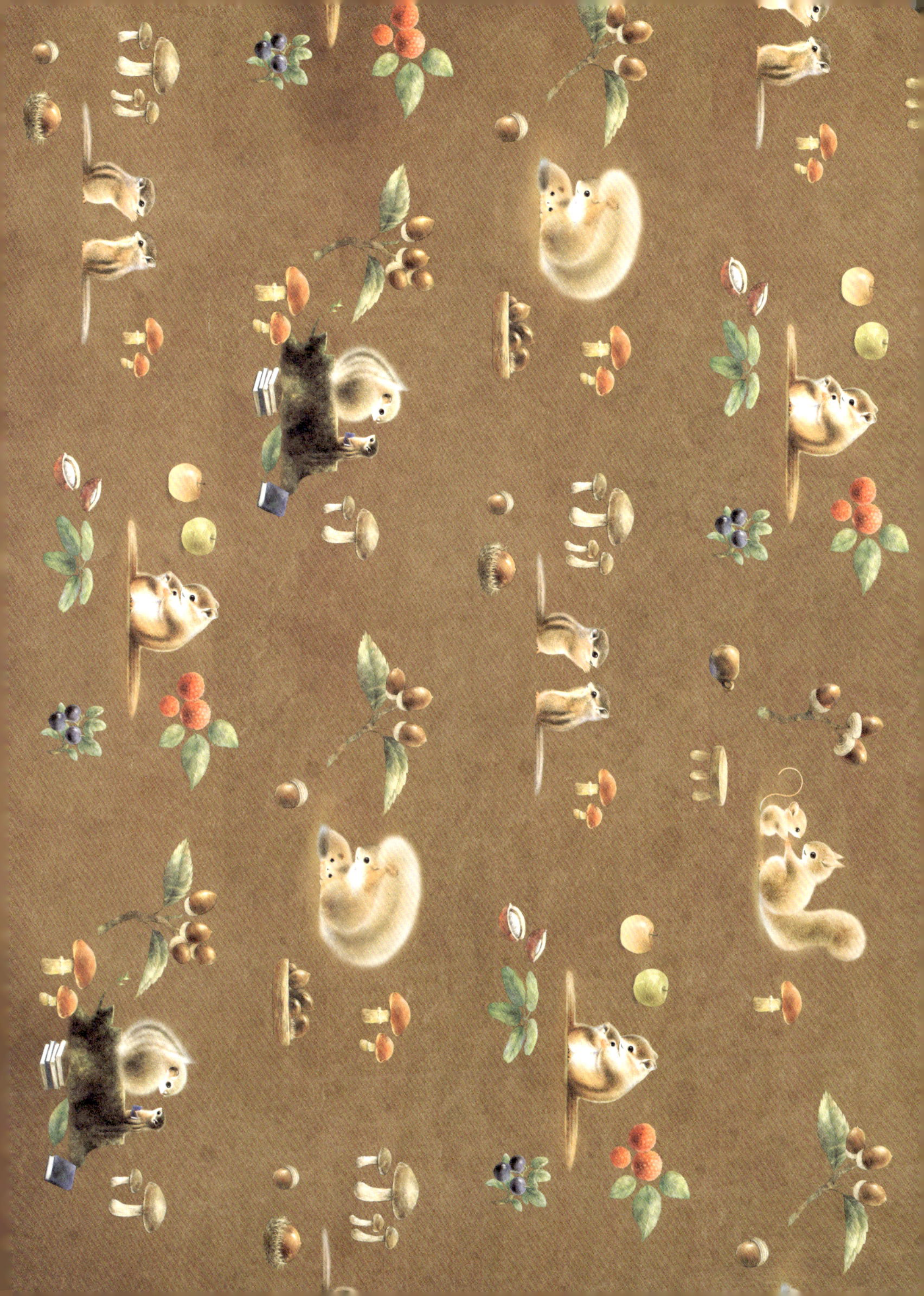

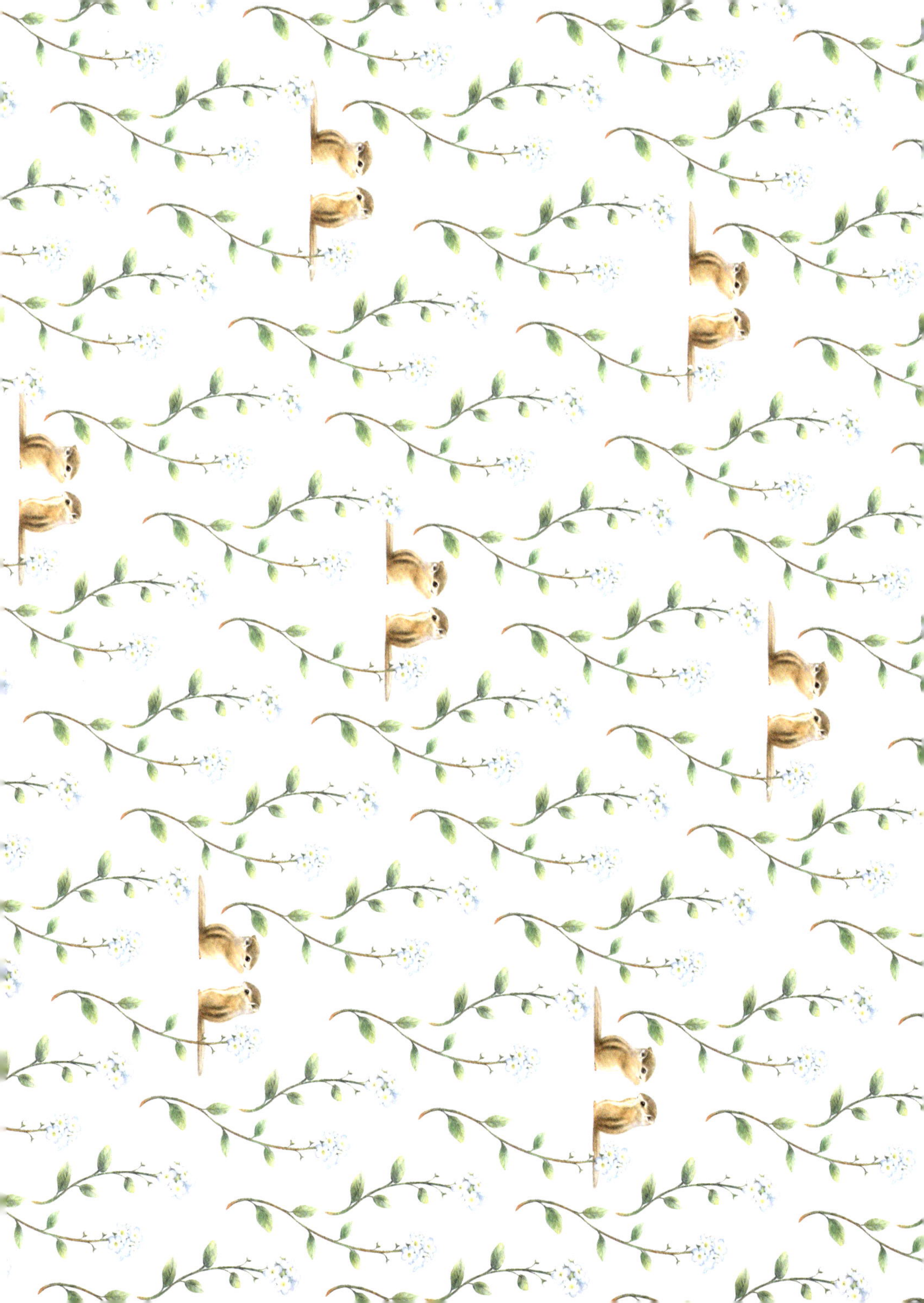

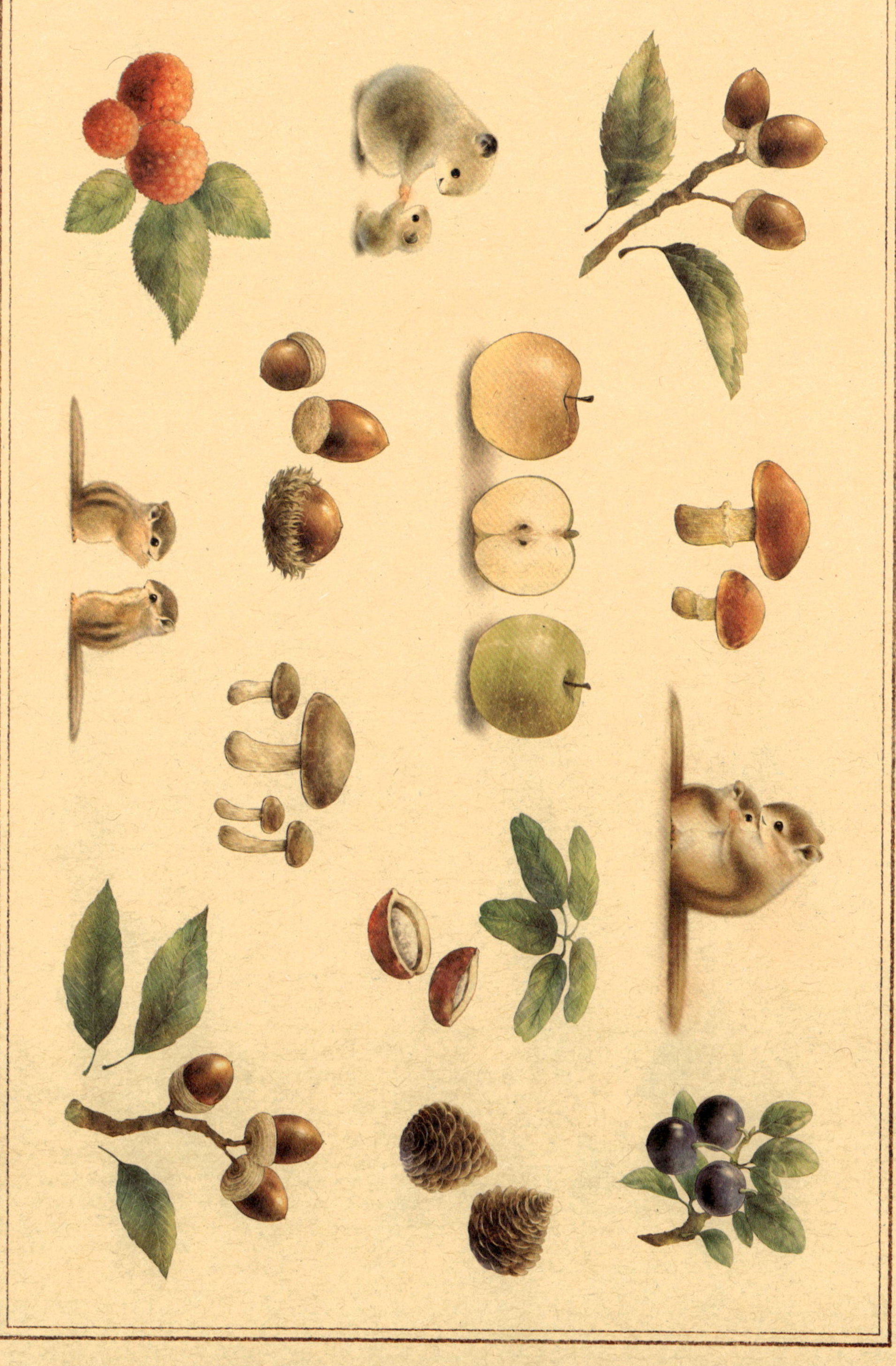

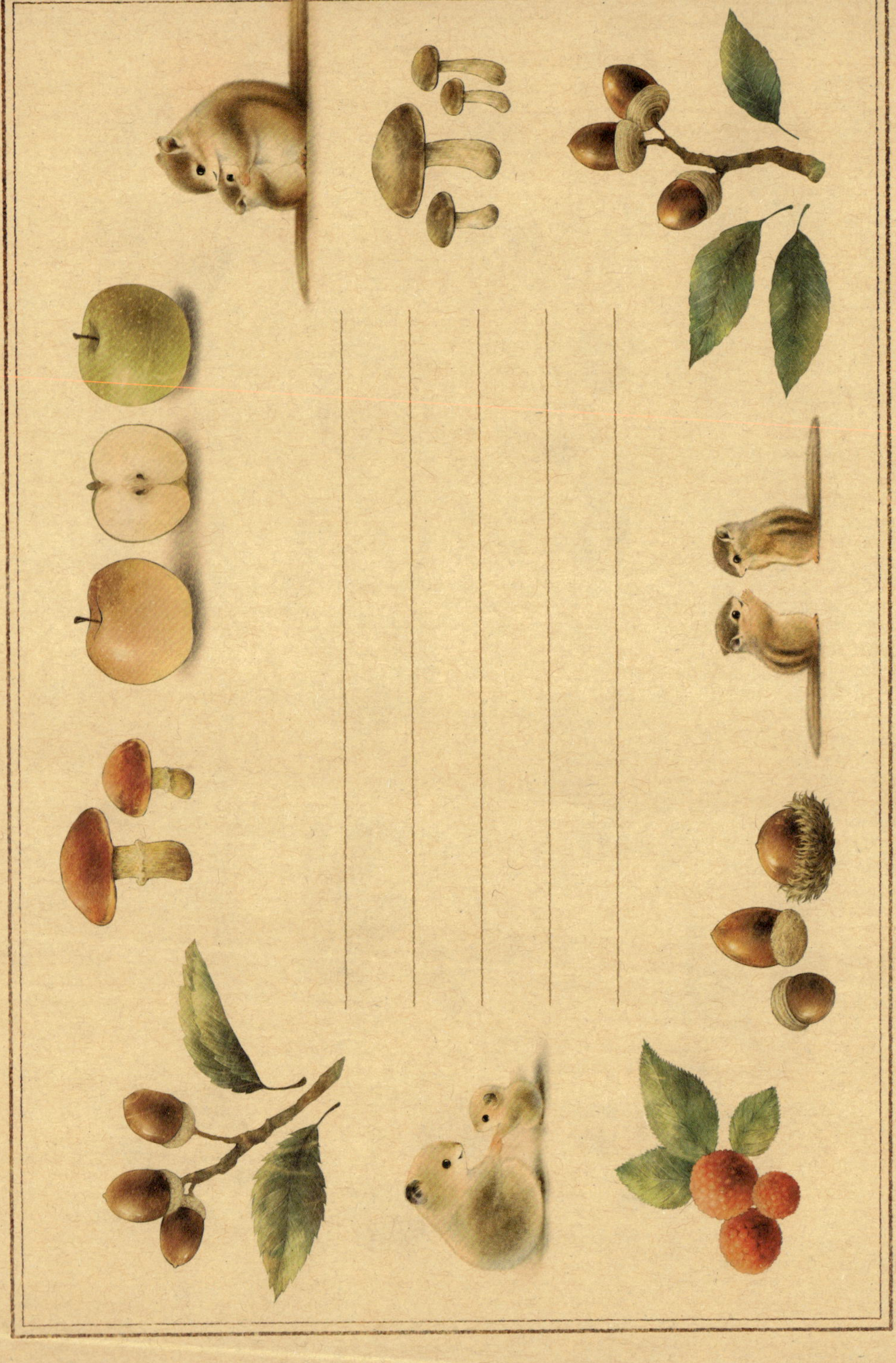

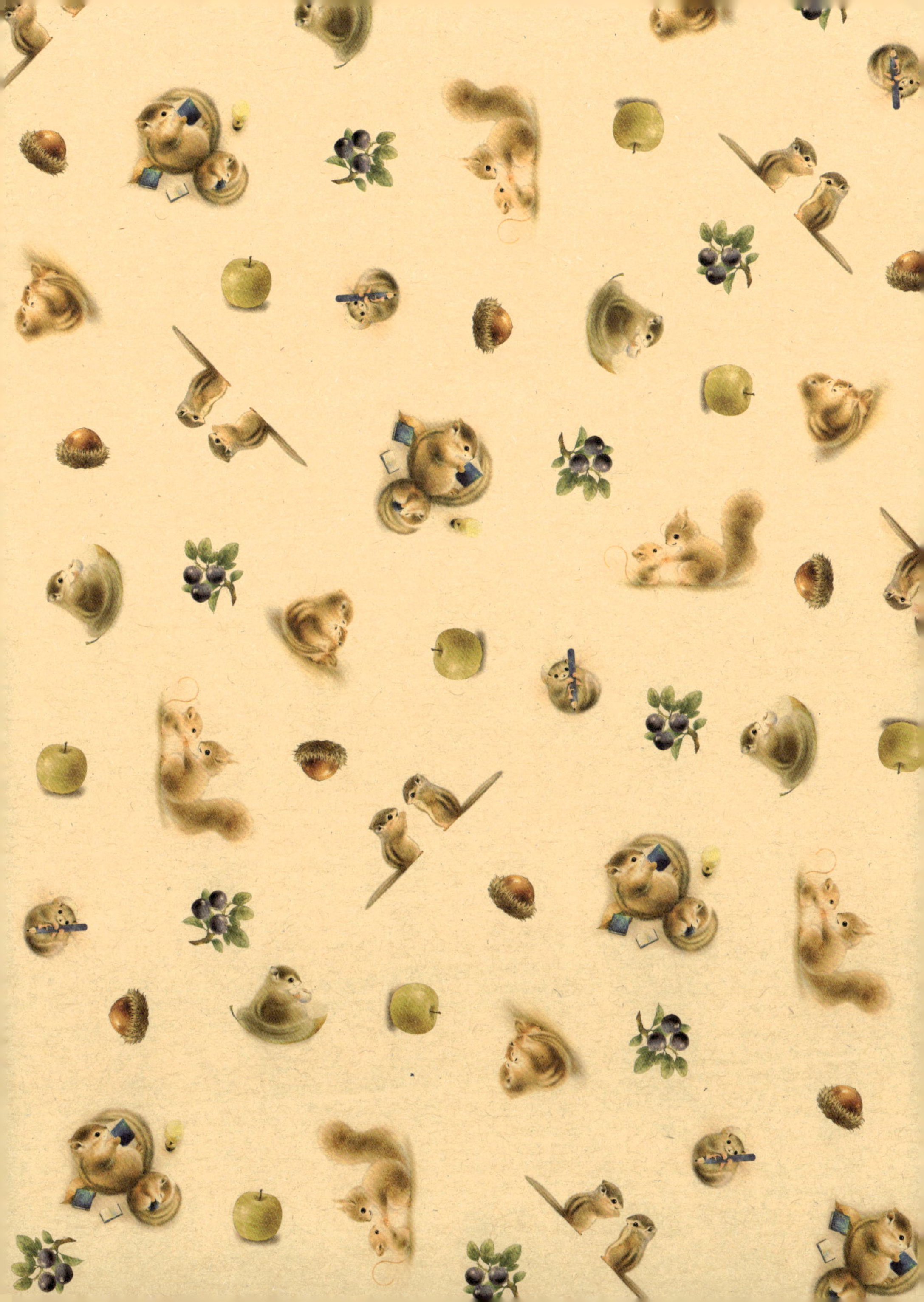

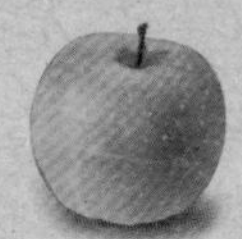

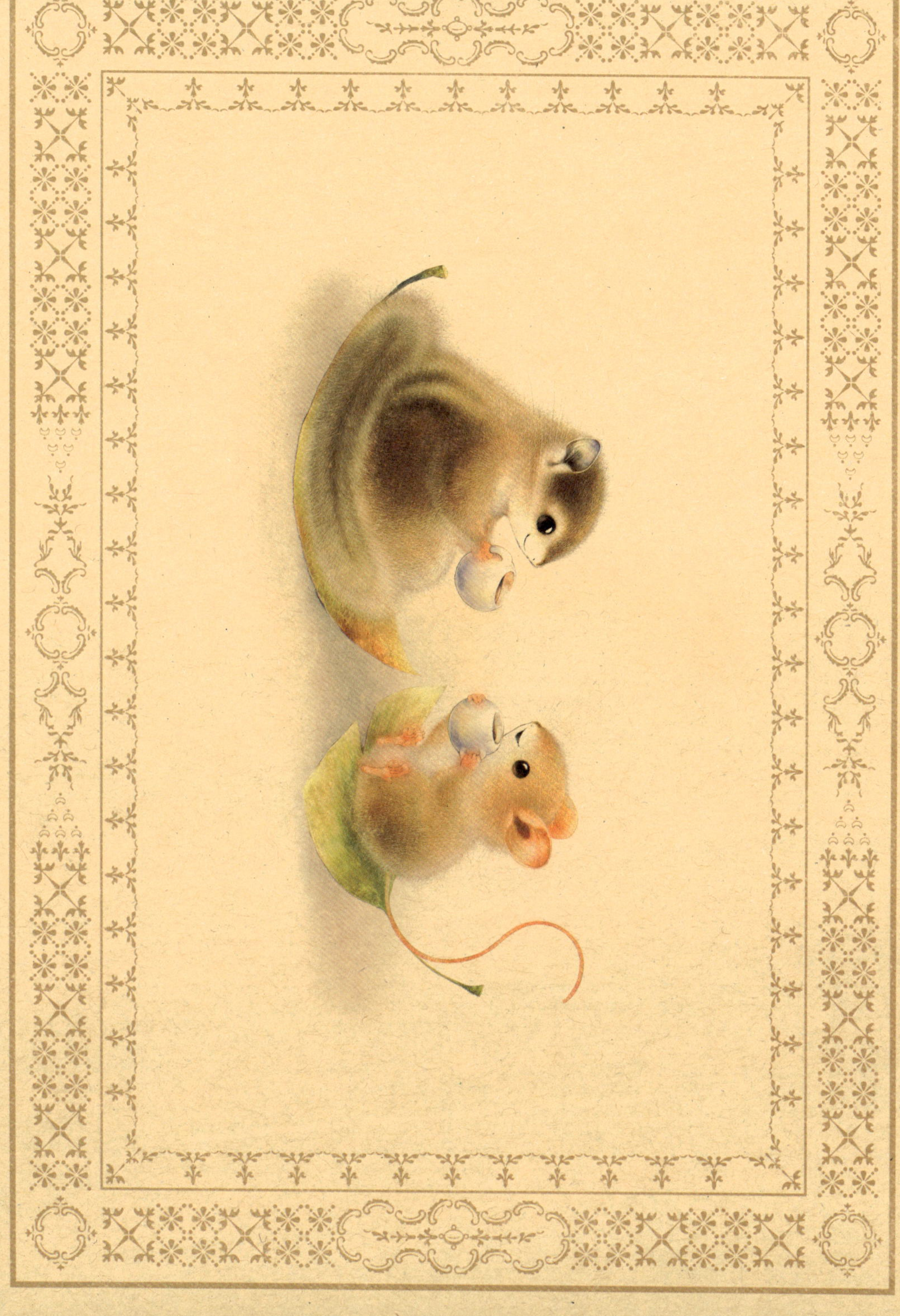

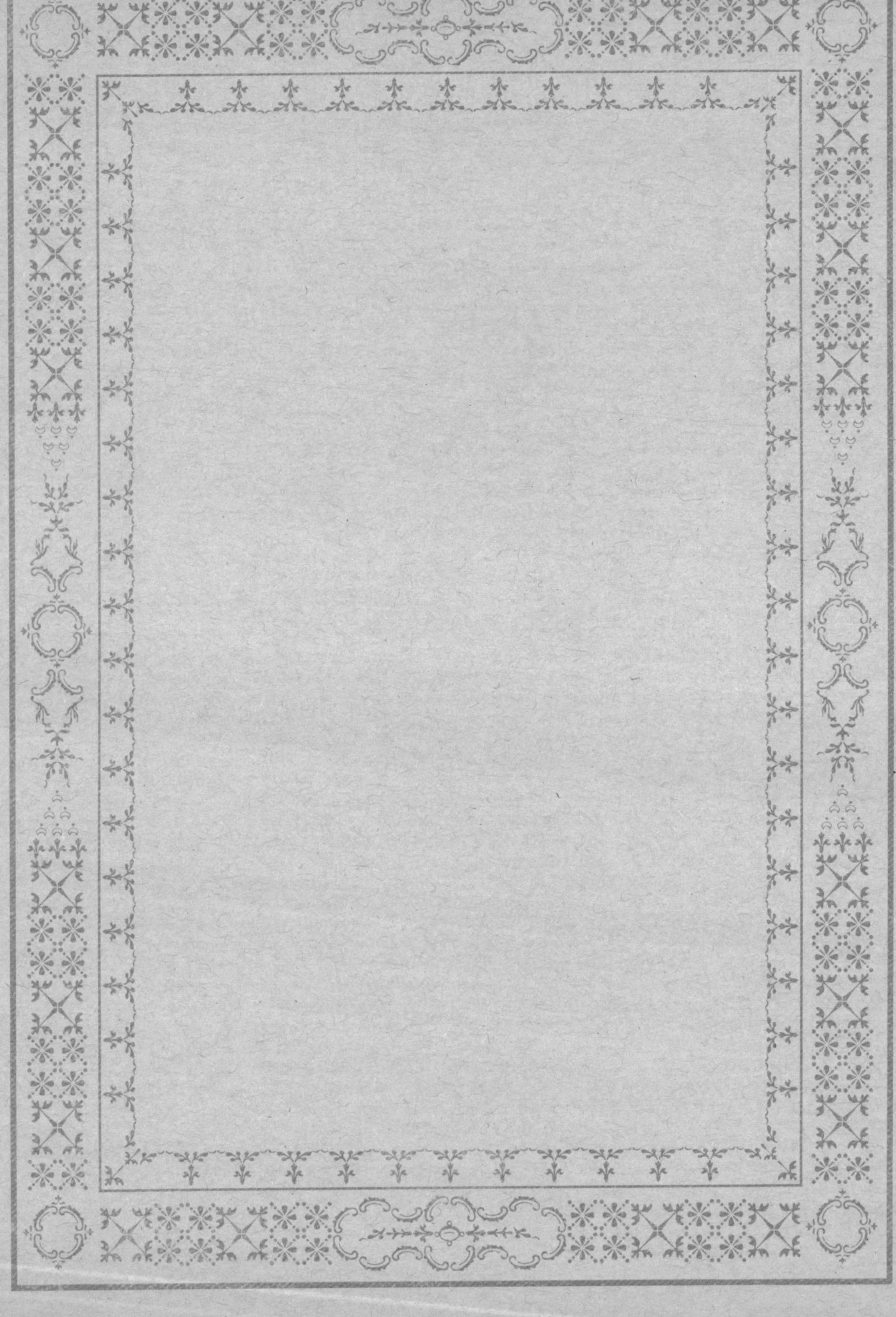

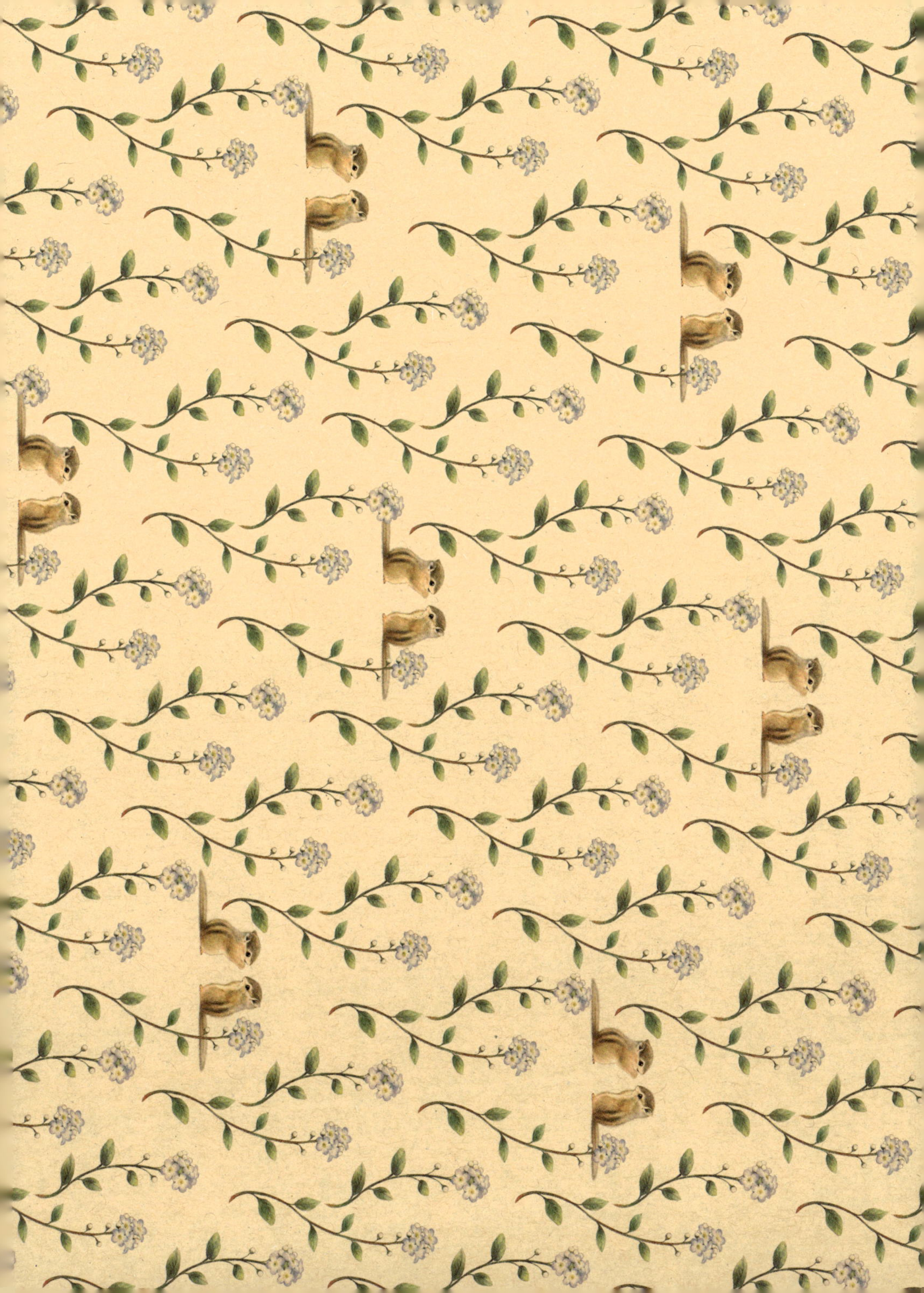

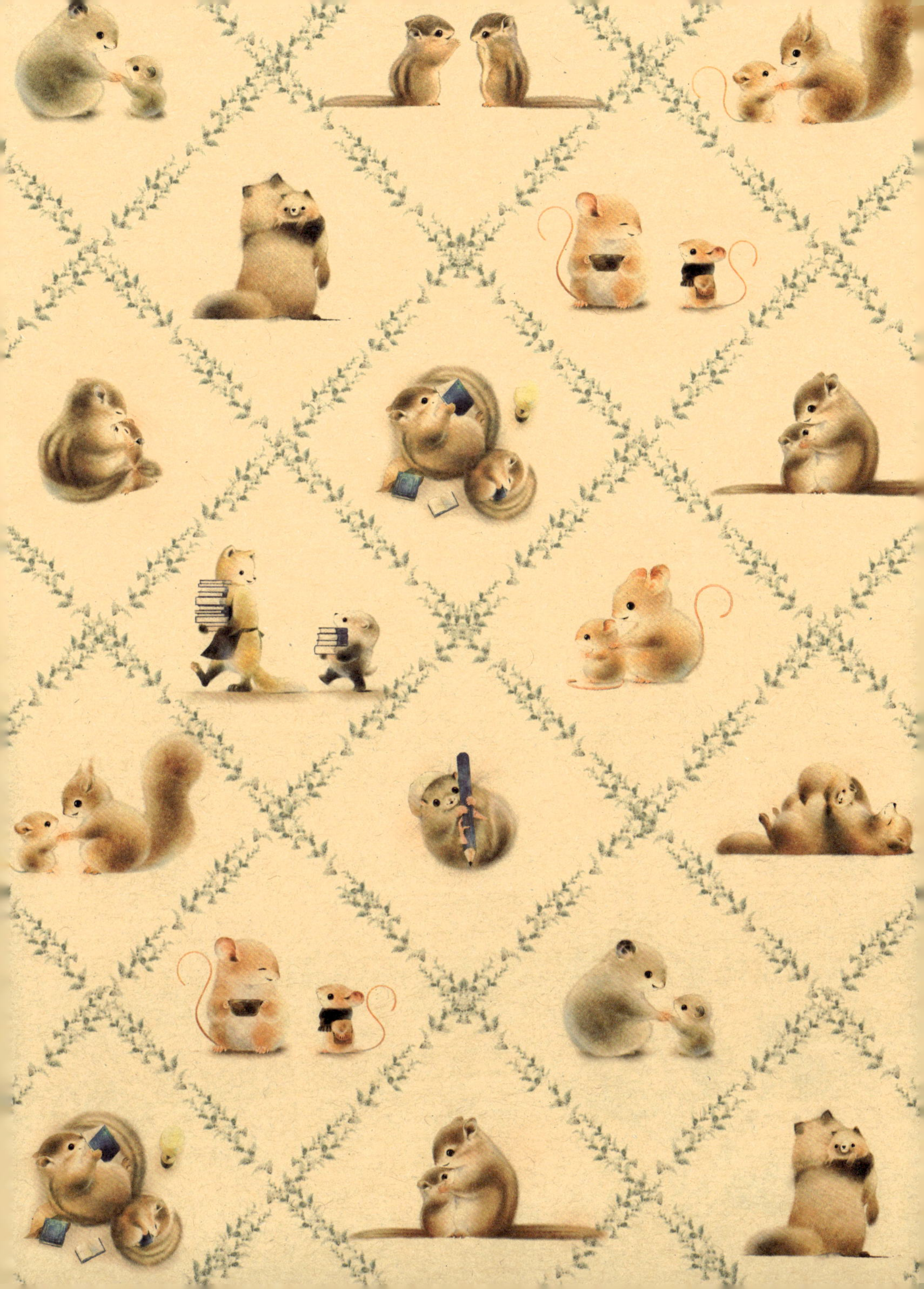

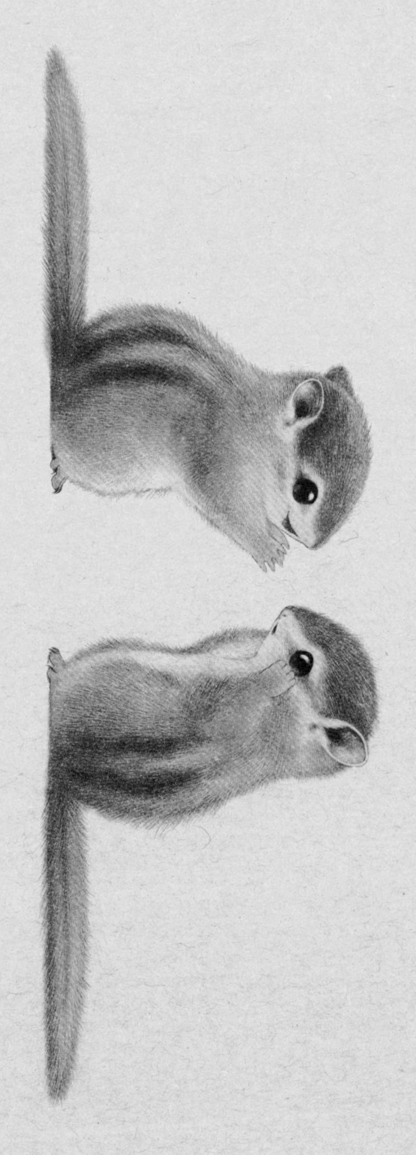

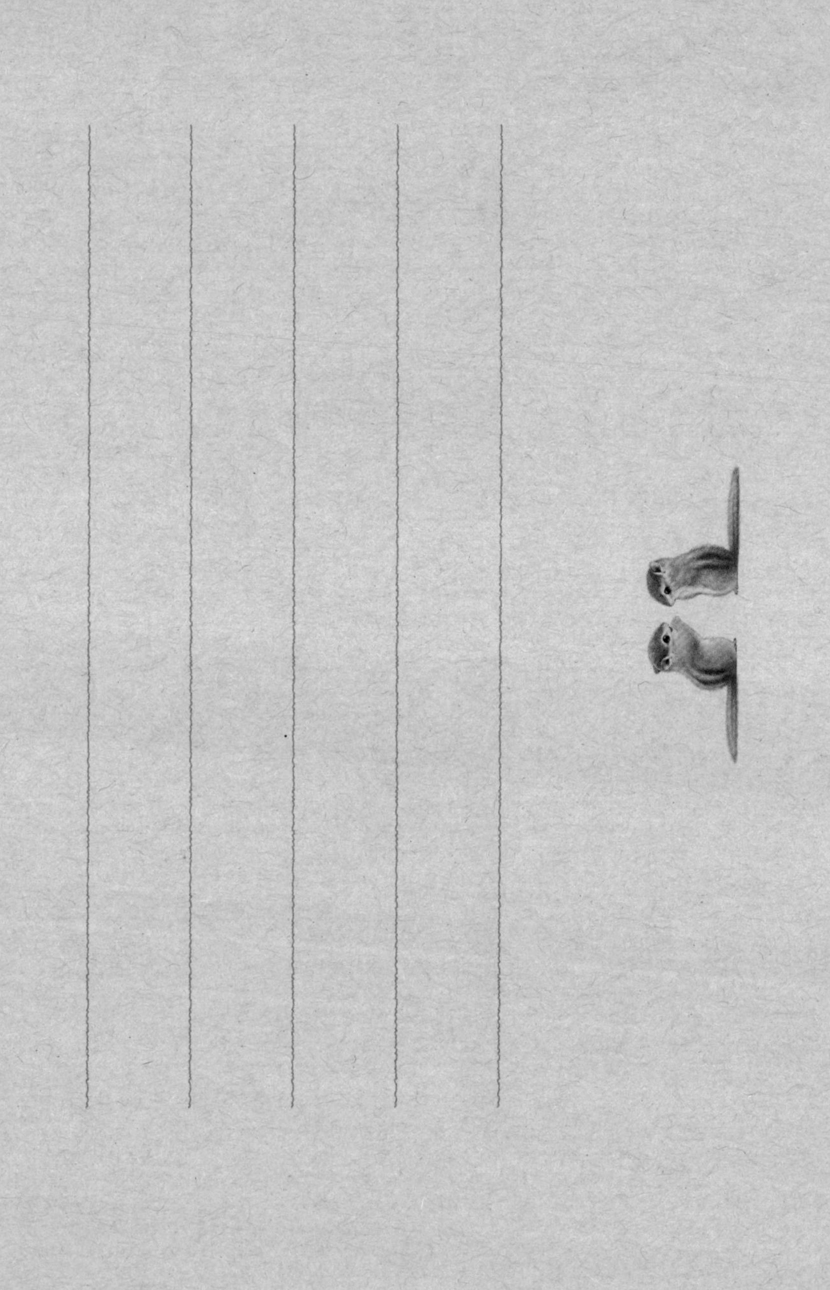

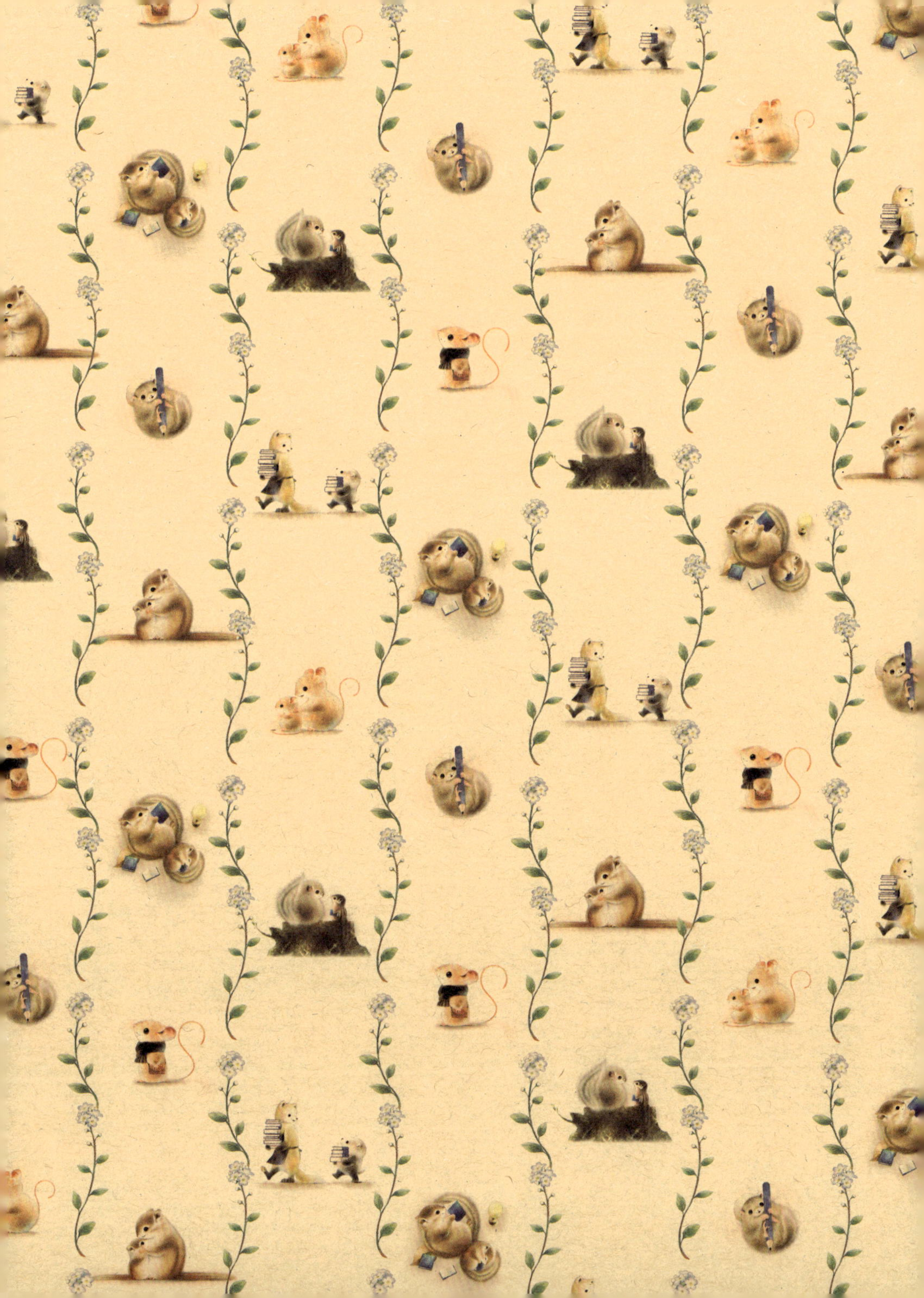

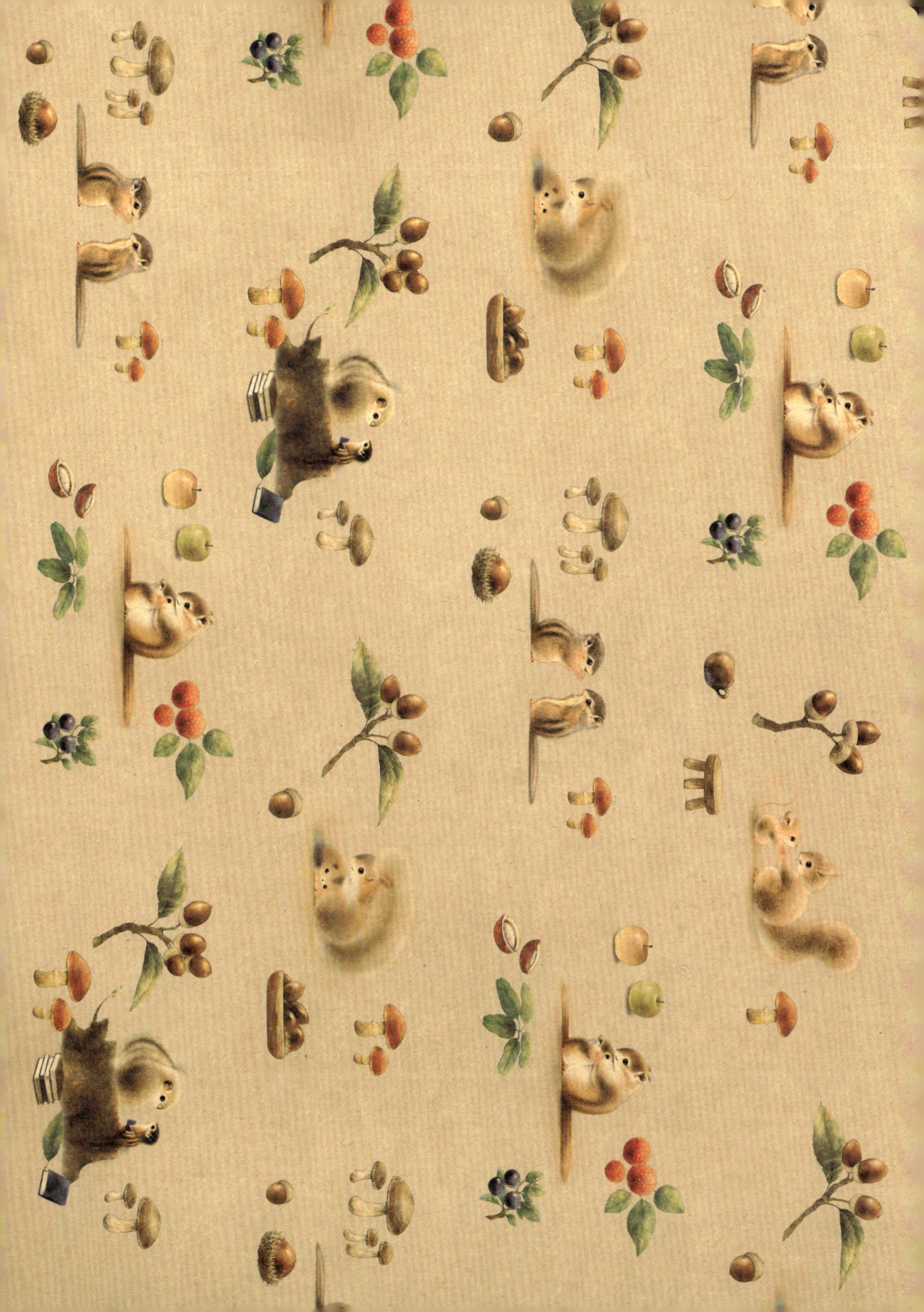

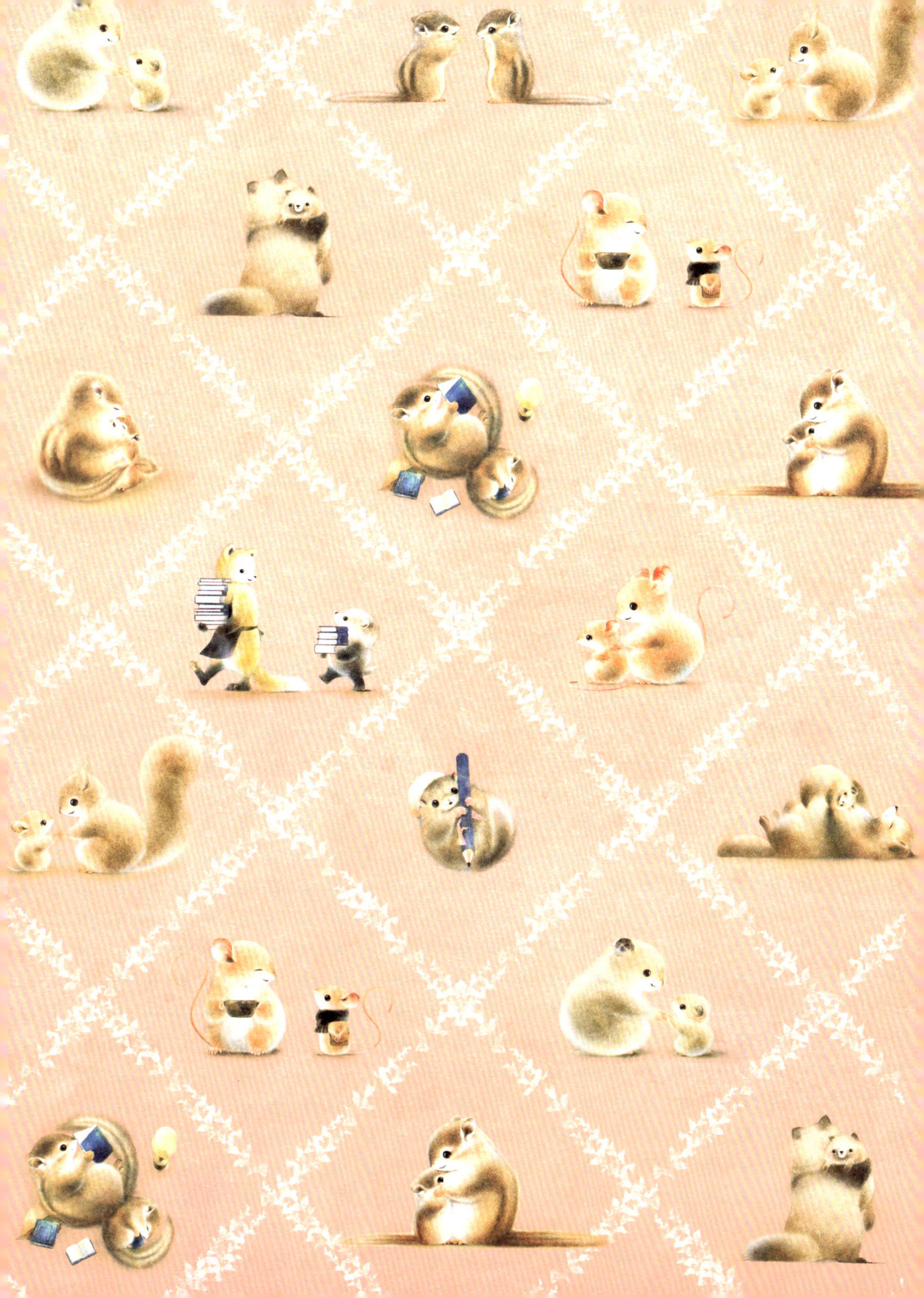

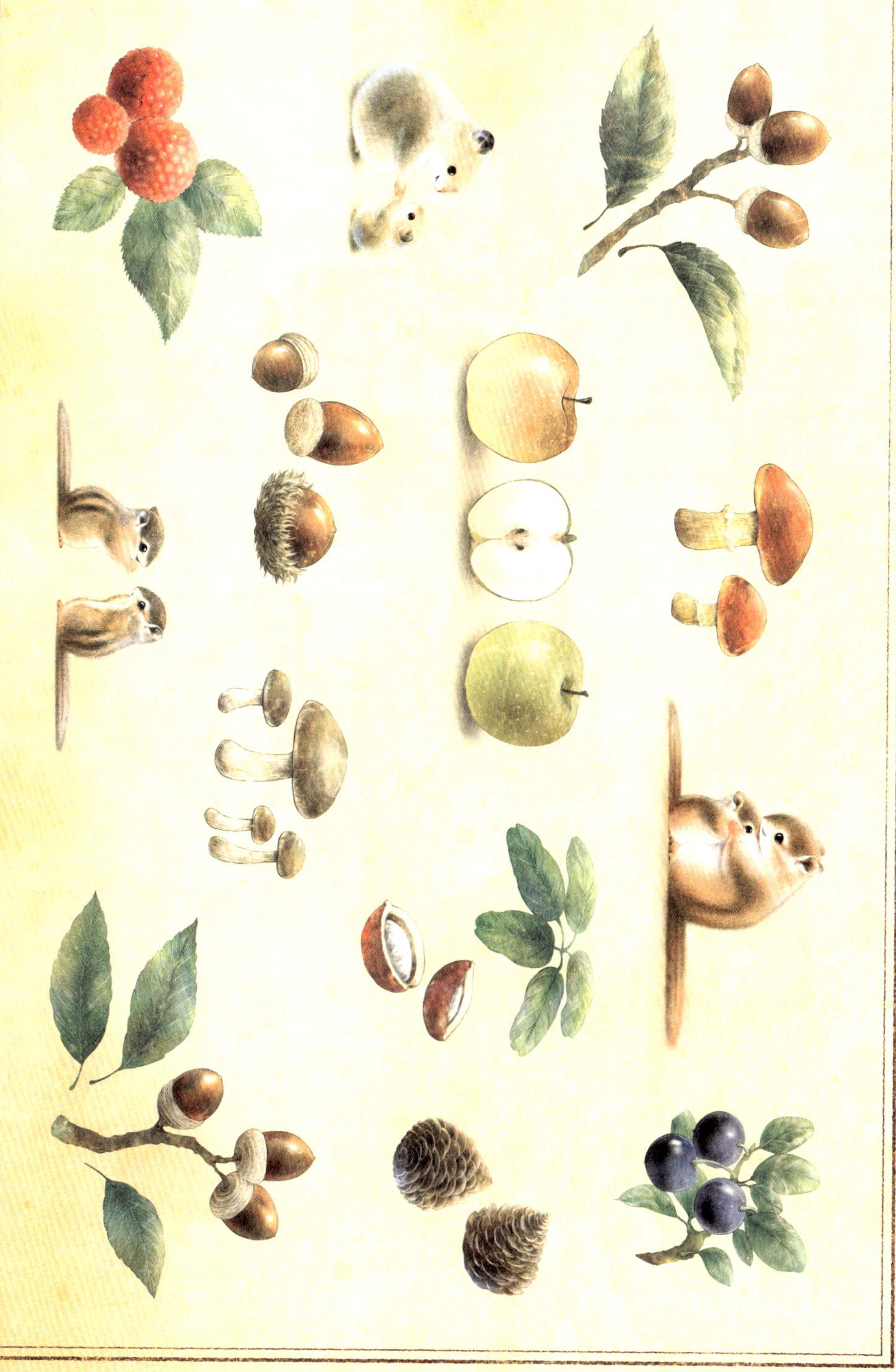

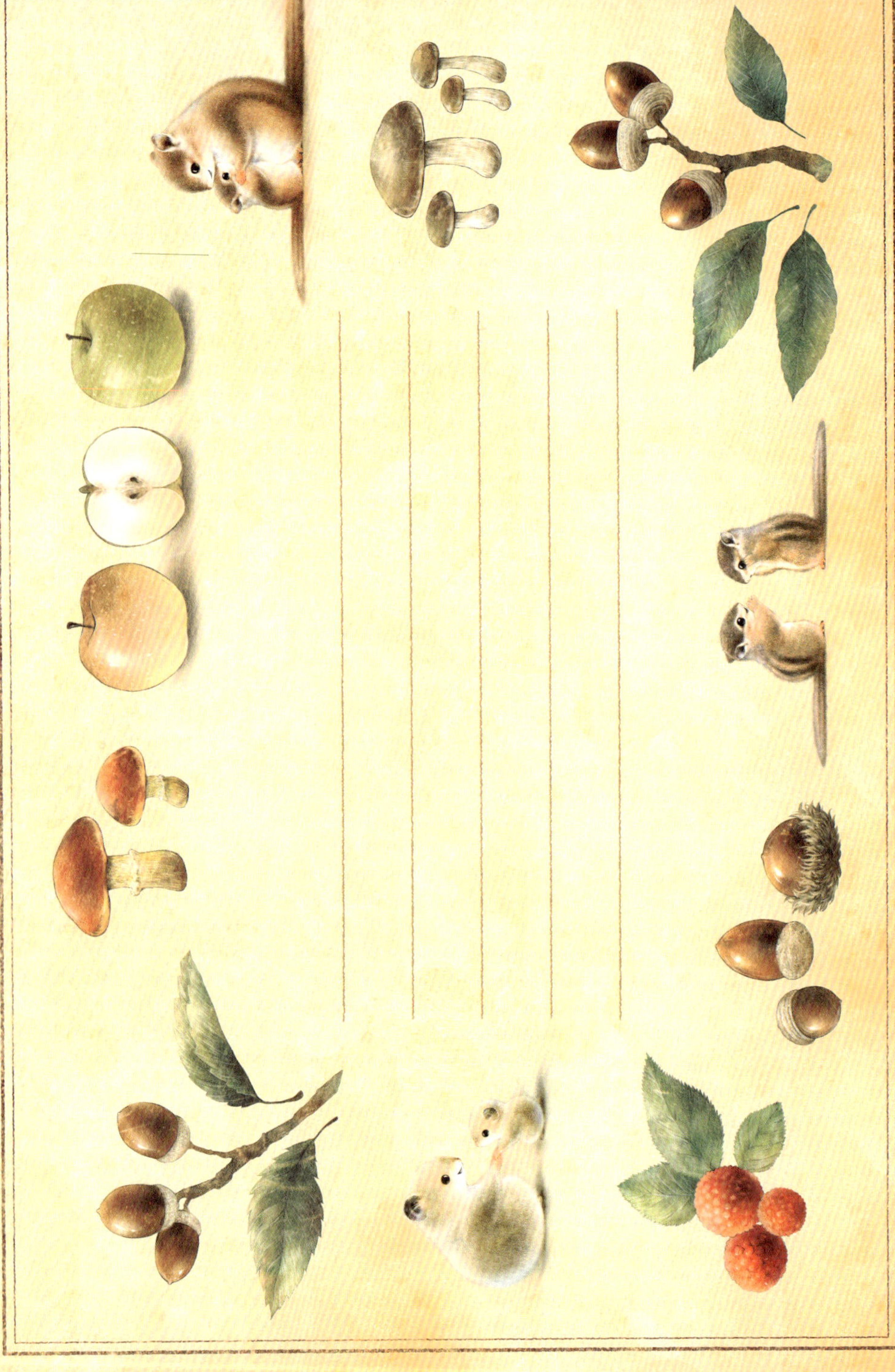

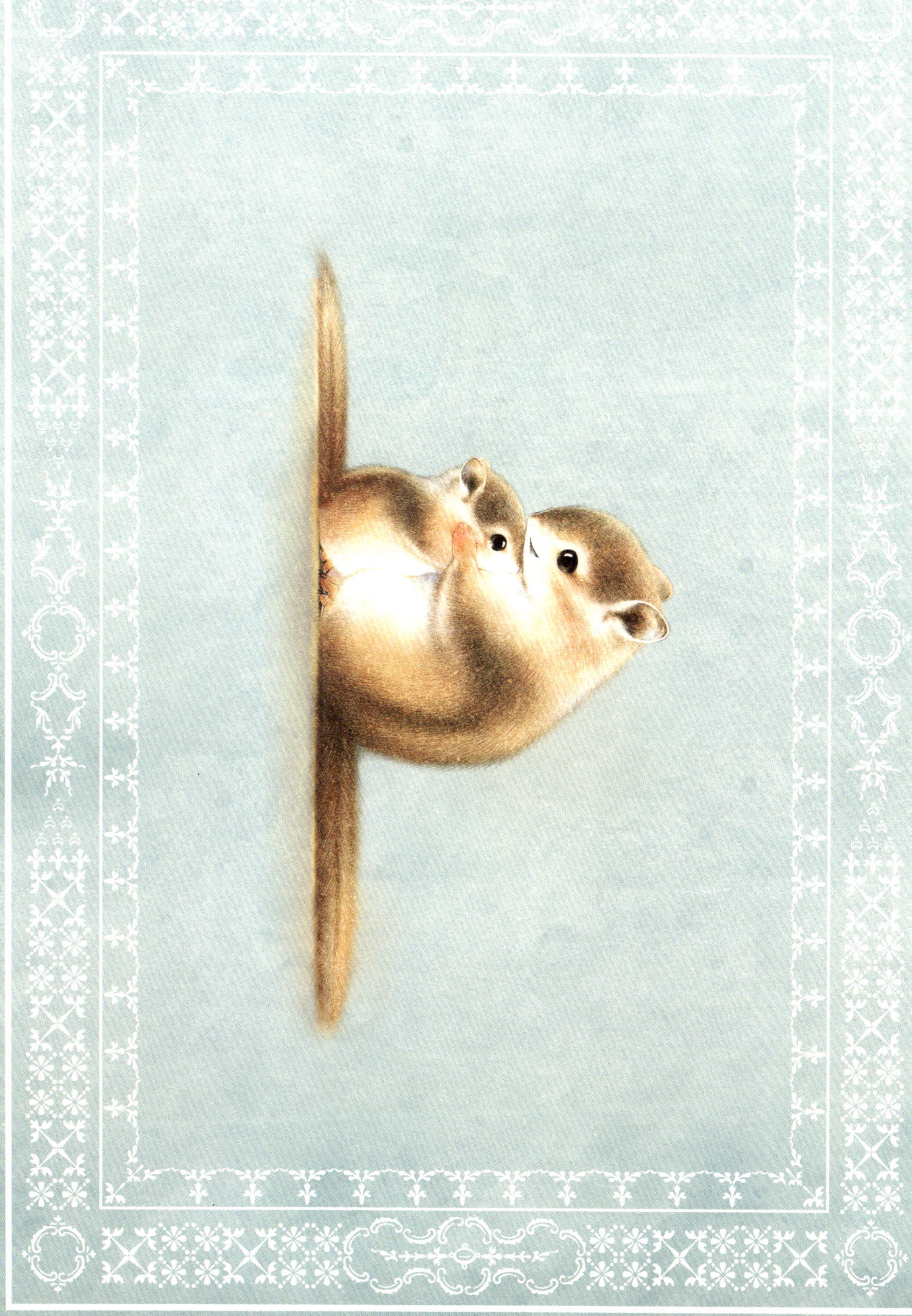

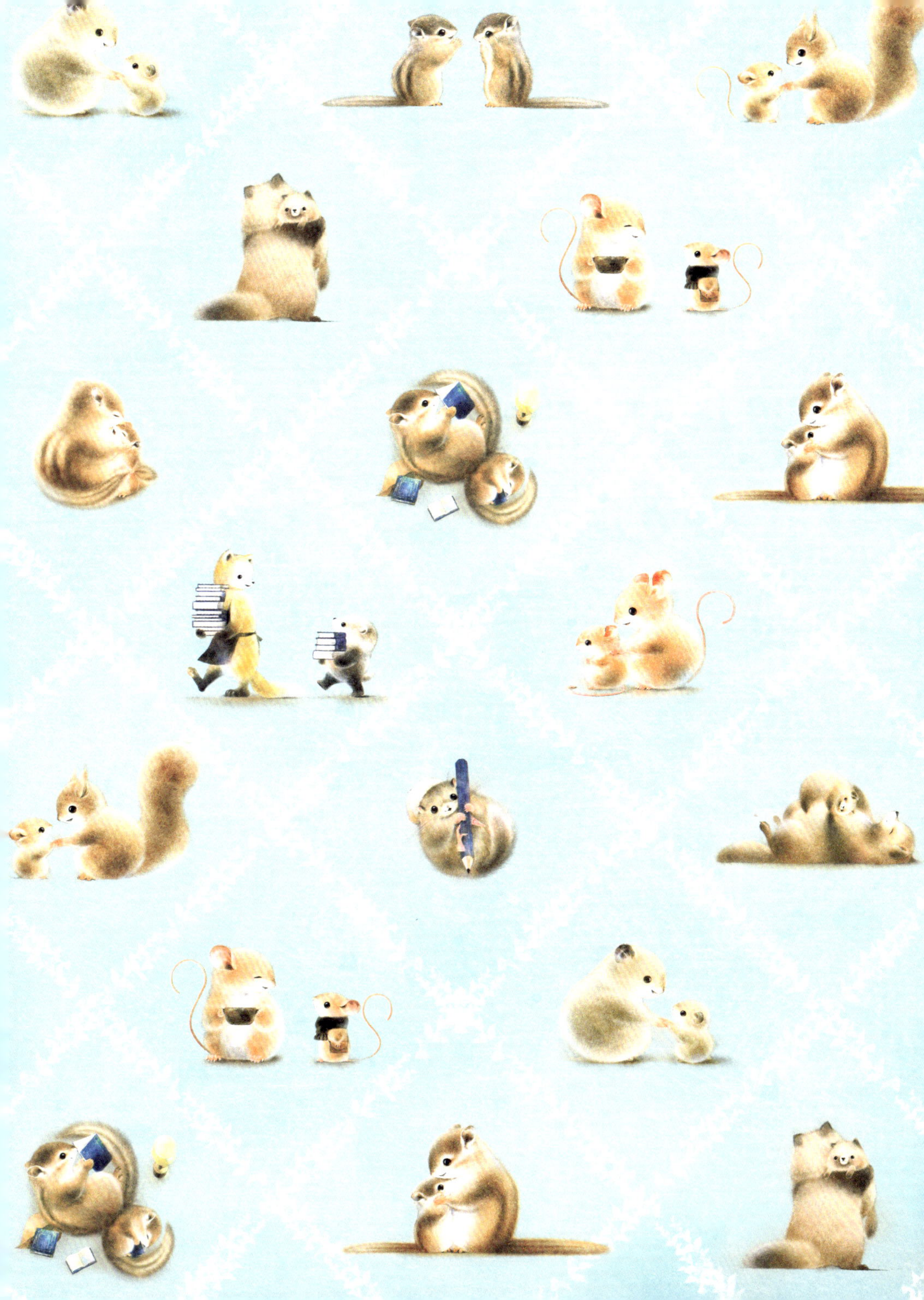

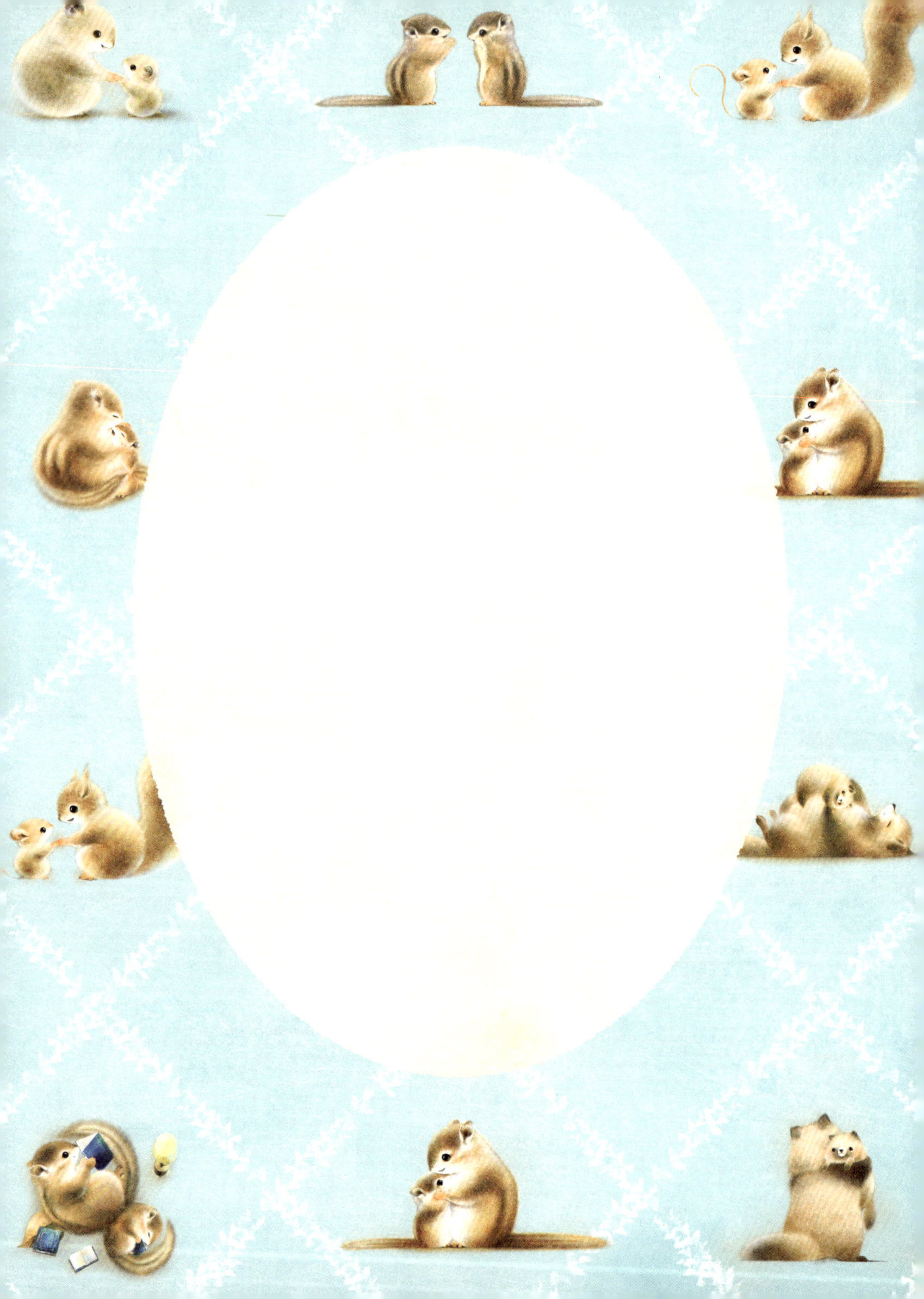

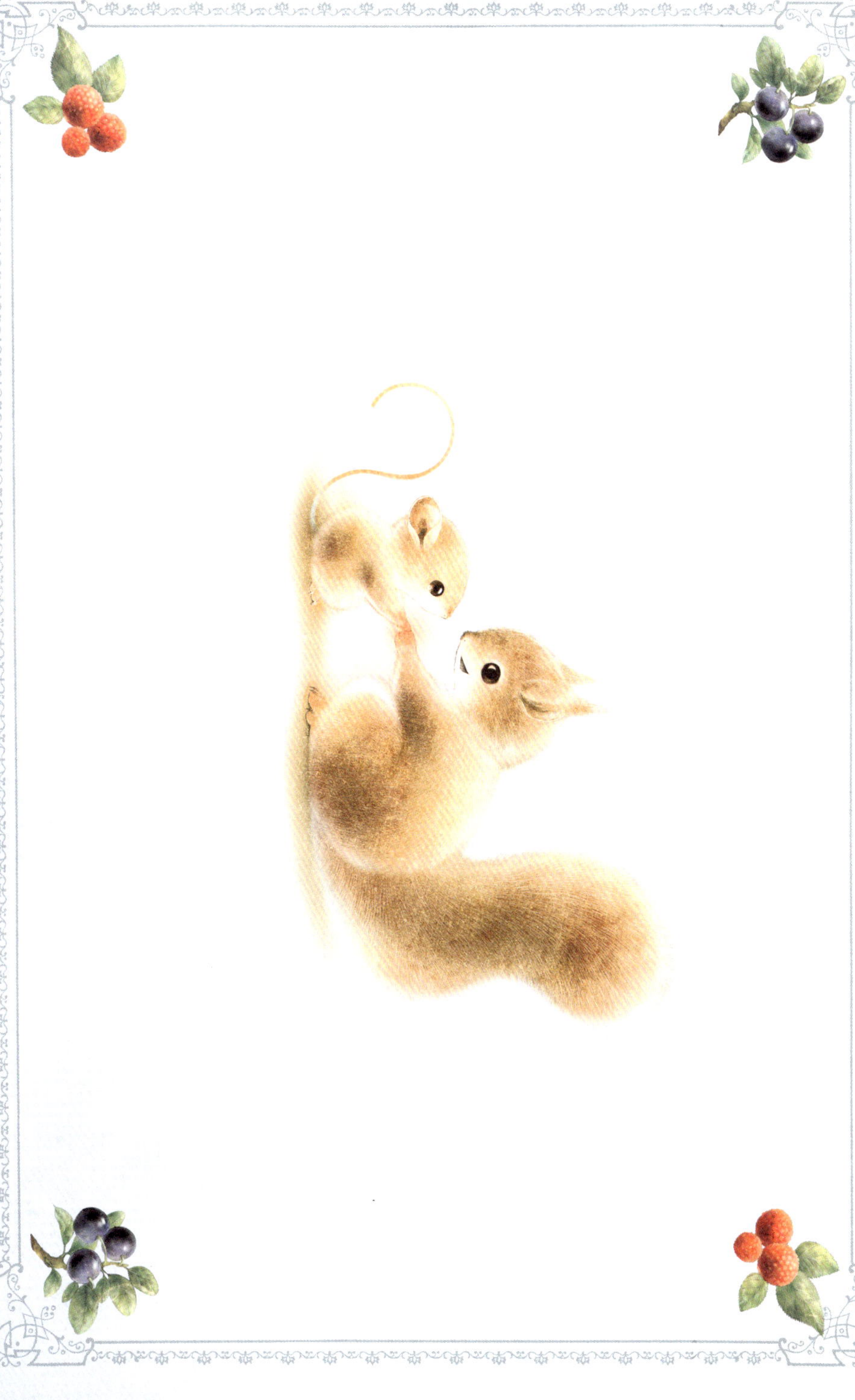

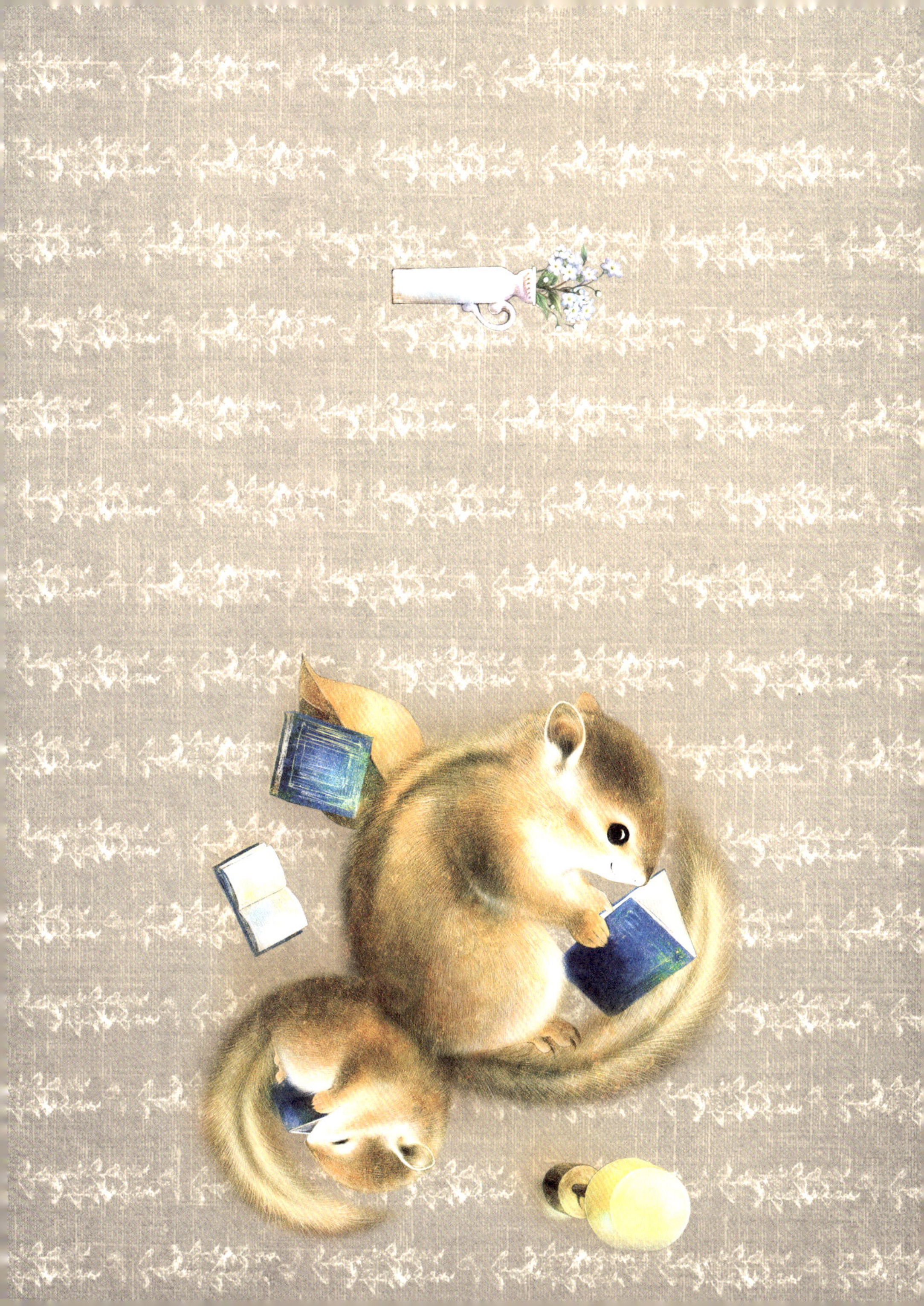

To

From

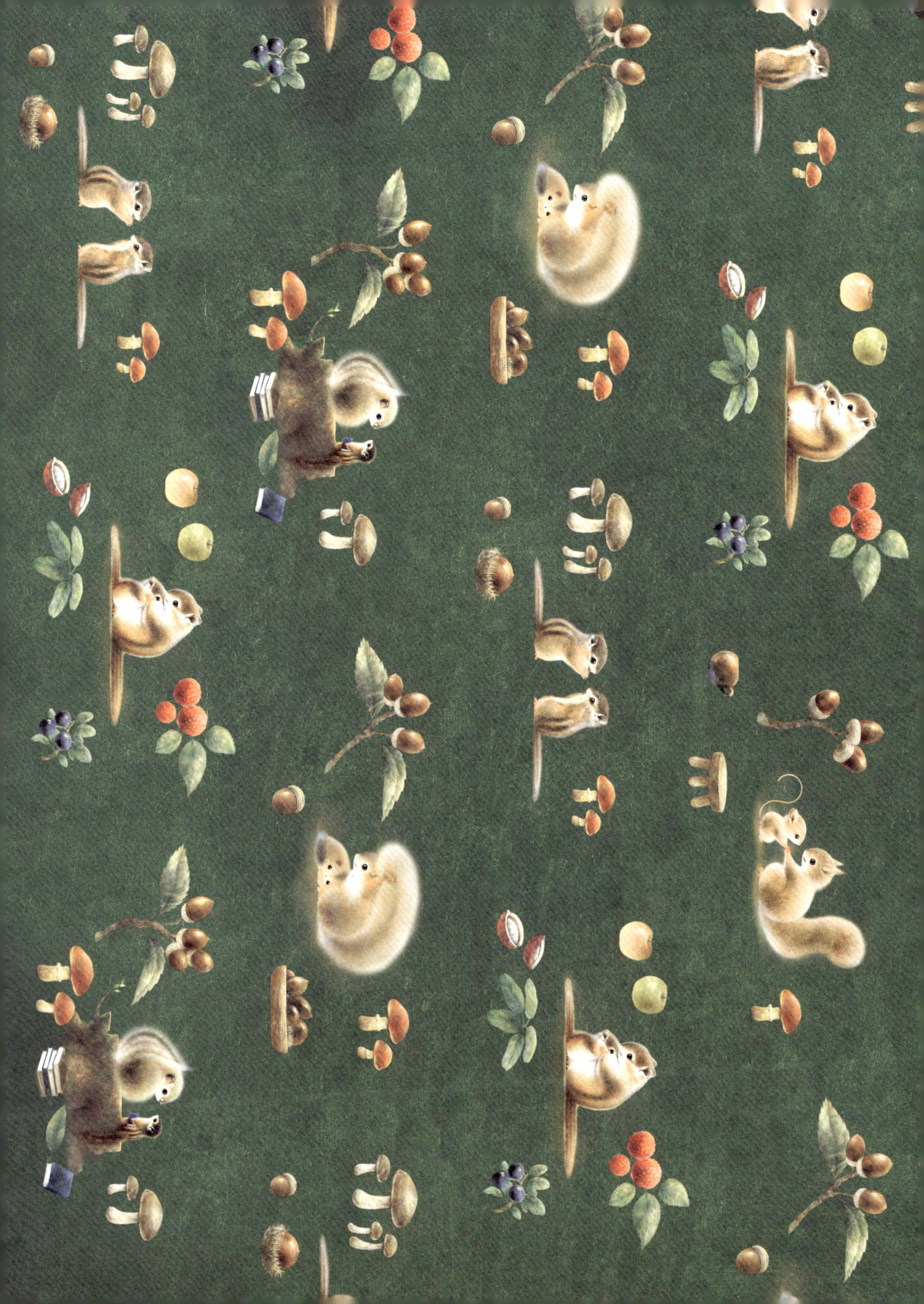

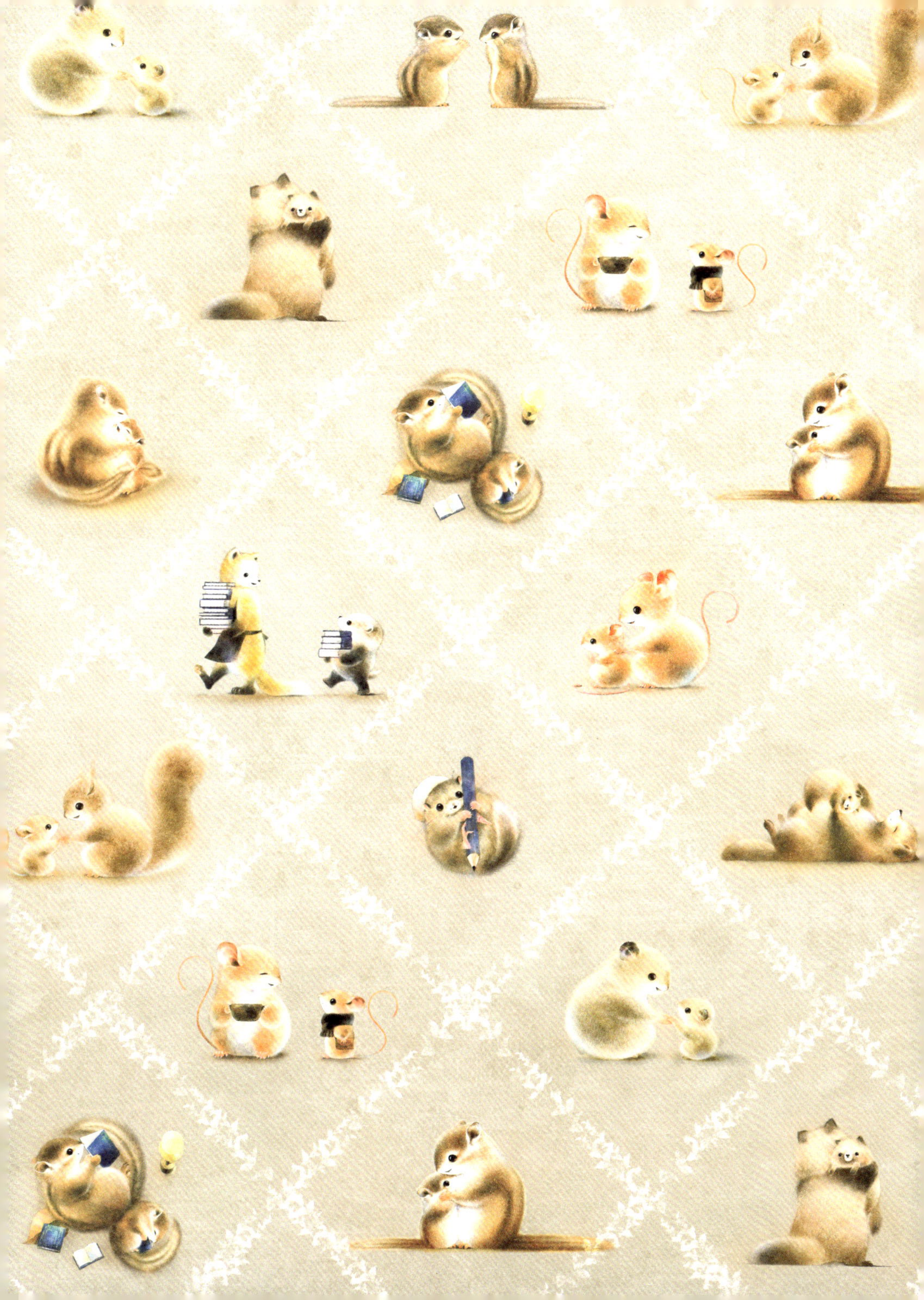

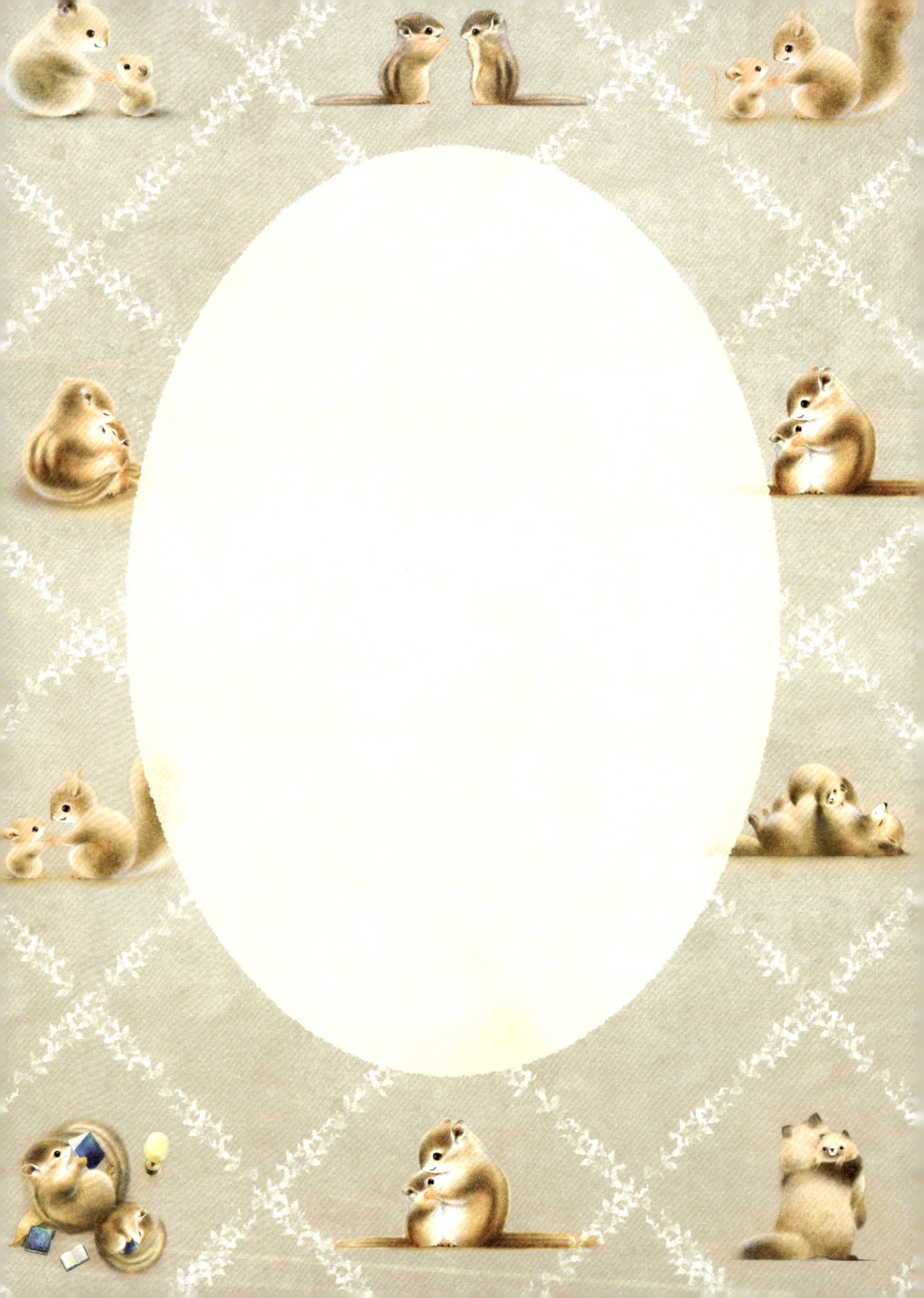

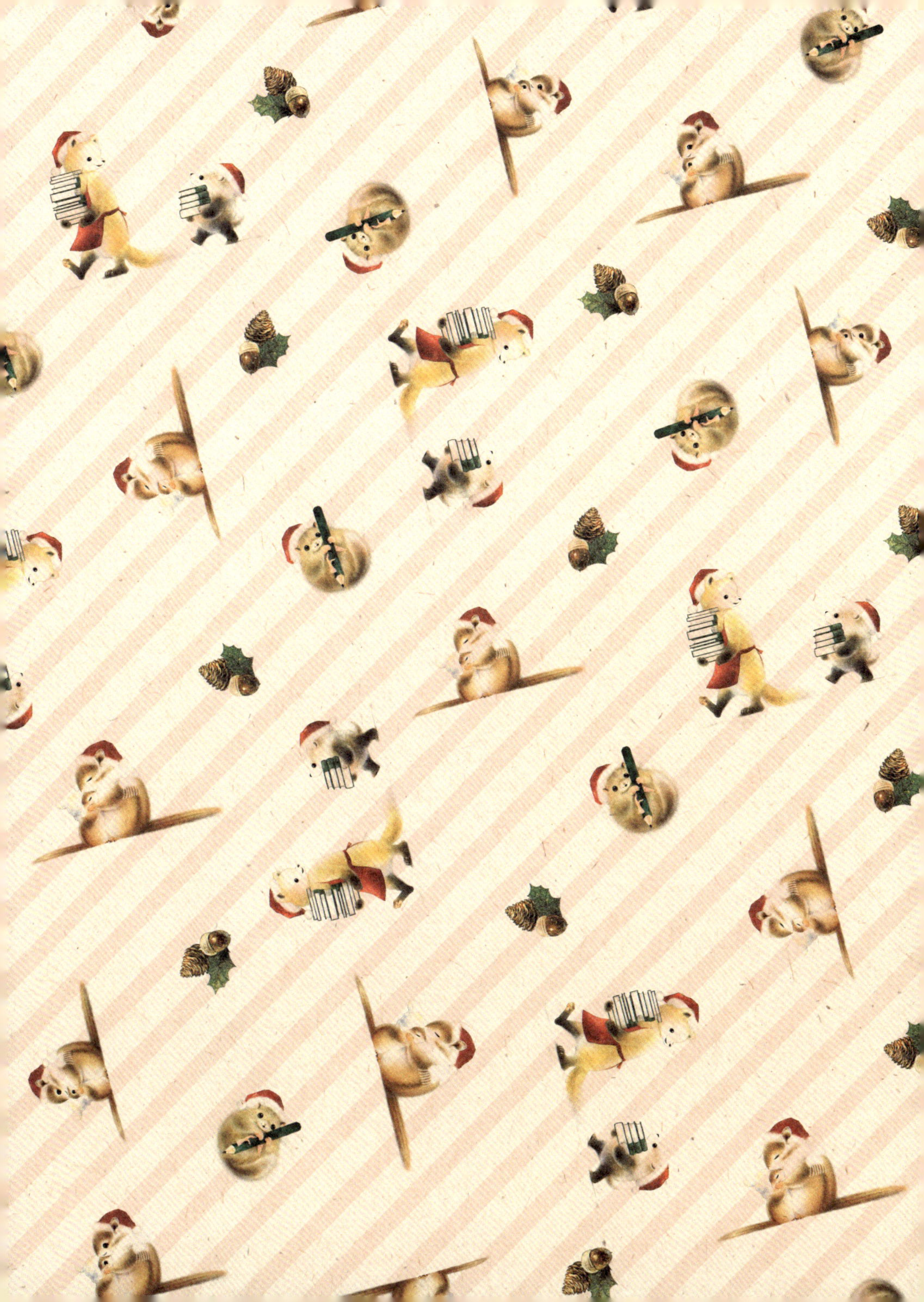

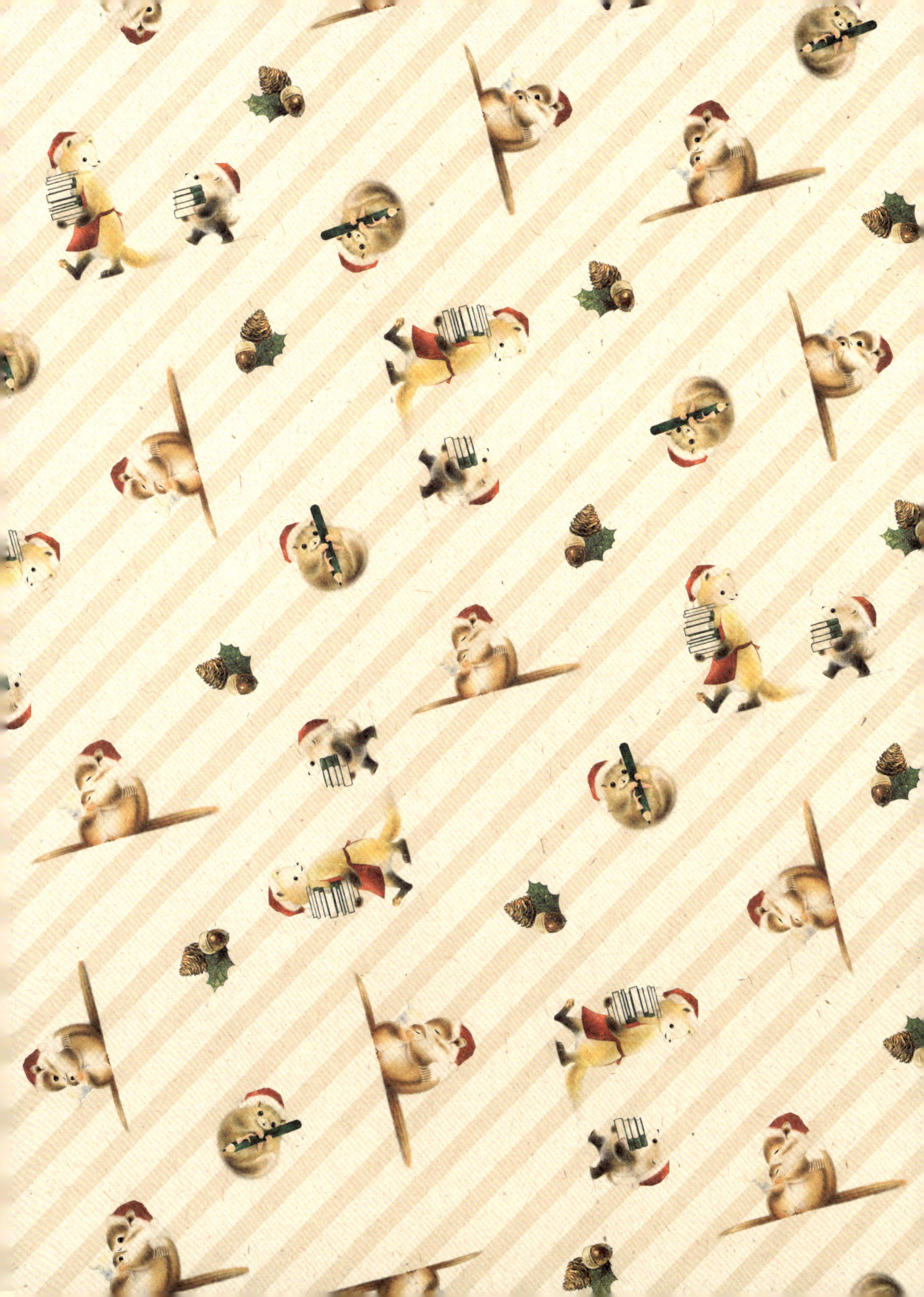